HBB+

中川義朗 編
Nakagawa Yoshiro

これからの地方自治を考える

法と政策の視点から

法律文化社

はしがき

文字どおり21世紀の冒頭、『21世紀の地方自治を考える――法と政策の視点から』（法律文化社）を上梓してから、早くも八年が経過した。同書は、第一期地方分権改革の一定の成果、および「未完の分権改革」として残された諸課題を視野に入れつつ、憲法・地方自治法の「地方自治の本旨」の照らす具体的な制度・しくみ、およびその運用実態を個別テーマに即して解説し、かつ、現下の地方自治・分権の課題を整理したものであり、幸いにも大学における講義用はもとより、地方公務員の研修のテキストとしても幅広く利用されてきた。しかし、この間の地方自治・分権をめぐる政策の展開、法令の制定・改廃、判例の増加、および自治（法）理論の発展などの目まぐるしい変遷ぶりを目の当たりにして、その改訂の必要性を痛感していたところ、法律文化社のご提案もあり、この際、書名も『これからの地方自治を考える――法と政策の視点から』に変更して、新たに出版することになった。したがって、本書は、各講義のテーマの内容・コラムも新しい視点の下でこれを見直し、著者は、基本的に初版と同じメンバーから構成されるが、ただ、原田久教授には、ドイツ留学帰国直後という事情もあり、この際、新進気鋭の行政学者の畑田和佳奈さんと交代し、同氏に新しい視点から「基礎自治体と道州制」というテーマで執筆していただくことになった。

日本における地方自治は「これまで」幾多の星霜を経験しながら、「いま」へ辿り着き、さらに「これから」もさまざまな風を受け揺れながら、大海を漂流することになろう。そのようななか、本書は、地方自治の法制度と総合的政策の分析検討を、グローバルの視点を横軸として、その「これまで」の歩みと「これから」の将来の課題・展望を縦軸にすえ、一三項目（講）の重要なテーマに分け、それぞれの内容にふさわしい中堅の公法・行政学者にお願いし、もつて現下の地方自治の本質・実態・課題に肉薄せんとするものである。

周知のように、この間の地方自治をめぐる主な政策・制度改革の動きとしては、第一期分権改革の後継組織としての「地方分権改革会議」から、「三位一体改革」（の失敗）を経て、二〇〇七年の地方分権改革推進法の下、地方分権改革委員会が第一次から第四次の勧告を相次いで公表し、それが、いま「地域主権」を掲げる新政権に引き継がれ、新たな展開をみせつつある。この「地域主権」という理念は、「地域が主役」というその方向性については大方の評価を受けつつも、ただ、その内容については不透明な点があり、論者の間にも戸惑いや困惑感がかくせない。とくに、この理念に内包される個別政策自体はともかく、近代的国家法における中枢概念たる「主権」の意味と、これと「地域」との整合性は成り立つのか、という点が大きな問題であろう。

いずれにしても、地域を基礎とする自治体・住民が主役の「この国のかたち」をどう構築するかが、長い21世紀の「これから」のメインの課題であることは間違いなく、それに向けて、国民の活発な議論の展開が求められているなかで、この課題解決に向けて、本書がいささかでも資することがあるとすれば、執筆者一同の喜び、これに勝るものはない。

本書が、こうして時代のニーズに合い、かつ、地方自治の諸課題に適応しうる書物として出版できるのは、ひとえに執筆者が、ご多忙のなか担当のテーマに沿った力作を短期間のうちに寄せていただいたからにほかならない。ここに、編者として改めて感謝したい。編集方針としては、各執筆者の個性・見解はこれを尊重しつつ、編者としての「調整」は、字句の過誤や表現上の統一などの最小限に限定したため、結果的に、個別課題についての論述にやや濃淡や若干のダブりがあることも否めないが、この点については、読者の率直なご批判をいただければ、幸いである。

最後に、こうして本書が成るにあたり、厳しい出版事情のなか、構成から、編集・執筆内容、また校正上の問題に至るまで、法律文化社、とくに秋山泰社長、瀧本佳代さんに大変お世話になった。執筆者を代表して、ここに記してお礼を申し上げたい。

ともかく、この「不透明」そのものの時代に、本書は、構成・内容とも装いを一新して江湖に漕ぎだすことになった。ネット・検索時代のなか、本書の航海が全く順風満汎になるとは思えないが、多くの読者に愛される平穏なものであることを祈りたい。

二〇一〇年二月末

早春の到来を告げる「春一番」の吹き荒れた
熊本学園大のキャンパスを見渡す研究室にて

中川　義朗

目　次

■執筆者紹介（＊印は編者）

＊中川　義朗	（なかがわ・よしろう）	熊本学園大学経済学部教授
岡本　博志	（おかもと・ひろし）	北九州市立大学法学部教授
髙橋　　洋	（たかはし・ひろし）	愛知学院大学法科大学院教授
岸本　太樹	（きしもと・たいき）	熊本大学法学部准教授
石森　久広	（いしもり・ひさひろ）	西南学院大学法学部・法科大学院教授
近藤　　敦	（こんどう・あつし）	名城大学法学部教授
山下　義昭	（やました・よしあき）	福岡大学法科大学院教授
村上　英明	（むらかみ・ひであき）	福岡大学法科大学院教授
松井　修視	（まつい・しゅうじ）	関西大学社会学部教授
畑田和佳奈	（はただ・わかな）	長崎県立大学経済学部講師
今里佳奈子	（いまさと・かなこ）	熊本県立大学総合管理学部教授
小原　清信	（こはら・きよのぶ）	久留米大学法科大学院教授

第1講

地方自治の基本的考え方とその歴史的展開

1 地方「自治」のとらえ方――本質論

◉地方「自治」の意義

周知のように、「自治」という言葉と結びつくのは、何も地方だけではなく、大学の自治、私的自治（私有財産制度）や、国際法的レベルでは、パレスチナ自治政府・チベット自治区など、さまざまなものがある。これら「自治」の言語的意味[*1]は、いうまでもなく、「自ら治《オサ》まる」という自動詞ではなく、「自ら治《オサ》める」という他動詞である。「自ら治める」ためには、外部の干渉・介入を排除して、治める者と治められる者との「自同性」の確保が必要となる。すなわち、地方自治の場合、前者が防御的な「団体自治」であり、後者が積極的な「住民自治」である。憲法九二条の「地方自治の本旨」（the principle of local autonomy）は、このような「団体自治」（地方分権）と「住民自治」（草の根の民主主義）という二つの要素を含むと一般に解されている。

他方、国際法的レベルにおいて、自治政府・自治区という場合の「自治」は、一定の領土を基礎に人民を統治するが、いまだ保護国や国連の監視下にあり、完全な独立

＊1 参照、石田雄『一語の辞典・自治』（三省堂、一九九八年）六頁以下、小滝敏夫『地方自治の歴史と概念』（公人社、二〇〇五年）三四頁以下。

国家・主権国のレベルには達していない支配形態の意味である。このことは、パレスチナ自治政府などのことを想起すれば、よくわかる。

これらを総合すると、近代的な「地方自治」は、一主権国内において小「独立国」を意味するものでないことを前提に、国（中央政府）の干渉を排除して、地方の自立性を求める制度・運動・思想を表すものである。換言すれば、地方自治は、外に向けては、国や中央政府などに対抗する概念であり、内にあっては、構成員自らが統治する制度・しくみである。このことは、中世ヨーロッパの自由都市（ドイツ・ローテンブルグなど）や日本の堺の会合衆（商人集団）による「自治」運営によっても裏づけられる。やがて、近代統一国家が形成され、教会・都市などさまざまな勢力がその「自治」権を喪失するなかで、新たに国家による「上から」地方「自治」制度が形成されてゆくことになる（廃藩置県）。

◉地方自治の射程範囲

次に、地方「自治」の「自ら治める」範囲・対象が問題となる。すなわち、地方自治は、英米法系でいう「自己統治」（self-government＝英）であるか、ヨーロッパ大陸法系でいう「自治行政」（Selbstverwaltung＝独）であるか、という問題である。明治憲法下においては、地方自治は、ドイツ法の流れを汲み、後者の意味で理解され、日本国憲法の下でも、代表的行政法学[＊2]においては、今なおこのような理解が一般的であり、これは、具体的には、地方公共団体の長・執行機関の行う（狭義の）行政と議事

＊2　参照、塩野宏『行政法Ⅲ〔第三版〕』（有斐閣、二〇〇六年）、藤田宙靖『行政組織法』（有斐閣、二〇〇五年）二頁以下。

機関（地方議会）の立法も含めて、広く地方自治体の活動全体を自治「行政」と位置づけるものである。

これに対して、前者は、国と地方自治体との関係を、中央政府と地方政府という政府間関係と位置づける見解である。地方政府も、中央政府と同様、立法・行政、場合によっては司法権をも含む、文字どおり「government＝政府」であるとする。これについては、連邦国家における中央政府と地方政府（州）との関係をイメージしやすいが、単一国家においても成立する関係である、ということができる。

問題は、日本国憲法下の「地方自治」には、いずれの見解がもっともよく適合するか、ということである。憲法では、「憲章」（charter）という「政府」になじむ言葉に代えて、「条例」（regulation）という概念を使っていること、「条例」の規律範囲を「法律の範囲内」（憲九四条）に限定していること、地方議会を立法機関ではなく「議事機関」（憲九三条）と規定していること、および地方公共団体における司法権の欠如（旧地自二条一〇項）などを総合すると、地方「政府」と規定するのは、やや困難であるとする見解も、それなりに根拠があるようにみえる。ただ、地方公共団体の活動全体を「行政」の範疇でとらえることには、それ以上に無理があるといわざるをえない。なぜなら、地方公共団体の議会の条例・予算制定作用は、いうまでもなく本質的に立法作用であり、長と議会の関係は、長に対する議会の不信任議決権――長による議会解散権（地自一七八条）に代表される「均衡と抑制」に基づく権力分立関係であるからである。また、政府の有権解釈でも[*3]、地方自治行政権は、憲法第六五条の「行政

＊3　大森政輔内閣法制局長官の次のような国会答弁に代表される。すなわち、「憲法六十五条」の意味は、「地方公共団体に属する地方行政執行権を除いた意味における行政の主体は、最高行政機関としては内閣である」、というものである。参照、管直人『大臣〔増補版〕』（岩波書店、二〇〇九年）三三―三四頁以下。

権」＝内閣に帰属するものではなく、憲法九二条に基づく独立のものであるとする。

◉地方自治権の本質論――公法学上の自治権論争

憲法の「地方自治の本旨」（九二条）に関わる、近代国家における地方公共団体の自治権、とくに団体自治権をめぐっては、主として公法学（憲法・行政法）において、国の統治権との関係で整理すると、主に次のような学説を中心に活発な議論が展開されてきた。*4

① 伝来説　地方自治権は、地方団体の固有な権能ではなく、国家の統治権に伝来するものであり、一切の地方公共団体を廃止し、すべて官治行政にすることも可能であるという見解。

② 固有権説　地方自治権は、個人の自然権と同様、国家の統治権から伝来するものではなく、地方団体固有の権能であるという見解。

③ 制度的（憲法）保障説　地方自治権は、法制度、とくに憲法によって保障される制度であり、下位の法令によってはその本質的内容を侵害することは許されないという見解。

④ 新固有権説　地方自治権を、憲法の基本原理、とくに人民主権と基本的人権とに関連づけてとらえるべきであるとする見解。

このような地方自治権のとらえ方にはそれぞれ長所・短所があって、現在でも論争の決着がついているとはいえない。かつては、③制度的保障説が通説といわれてきた

*4 参照、成田頼明「地方自治の本旨」『憲法の争点〔新版〕』（有斐閣、一九八五年）二四四頁、樋口・佐藤（幸）・中村・浦部『注釈日本国憲法下』（青林書院、一九八八年）一三七八頁以下、塩野・前掲*2一一八頁以下、宇賀克也『地方自治法概説〔第三版〕』（有斐閣、二〇〇九年）二頁以下。

（成田頼明・原田尚彦教授など）。[*5] しかし、最近、地方分権化の傾向が強まるなかで、④新固有権説が有力に展開されている（手島孝・杉原泰雄・鴨野幸雄教授ほか）。[*6] 近代国家における地方自治権の歴史的形成過程を考察すると、統一的国家権力が形成された後、地方自治が国家権力（憲法・法律）の手により形成されてゆく、というプロセスをとる。この意味では、法実証主義的な①伝来説も全く根拠がないわけではない（塩野宏教授）。しかし、憲法における地方自治権は、このような歴史的・事実的確認に基づくものではなく、あくまであるべき法理念として位置づけられるものであり、この意味では、フランス革命時に提唱された「地方権」に派生する自然権的把握も成り立ちうるであろう。ただ、この地方自治の理念も、基本的人権と同様、憲法を中心に実定法において制度化され、さらに現代憲法において、民主主義の中心的要素として位置づけられている。

このようななかで、③制度的保障説には比較的短所が少ないとみられ、これまで学説においては支配的地位を占めてきた。しかしながら、この説の場合、その内容の確定の試みはあるものの、法律によっても侵しえぬ「地方自治の本質的内容」とは何か、という基準が客観的に明確でないという難点がある。

したがって、これら地方自治権をめぐる学説の対立が、具体的問題に関わってどのような違いをもたらすのか、必ずしも明確でないため、観念的論争に終始してきたきらいは否めない。この点から、地方自治権の本質をめぐる論議においては、憲法の基本原理（とくに基本的人権・国民主権）の地方レベルでの貫徹という視点から、具体的

＊5 参照、成田頼明「地方自治の保障」『日本国憲法体系　第五巻』（有斐閣、一九六四年）一五〇頁以下、原田尚彦『地方自治の法としくみ〔全訂二版〕』（学陽書房、一九九五年）一九頁以下。

＊6 参照、手島孝『憲法学の開拓線』（三省堂、一九八五年）二五六頁以下、杉原泰雄「地方自治権の本質」奥平・杉原編『憲法学(6)』（有斐閣、一九八七年）一一九頁以下、鴨野幸雄「地方自治権」杉原編『講座・憲法学の基礎』（勁草書房、一九八三年）二六〇頁以下、大隈義和「憲法における『国』と『地方公共団体』」公法研究六二号（有斐閣、二〇〇〇年）一四一頁。

問題――たとえば、条例制定権の範囲、自治組織権、自主財政権、地方公共団体の自主課税権の範囲、直接請求制度、および住民投票条例など――とからめて議論することが、とくに重要である。

2　わが国における地方自治のあゆみ――形成と展開

◉明治憲法下の地方自治の形成と展開

(1)　市制町村制、および府県制・郡制による地方「自治」の骨格形成　明治時代の地方自治制度は、明治憲法の公布（一八八九年）の前後に相次いで制定された、市制町村制（一八八八年）および府県制・郡制（一八九〇年）により、制度の骨格が形成されるのであるが、これに先立つ一八七八年の太政官布告に基づく、①郡区町村編制法、②府県会規則、および③地方税規則の、いわゆる地方自治の新三法の制定により、封建制度から近代的な地方制度の基礎が形成された。すなわち、①郡区町村編制法により、封建社会以降の末端組織である戸・区が廃止され、町村という基礎的団体が組織され、②府県会規則により、廃藩置県以降の府県の議事機関としての府県会の権限・組織に関する法的基礎が定められ、さらに、③地方税規則により、地方団体の財源として、地租、営業税、および雑種税等の財政的基礎が固められたからである。こうして、天皇主権下で近代的・中央集権的国家の構築を目指し、まず新三法により地方自治の基礎が固められたのを承けて、地方自治の規定を憲法自体有していなかった明治憲法体制において、国と地方団体との一体化を進める上で、このような市制町村制に代表される地方官制の役割が極めて大きかったからである。[*7]

(2) 市制町村制などによる明治憲法下の地方「自治」の構造・特色　まず、このような地方官制の制定による地方自治の形成は、政治的に台頭しつつあった各地の自由民権運動を封じ込める狙いがあったことは否定できない。すなわち、地方府県議会が当時自由民権運動の活動の拠点であり、これら政党支配を排除し、かつ政治的中立性の確保を名目に内務省による支配を全国津々浦々に貫徹することが、地方制度を確立する主たる目的であったからである。具体的には、内務大臣の任命による官選知事、内務省による機関委任事務方式を通じての支配、ならびに府県による市、および郡による町村の支配の構造である。したがって、この地方官制による地方団体の創設が、本来の「自治」というより、むしろそれは、「官治的性格」――「中央集権を基調とした官僚制的拘束と地方団体の自主性の剝奪」[*8]――であると規定する方が、制度・実態に適していたのである。

しかし、他方で、明治政府の法律顧問、ドイツ人モッセが起草したといわれる「市制町村制理由」のなかで述べているように、「自治体共同ノ事務」の処理を地方団体・住民に「分任」せしめて自治意識を「上から」育成するという民主主義的要素が全く欠落していたわけではない。そのため、津田真道ら当時の元老院に代表される保守グループがこのような地方制についてさえ「時機尚早」として抵抗したのである。この意味では、市制町村制に具現化される、明治憲法下の地方「自治」の骨格は、ま

＊7　参照、亀卦川浩『明治地方制度成立史』（巖南堂書店、一九六七年）九七頁以下、家永三郎『歴史のなかの憲法上』（東京大学出版会、一九七七年）一一〇頁以下、橋本勇『地方自治のあゆみ――分権の時代に向けて』（良書普及会、一九九五年）七頁以下。

＊8　大島美津子「地方制度（法体制確立期）」『日本近代法発達史　第八巻』（勁草書房、一九五八年）六頁以下、辻清明「地方自治の近代型と日本型」『日本官僚制の研究』所収（弘文堂、一九五二年）一四六頁以下。

さに天皇主権的・中央集権的要素に固執する保守的思潮と欧米デモクラシーの自治的・民主主義的要素との妥協の産物であったとみることができよう。

このような明治憲法下の地方「自治」の構造は、当時の政治・経済・社会の実態を色濃く反映したものであり、当然のことながら、時代の変化につれて、また変貌してゆくことになる。とりわけ、大正デモクラシーやいわゆる普通選挙運動の高揚は、一定の地方自治の強化——市長選挙権の納税額の撤廃など——に影響を及ぼすが、その後一九三一年満州事変勃発後次第にファシズム体制に突入し、一九三八年の国家総動員法体制により、完全な中央集権体制が構築されて以降、「官治的性格」をもつ明治憲法下の地方「自治」体制さえも完全に終息することになった。

◉現憲法下における地方自治の確立と展開

(1) 憲法による地方自治の保障（第八章）　① 周知のように、日本国憲法は、一九四六（昭和二一）年一一月、アメリカ占領軍のイニシアティブによって制定されたが、当時公表された日本自由党・進歩党などの各政党、憲法研究会などの研究団体、および幣原内閣の下の憲法問題調査委員会（松本烝治委員長）などの日本側の憲法改正案にはいずれも地方自治に関する章・規定が存在しなかった。これには、総司令部＝GHQも「驚愕」したといわれる。この理由としては、憲法の民主的統治構造における地方自治の重要性についての基本的認識を欠いていたことにもよるが、明治憲法体制下の地方自治が市制町村制、府県制・郡制という「官制」によって形成されていたため、法令レベルの改正によって、地方自治を確立し、「民主化」の実現を求めるポツダム宣言（一九四五・七・二六）の趣旨に対応しうると考えられていたためである。

日本国憲法新設の第八章「地方自治」は、次の四か条から成る。

〔九二条〕　「地方自治の本旨」に基づく組織・運営に関する法律の制定

〔九三条〕　議事機関としての議会の設置、ならびに地方公共団体の長、議会の議員およびその他の「吏員」の住民による直接公選制

〔九四条〕　地方公共団体の権能（財産管理、事務処理、行政の執行、および法律の範囲内における条例制定権）

〔九五条〕　地方自治特別法についての住民投票制（地自二六一条〜二六二条）

このうち、憲法第九二条の「地方自治の本旨」の規定が、地方自治に関する原則的地位を占め、これについては、かつては「白紙概念」という見解もあったが、すでに述べたように（**1**参照）、一般的には、住民自治と団体自治から構成され、その具体化は、その「本旨」を承けて地方自治法を中心として、地方公務員法・地方財政法・地方税法などの個別法律に委ねられる。

②　日本国憲法下の地方自治を語る場合に欠かせぬ組織的改革として、憲法規定には現れない内務省の解体（一九四七年）をあげることができる。すなわち、府県知事の任免権、および機関委任事務による指揮監督権を通じて、府県・郡をはじめとする地方団体に対する広範・強力な支配権を有し、また警察の監督官庁でもあった内務省が一九四七年一二月総司令部の強い意向により解体され、地方団体に対する包括

的・後見的監督権を喪失したからである。それとともに、他方では明治憲法時代には、地方自治体というより、市町村を包括する、国の広域的行政区画という官治的性格が強かった府県が完全な自治体に変わった点が、とくに注目される。こうして、日本国憲法の下では、郡の廃止（一九二一年）とともに、広域的団体としての都道府県、および基礎的団体としての市町村という二層の地方自治組織が確立された。しかし、国の事務の機関委任方式による、国（主務大臣）の地方公共団体（とくに知事・市町村長）に対する包括的指揮監督権は、二〇〇〇年四月の地方分権一括法によって機関委任事務が全廃されるまで残存し、旧地方自治法の別表三（知事）および同四（市町村長）の個別的追加方式により、拡大しつづけることになる。

③　憲法の「地方自治の本旨」（九二条）の具体化として、九三条の定める長および議事機関としての議会の議員の住民による直接公選制に基づく「首長制」（presidential system）の採用が注目される。すなわち、普通選挙制に基づき、日本国民で三か月以上の居住要件をみたす二〇歳以上の男女が当該地方公共団体の議会の議員、および長の選挙権を有するという、直接公選制を採用したことは（地自一一条、公選九条二項・三項）、国レベルの統治原理が、主権者である国民が「代表者を通じて行動する」（憲法前文）間接民主制・議院内閣制であることから、際立った対照をなしている。このような地方自治の組織構成自体は、草の根の民主主義に基づく住民自治の原理の具体化であるが、他方では、国の中央政府との間では、権力分立による「抑制と均衡」に基づく「垂直的権力分立」の原理を形成している（第4講参照）。

さらに、地方自治法は、直接民主主義原理に基づいて住民の各種の直接請求制度（長・議員の解職、都道府県の副知事、当時の市町村の助役（現副市町村長）、選挙管理委員、監査委員、または公安委員会の委員など主要公務員の解職、議会の解散、条例発案、および事務監査――地自七四条〜八八条、地方教育行政組織法八条、農業委員会法一四条、漁業法九九条、市町村合併特例等に関する法律四条、住居表示法五条の二ほか）を採用し、住民自治の強化を図っている。

これらの直接請求制度が、成立から六〇年以上経過して、初期の目的に則して十分機能しているかどうか、が大きな課題である。とりわけ、長・議員らの解職請求、議会の解散請求について有権者の三分の一以上の連署という当初の要件が、その四〇万人を越える場合には、越える部分の六分の一と四〇万の三分の一を乗じて得た数とを加算して、合わせた数以上の署名であれば、その請求の成立を認めるとする最近の法改正（地自七六条一項ほか）により若干要件が緩和されたにもかかわらず、依然として都道府県や大都市レベルにおける解職・解散請求の成立を極めて困難にしている。また、住民による条例発案請求は有権者の五〇分の一以上の連署という低い要件もあって比較的に活用されているが、ただ条例の制定・改廃の発案や事務監査の請求については、議会や監査委員が最終決定をするため、住民自治の貫徹という点で、依然として問題が残る。

これらをどのように改革するか、地方分権に続く住民自治改革の主要なテーマであることに変わりない。

④　日本国憲法の下では、都道府県、および市区町村は一定の区域・住民を要件とする統治団体（公法人＝地自二条一項）であると規定され、国から一定の独立性・自立性を有する。換言すれば、地方公共団体は、自治立法権、自治行政権、自治組織権、および自主課税（財政）権をもつ。統治団体としての自立性という点では、権力的・取締り的権限（行政事務）、および自主課税権の賦与が、明治憲法時代の地方団体に比べて、新たな権限として注目される。しかしながら、このような地方公共団体の統治権のうち、自治立法権＝条例制定権には、「法律の範囲内」（憲九四条）、および「法令に違反しない限り」（地自一四条一項）という制約が、また機関委任方式における主務大臣の「指揮監督権」（旧地自一五〇条）、地方自治法における自治体の人口ごとの「議員の定数」など自治組織権の制約（地自九〇条～九一条・一五八条等）、および租税法律主義（憲八四条）に基づく地方税法の枠組みなど（たとえば、道府県の法定外普通税についての総務大臣との協議・同意制――地方税法二五九条、市町村の法定外普通税の場合同六六九条）、各種の制約が課せられ、地方公共団体の自治権・自己決定権が規制を受けている。とくに、従来「三割自治」という表現で特色づけられるように、地方公共団体が、行財政面において国に対し過度の従属・コントロール下にあったことは間違いなく、この点、二〇〇〇年四月一日施行の地方分権一括法が、国の地方への「関与」の限定およびその法定主義・権力的方法の抑制主義により、国と地方公共団体との「対等」への接近という意味で一定の改善をもたらした。また、この「関与」に関わる国と地方団体との紛争を解決することを目的とする国地方係争処理委員会（五名の

委員より構成）が総務省に設置され、第三者的立場から審査するしくみであることは、両者の「対等・協力」関係を担保するものと位置づけられよう（第3講参照）。ただ、その最初の審査事案である横浜市の勝馬投票券発売税という地方公共団体の新税構想について、国側（総務省）が、「国の経済施策に照らして適当でない」（地方税法六七一条三号）として「不同意」の姿勢をとりつづけ、結局横浜市がこの新税の創設を諦めざるをえなかったのは、自治体の自主財源確保の視点から問題である（くわしくは第3講「コラム」参照）。

⑤　地方自治体内部の各組織間において、「抑制と均衡」に基づく権力分立を徹底させ、権力の集中を排除しようとするシステムを構築したのも、戦後の地方自治の特色である。すなわち、それぞれ直接公選制に基づく長と議会との対立・調整（議会による長に対する不信任議決権と長による議会解散権――地自一七八条）、および長と各執行機関（各種の地方行政委員会）間における権力分立の原理が、それである。とりわけ、後者においては、明治憲法時代の中央集権体制の象徴と目されてきた、警察行政と教育行政について、それぞれ市町村の事務権限としての自治体警察と公選制の教育委員会の創設により、長および中央の国家機関からの徹底的分権を図った点が特筆に値する。すなわち、警察行政においては、一九四七年の旧警察法は、内務省の解体とともに、国家地方警察と自治体警察の二本立てとして、後者については、市町村および住民のコントロール下に置くことを目指すものであったし、教育行政においては、一九四八年の旧教育委員会法は、旧文部省の中央集権的支配を排除して、地方自治体・住

民の教育意思による教育委員会の構成・運営を志向するものであった。旧教育基本法における、教育に対する「不当な支配の排除」の原則も（一〇条）、このような文脈の中で解釈されるべき規定である。

しかしながら、このような憲法理念の具現化を目指した戦後初期の諸改革は、十分実現・定着しないまま、経済の高度成長とともに、掘り崩されていった。すなわち、一九五四年の警察法の改正により、市町村の自治体警察は、各地での住民投票の実施を経て、廃止され、国家公安委員会が一元的に支配する都道府県警察一本・警察幹部の国家公務員化（警視正以上の警務官＝警察法五六条一項）に改められ、教育行政では、一九五六年の地方教育行政組織法により、都道府県・市町村の教育委員会自体は存置されたが、住民自治の貫徹を目指す委員の公選制から、自治体の長が議会の同意を得て教育委員を任命する制度への転換が行われたからである（同四条）。このような転換には、市町村優先主義を中心とするシャウプ勧告（一九四九年）・「神戸委員会勧告」[*9]の趣旨が生かされず、事務権限の委譲に伴う地方団体への財源保障が徹底せずその自主財源が不十分であったこと、あるいは住民自治を生かす住民の意識が未成熟であったことなど、さまざまな原因があげられるが、このような地方分権的改革を日本の弱体化政策ととらえ、これに反発して、中央集権的政策を志向した保守支配層の意向が強く働いたことはいうまでもない。

＊9 「シャウプ勧告」・「神戸委員会勧告」の内容については、参照、杉原泰雄ほか編『資料現代地方自治』（勁草書房、二〇〇三年）四七頁以下。

◉戦後における地方自治の展開と中央集権体制への移行

(1) 市町村合併の促進と機関委任事務の拡大　戦後における地方自治の展開では、とくに基礎的団体である市町村を中心とする地方自治権の強化策が、前述のように、さまざまな要因で挫折し、代わって合併（廃置分合―地自六条・七条）や地方自治の広域化による行財政能力の強化策が台頭してきた。とくに市町村合併は、明治時代以降、市制町村制の前後における、いわゆる「明治の大合併」（市町村の数が約三万から約一万五千へ合併により削減）を経て、一九五三年の町村合併促進法に基づく「昭和の大合併」を経由して、一九五六年の同法失効時点では、市町村数は、約三分の一の三、九七五に減少した。その後も、新市町村建設促進法（一九五六年）、および市町村合併特例法（一九六五年）により、この合併路線は継承され、市町村の数は漸次減少しつつある。また、二〇〇五年三月末まで市町村合併特例法が延長され、さまざまな優遇措置（合併特例債、議会議員の定数・任期の優遇、地方交付税の特例など）という、いわば「人参《ニンジン》作戦」が展開され、「平成の大合併」が進められてきたことは、周知のとおりである。さらに市町村合併特例等の法律（新合併特例法）が二〇一〇年三月末までの時限立法として制定され、同時点で市町村数も一七二七まで削減された（くわしくは、第**2**講・第**11**講参照）。

このような、いわば国＝総務省主導の「上から」の市町村合併による規模の拡大が、市町村の行財政能力という「体力」の強化に結びついて、自治権が強化されたかどうかが、最大の問題である。

この点、国・旧自治省（現総務省）は、このような合併の促進による、市町村の広域化・大都市化にもかかわらず、すべての地方公共団体に一律に分権を進めるという政策をとらずに、特定の大都市、すなわち政令指定都市（人口五〇万以上、都道府県とほぼ同等の権限を付与――地自二五二条の一九）の拡大、中核市制度（人口三〇万以上・面積一〇〇平方キロメートル以上――地自二五二条の二二）の新設、特例市の設置（人口二〇万以上――地自二五二条の二六の三）、および一九九三年閣議決定のパイロット自治体（地方分権特例）制度（原則として人口二〇万以上の市町村）などにより、一定の要件を備えた、いわば「大きな自治体」にのみ権限を委譲するという自治体の多様化・種別化政策を推進してきた。*10

また、この間戦後の地方自治を特色づける「三割自治」の象徴、すなわち機関委任事務の増大（都道府県事務の約七割が、市町村事務の約四割が機関委任事務）という形で、国・中央行政官庁は地方団体――都道府県（知事）・市町村（長）――を、通達などを通して「指揮監督」してきた（旧地自一五〇条）。経済の高度成長に伴う、さまざまな行政課題の発生、たとえば、国土整備、都市計画、公害・環境行政、廃棄物処理、生活保護・社会福祉、保健・医療、旅券の発給、外国人登録などの（旧地自別表第三＝知事、同第四＝市町村長）、大部分の自治体行政が、「キャリア」国家公務員の地方主要ポストへの出向・指導体制により、自治事務的処理ではなく、機関委任方式による処理で行われたため、地方自治体が、国の通達・指示などによる指揮監督権の下に置かれ、「総合政策主体」としてその自主性を著しく殺がれたことはまちがいない。

(2) 広域行政への対応――道州制構想、広域市町村圏、事務組合、および広域連合

*10 国による市町村の「多様化・種別化」政策の意義と問題点について参照、中川義朗「地方分権時代における新市町村論――多様化のなかのその再定義と役割」同編『地方分権と政策』（成文堂、二〇〇七年）三頁以下。

① これまでの広域行政への対応としては、主として市町村レベルの合併・広域行政が検討・実施され、広域団体である都道府県レベルの合併・統合の議論は俎上に上ることはなかったといってよい。その唯一の例外が道州制構想である。すなわち、町村合併促進法（一九五三年）に基づく市町村レベルの合併が峠を超え、一段落ついた一九五六年、政府の第四次地方制度調査会は、都道府県を廃止して、全国を九〜一一のブロック（道または州）に分け、それぞれに内閣総理大臣が「マニュアル」に沿って任命する地方長を置く「地方制」構想を発表した。これについては、さまざまな議論が展開されたが、結局、この「地方制」案は実現には至らなかった。すなわち、憲法九三条二項が定める「地方公共団体の長」の住民直接公選制に、市町村のみならず、戦後完全に自治体化した都道府県が一般に該当する以上、これをすべて廃止して内閣総理大臣による任命制の「地方長」を置く官治的＝国家組織的「道州制」[*11]は、憲法違反のおそれが強かったからである。現行憲法では、都道府県と市町村という二層の地方公共団体が構想されているにもかかわらず、この構想は、都道府県に代えて国家的機関としての「地方」を設置せんとするものであり、その名称はともかく、憲法の「地方公共団体」に適合しないと解されていたからである（第2講・第11講参照）。

それ以降このような都道府県の廃止を前提とする道州制構想に代わって、都道府県レベルにおける広域行政への対応として、首都圏・中部圏・近畿圏整備法、ブロック別開発法に代表される圏域行政、およびブロック単位の連絡協議会が展開されてゆくことになる。

＊11 「道州制」をめぐる憲法解釈上の問題については参照、林勝美『道州制問題の法的視点』（ぎょうせい、二〇〇九年）。

② すでに述べたように、町村合併促進法に基づく合併に伴い、市町村の人口・面積が増大したにもかかわらず、広域行政への対応はこれで解決したわけではなく、さらなる行政の広域化――新たな市町村合併、広域市町村圏、および特別地方公共団体としての事務組合・地方開発事業団など（地自一条の三第三項）――が追求されてゆく。[*12]すなわち、地方制度調査会の答申を受けて、一九六九年、自治省が住民の生活態度の都市化に対応する公共施設の立ち遅れ解消のため、交通・通信手段の発達に伴う「日常社会生活圏」の形成により、その地域を圏域として設定し、(a)圏域内の市町村は「協議会または一部事務組合」による広域行政機構を設置する、(b)広域行政機構は「広域的かつ総合的な振興整備に関する計画（広域市町村計画）を策定する、(c)計画に基づく事業の実施については行財政上の措置を講ずる、との基本方針を打ち出した。これに基づいて、具体的な圏域は、人口一〇万以上になることを標準として設定された。これに基づいて、特別地方公共団体としての「組合」（とくに一部事務組合）が機能的広域的事務処理機構として、積極的に活用された。すなわち、ゴミ処理、清掃、消防、墓地埋葬などの広域事務処理システムが全国的に進み、一部事務組合の数が、一九七〇年には二六〇一、一九七二年には二八八一、一九七四年には三〇三九まで増加したが、その後は下降し、二〇〇八年には、一六八四になった。さらに、事務の共同・広域処理の形態としては、従来の協議会・一部事務組合方式では効率化・能率化の面で不十分であることを根拠として、新たに「連合」構想が提案された。その具体化である複合的一部事務組合は、事務組合が共同処理する事務のすべてが構成市町村に共通していなく

＊12 参照、辻山幸宣『地方分権と自治体連合』（敬文堂、一九九四年）六五頁以下。

ても、事務組合は成立するというものである（地自二八四条・二八五条）。たとえば、事務組合を構成するA市は、塵埃・清掃についてのみ事務組合として共同処理するが、他の消防には参加せず、B市は、逆に消防にのみ参加するという形である。この複合的一部事務組合は一見極めて機能的ではあるが、必ずしも期待されたほど十分に活用されていない。

③　次の広域行政への対応として、一九九四年の地方自治法の改正により実現したのが、特別地方公共団体である「組合」の一種としての広域連合である（地自二九一条の二以下）。広域連合は、（複合的）一部事務組合の延長線上に立案され、その欠陥を是正しながら、広域行政の目的実現のため制度設計されたものである。すなわち、広域連合は、国からの権限委譲（地方分権）の受け皿にもなりうるし、その組織は、地方公共団体の長・議会から構成される、すなわち住民との関係における間接民主制の形態だけでなく、構成団体の住民の直接公選により組織される議会の設置も認められ、また議会・長、および、条例の制定・改廃、監査請求に対する住民の直接請求も認められ、その財政についても基盤が整備される（分賦金についての当該地方公共団体の措置義務＝地自二九一条の九）、という特徴をもつものであった。

このような広域連合の成立には、構成地方公共団体が「広域計画」を策定し、そのうち都道府県が参加する広域連合については総務大臣の許可を、市町村が参加するものについては、都道府県知事の許可を必要とする（同二九一条の三）。現在広域連合は、廃棄物処理、介護保険（福岡県の町村会など）や福祉サービスなど、次第に拡大しているが（二〇〇九年四月一日現在すべての都道府県で設けられ一一三圏域）、地方分権の受け皿や直接公選制の組織の採用、および独自の政策づくりなどにおいては、事実上、事務組合との役割の違いも明確ではないため、十分まだその長所を発揮しているとはいえない。また、当該区域の住民を基礎とした場合に、市区町村—都道府県という二層の地方公共団体のほかに、これら複数の自治体を基礎とする広域連合が重畳的に位置づけられ、複雑・錯綜した組織関係になり、住民にとってわかりづらいため、住民と広域連合との関係が希薄である、という問題が発生している。[*13]

④　新中央集権体制の構築と「地方の時代」　憲法の「地方自治の本旨」（九二条）とは裏腹に、経済の高度成長とともに、地方分権の理念は後退し、次第に中央集権体制が構築されていった（これを新中央集権体制という）。すなわち、行政・人事面においては、地方公共団体の事務の大部分をしめる機関委任事務を通じた国・中央行政官庁による地方公共団体の支配、地方公共団体の主要ポストへのキャリア国家公務員の出向（天下り人事）、また地方公共団体の税財源における「三割自治」と呼ばれる、地方税など自主財源の乏しさ、地方交付税や補助金・国庫負担金などの国庫支出金への依存増大など、地方公共団体の自立性は著しく損なわれ、逆に中央集権体制が強まるばかりであったからである。

他方で、経済の高度成長に伴い、全国的に公害・環境破壊が深刻となり、四大公害裁判（熊本・新潟水俣病、四日市大気汚染、イタイイタイ病）をはじめ、さまざまな紛争が発生した。このような状況のなかで、政治的には、公害の防止や福祉の充実をス

＊13　これら広域連合の現状と問題点については、くわしくは参照、辻山幸宣「広域連合の現状と論点」都市問題九〇巻三号（一九九九年）、村上博『広域行政の研究』（成文堂、二〇〇八年）。

ローガンにして、革新系の首長を頂く、いわゆる革新自治体が東京都・神奈川県・横浜市をはじめとする主要な府県・大都市で生まれた。しかし、自治体の組織内部では、依然として、機関委任事務の「指揮監督」的処理方式、自主財源の弱体、および自治体の幹部職員の人事面での国からの出向体制が貫徹していたため、他方で自治体内部の改革の必要性が叫ばれるようになった。

一九七〇年代の後半には、神奈川県の長洲一二知事[*14]らにより、国・中央政府に対し、地方（公共団体）の充実を求める「地方の時代」が提唱され、全国の自治体は公害防止条例、政治倫理条例、情報公開条例、および個人情報保護条例などを次々と制定し、政策面で国に対して、独自性・先見性を発揮してゆくことになった。

＊14 参照、長洲一二『地方の時代と自治体革新』（日本評論社、一九八〇年）。

3 地方分権時代の原則・しくみ——地方分権一括法後の分権の特徴

◉新しい国と地方公共団体との関係——自治体の任務両者の役割分担のルール化

国と地方公共団体（都道府県と市区町村）との間で、どのような事務権限の配分をすべきかは、連邦国家や単一国家においても、決まった統一的ルールがあるわけではなく、それぞれの憲法や法律、あるいは社会・文化状況により決定される。現行憲法の下では、憲法自体に国と地方団体との役割分担について明確な指針はなく、外交や防衛、国籍、度量衡などは国へ、福祉・教育など住民に身近な事務は地方公共団体へ、という程度で、具体的なそれぞれの事務・権限配分の線引きはもっぱら法律に委ねられてきたといってよい。

歴史的には、まず、戦後の税財制改革をリードした一九四九年のシャウプ勧告が、国の税制についての抜本的改革（所得税などの直接税中心主義）とともに、市町村中心の税財源の強化策を提唱し、住民に身近な事務、とりわけ、警察・教育行政を自治体の主要任務とするよう求めていた。

一九四七年に制定された地方自治法も、この点、当初は明確な事務配分基準を定めなかったが、一九五二年の改正（法三〇六号）により、普通地方公共団体が処理できない事務として、①司法事務、②刑罰・国の懲戒事務、③国の運輸・通信事務、④郵便事務、⑤国立の教育・研究施設に関する事務、⑥国立の病院・療養施設に関する事務、⑦国の航行・気象・水路施設に関する事務、⑧国立の博物館・図書館に関する事務、の八項目をあげていた。この規定から、本質的に国の専管事項といえるのは、「国」・「国立」を除いた①司法、②刑罰、および③郵便事務であったといってよい。

一九七〇年代の「地方の時代」から、一九九〇年代にはいると、一九九三年の両議院の地方分権推進決議を経て、一九九五年地方分権推進法が五年の時限立法（結果的には一年延長された）として成立し、同法は、国の役割として、①国際社会における国家としての存立にかかわる事務、②全国的に統一して定めることが望ましい国民の諸活動もしくは地方自治に関する基本的な準則に関する事務、③全国的規模でもしくは全国的な視点に立って行わなければならない施策、および事業の実施、ならびに④その他の国が本来果たすべき役割、の四点に限定し、それ以外の事務を幅広く自治体の事務にするという基準を示した（四条）。第一期分権改革に基づく二〇〇〇年四月施行の改正地方自治法は、地方分権推進法の国・地方公共団体の「役割分担」についての規定をそのまま踏襲している（地自一条の二第二項）。

かくして、分権時代において、地方自治法は国の役割を、主として①国際社会における国家の存立、および②全国的な基準や施策・事業などに限定し、地方公共団体について、「住民の福祉の増進」をその基本目的として、地域における行政を「自主的かつ総合的に」実施する役割を広く担当する「総合政策主体」という地方政府として位置づけている（地自一条の二第一項）。また、地方公共団体に関する法令の制定・改廃、および解釈・運用については、憲法の「地方自治の本旨」および国・地方の役割分担原則をふまえて、これを行うよう関係機関に義務づけており（同二条一一項〜一二項）、徹底した「地方自治の本旨」の実現を求めているといえよう。したがって国と地方公共団体間のこのような役割分担の原則に則して法令の内容・解釈を厳しく監視することが必要である。

◉市町村中心主義と補完性の原則

二〇〇〇年四月一日に施行された「地方分権一括法」において、国・地方の役割分担の原則だけでなく、新たに自治体の任務を「住民の福祉の増進を図る」（地自一条二第一項）ことであると規定され、かつ、「基礎的団体である」市町村中心主義が、および国・都道府県・市町村との関係については、「補完性」の原則が明示されたことが、とくに注目される。すなわち、地方自治法は、住民に直結する市町村を「基礎的団体」であると位置づけたうえで、「広域の団体」である都道府県との関係については、一般的に「地域における事務」、および「法律又は政令により」処理する自治体の事務全般を市町村が処理し、市町村が処理することがその「規模又は性質」において「適当でない」場合に限って、都道府県が処理することができるものとしているからである。これを都道府県サイドからみれば、「広域的事務」、「市町村の連絡調整事務」、および「規模・性質」から市町村が処理することが適当でない事務を、都道府県が処理することになる（地自二条五項）。

このように、地方分権改革は、国と地方、および都道府県と市町村との役割分担を重ね合わせると、市町村中心主義、および一九八五年の「ヨーロッパ地方自治憲章」などにおける「補完性」の原則を採用し、これに基づく当局・政府間の事務・権限の配分を行っていると解される。

また、地方自治法は、市町村における自治行政の運営について、「議会の議決を経てその地域における総合的かつ計画的な行政の運営」の実施とともに、そのための「基本構想」の策定を求めているのである（同二条四項）。すなわち、これまでの自治行政が、国の機関委任事務の下、国（主務大臣）—都道府県の長・関連部局—市町村の長・関連部局という「縦割り」行政のしくみで運営されていたことに鑑み、これを「総合政策主体」としての自治体・市町村が、「基本構想」の策定の下、総合的・計画的に実施するよう求めているのである。

このように、第一期分権改革・改正地方自治法は、分権時代を象徴する国と自治体の役割・市町村中心主義を明示的に保障しており、その理念・原則・しくみとしては、「対等・協力」、および自治体の自己決定権の実現に近づいてきたといえよう。ただ、問題は、現実の市町村がこれらの理念・原則を実現できる行財政体制・組織体制・人材を十分備えているかどうか、またこのような理念・原則が、現実の行政組織、およびその活動を規律する個別法律・行政立法（命令）において十分生かされているかどうか、という点にある。これらの分権時代の自治体の諸課題については、「エピローグ」で取り上げ、「これまで」のプロセスを検証しつつ、さらに「これから」を「考える」ことにしたい。

★ より理解を深めるために

地方自治に関する膨大な文献の中から、数点の著作に絞り込むことは、大変むずかしいが、本書のテーマに即して、第1講の論述を補強する意味で、それぞれ特徴のある次の五点を推薦することにしたい。

石田雄『一語の辞典　自治』三省堂、一九九八年

文字どおり「自治」という言葉のもつ意味・現実を、原資料をもとに歴史的・比較的にていねいに解説しながら、説き明した著作である。

成田頼明「地方自治の保障」宮沢俊義還暦記念『日本国憲法体系・第五巻＝統治の機構Ⅱ』（有斐閣、一九六四年）・室井力編『文献選集・日本国憲法12＝地方自治』（一九七七年、三省堂）所収

アメリカ・ドイツにおける地方自治の歴史的発展、憲法規定を分析しつつ、日本国憲法の第八章・地方自治について、通説的な制度的保障説を確立し、戦後の公法学における地方自治権の本質に関する議論をリードした論文である。

橋本勇『地方自治のあゆみ——分権の時代に向けて』良書普及会、一九九五年

自治大学校の教授として、地方自治制度について講義した内容を一冊の本にまとめたものであるが、幕末・明治初期から現在までの、日本の地方自治の歴史的発展を史料に基づいて、綿密客観的に記述したもので、地方自治の「あゆみ」を知るうえでは、大変わかりやすい著作である。

小早川光郎・小幡純子編『あたらしい地方自治・地方分権』〔ジュリスト増刊〕有斐閣、二〇〇〇年

二〇〇〇年四月に施行された地方分権一括法に示された地方分権改革をさまざまな視点から掘り下げた、巻頭の「地方分権改革の意義と課題」（座談会）をはじめ、改正地方自治法の規定の解説論文、行財政分野ごとの改革の特徴をそれぞれ解説した論稿より編集されており、分権改革の意義と課題をトータルで理解するのに適切な特集である。

杉原泰雄ほか編『資料現代地方自治』勁草書房、二〇〇三年

杉原泰雄教授を代表者とする「現代地方自治研究会」が、現代の地方自治・分権の理念・制度を理解するうえで必要不可欠と思われる内外の重要な資料・文献を選択し、翻訳し、さらに適切な「解釈」を加えているので大変わかりやすい地方自治の基礎文献である。

◆コラム◆ **国と地方公共団体との法定上の協議機関の設置**

最近では、若手個性派知事の登場もあってか、国の公共事業における地方直轄負担金の廃止、国家全体の財源比率を国・地方各五割へ再配分、地方自主財政の確立、地方支分部局の統廃合、および「地域主権」の確立などの分権的改革のみならず、将来の道州制構想の提起など、全国知事会（以下知事会）の活躍がめだつ。それにとどまらず、知事会は、〇九・八・三〇の「政権交代」となった総選挙など国政選挙にあたって、各政党のマニフェストについて「地方サイド」から評価・点検を行うなど、国政への情報発信として積極的役割を果たしている。知事会は、いわゆる「地方六団体」のひとつであり、地方自治法第二六三条の三によれば「相互間の連絡を緊密にし、並びに共通の問題を協議し、及び処理するため」設置され、総務大臣への「届け出」の義務がある「全国的連合組織」である。最近の自治法改正（平成一一・法八七）で、これら六団体は、「地方自治に影響を及ぼす法律又は政令その他の事項に関して」内閣へ意見の申出、および国会へ意見書を提出することができ、これについて、内閣には、遅滞なく回答する努力義務が課されているが、当該意見が「地方公共団体に対し新たな事務又は負担を義務付けると認められる国の施策に関するもの」である場合には、内閣は、回答の法的義務を負う。かつては、地方六団体のうち、全国都道府県議会議長会が親善野球大会の経費を公費で賄うことに対して、「住民訴訟」（二四二条の二・三）が提起されるなど、どちらかといえば親睦団体的性格が強く、国政に対して直に「物申す」という役割については、消極的だったが、小泉内閣の「三位一体改革」あたりから始まって、夕張市の赤字団体への転落、二〇〇八年秋の世界的な金融危機以降、一段と地方の行財政構造が悪化したことも背景にあって、地方サイドも、積極的な役割に転じたものと受け取られている。地方自治法により、このような権限・役割が付与された趣旨・目的に鑑みると、単なる政治的パフォーマンスにとどめず、もっと知事会などの「意見の申出」、これに対する内閣の「回答の義務」を相互に活用すべきであろう。その延長線上に、自治体は「地方政府」として、また地方六団体は地方政府機関の連合体として、国と地方の真の「対等・協力」関係を築くために両者の法定上の「協議機関」の設置を位置づけるべきである。また、これまで族議員の仲介・周旋を得て、当該地方へ利益を誘導する、悪しきシステム・構造を転換するためにも、地方サイドに同意・拒否権を付与するかどうかはともかく、地方に係る基本方針・施策・事務事業について、両者が対等な立場で協議する「協議」システムの構築が、分権時代にふさわしい。

このようななか、鳩山内閣は、官房長官ら国務大臣と、全国知事会など地方六団体から構成される「国と地方の協議の場」を設置する法律案を、「地域主権推進一括法案」などとともに国会に提出した（二〇一〇年四月八日毎日新聞）。

【中川　義朗】

第2講 地方公共団体の種類と特色

1 地方公共団体とは

憲法は、地方自治について定めた九二条以下に「地方公共団体（local public entity）」という文言を用いているが、地方公共団体そのものについて定義はしていない。[*1] その組織および運営に関する事項は、「地方自治の本旨に基いて、法律でこれを定める」（同九二条）ことになっており、これを受けて地方自治法が各種の地方公共団体について定めている。もっとも、地方自治法も地方公共団体の定義はしておらず、地方公共団体の種類を規定しているにとどまる。地方自治法においては、まず地方公共団体を普通地方公共団体と特別地方公共団体とに大別し、さらに普通地方公共団体を都道府県と市町村との二種類に、特別地方公共団体を、①特別区、②地方公共団体の組合、③財産区、および④地方開発事業団の四種類にそれぞれ区分している（地自一条の三）。

そこで、憲法の規定する「地方公共団体」とは何か、地方自治法にいう、特別地方公共団体を含む地方公共団体はすべて憲法の規定する「地方公共団体」にあたるのか、

＊1 "entity"とは他から独立した存在をいうから、地方公共団体は国とは別個の自治の単位を指す。憲法第八章の題名は"Local Self-Government"である。しかし、後述するように、憲法は地方公共団体の基本枠組みを定めているものの、それを地方政府として明確に定義し、中央政府と地方政府との間の事務・権限の配分等を規定しているわけではなく、そのあり方は法律の定めに委ねられている。

という問題が生じる。

2　憲法上の地方公共団体とは

◉憲法上の地方公共団体とは何か

憲法は、地方公共団体を積極的に定義していないとはいえ、憲法上、地方公共団体は地方自治を行うシステムである。地方自治が「地域的に共通の行政需要を媒介に、少なくとも潜在的に地域的共同体意識をもちうる住民が、自己のため自らの手によって統治を行うこと」[*2]であるとすれば、憲法は、そのようなシステムとしての地方公共団体のあり方について、その基本枠組を定めていることは明白である。第一に、議事機関としての議会が設置されること（憲九三条一項）、第二に、長と議員（およびその他の吏員）は住民により直接選挙されること（同条二項）、第三に、自主立法権および自主行財政権を有すること（同九四条）である。すなわち地方公共団体は、地域において国とは別個に政府機能を行う統治団体であることが予定されているのである。

*2　佐藤幸治『憲法〔第三版〕』（青林書院、一九九七年）二六九―二七〇頁。

◉憲法上の地方公共団体と地方自治法上の地方公共団体

上述の観点からすれば、地方自治法にいう地方公共団体のすべてが憲法上の地方公共団体に該当するわけではない。すなわち、同法に規定する地方公共団体のうち、特殊な目的・機能のために設置される特別地方公共団体は、一般に憲法上の地方公共団体に該当しないといえる。これらのうち、②地方公共団体の組合、③財産区、および④地方開発事業団がいずれも憲法上の地方公共団体に該当しないことには異論がない。[*3]問題となるのは、①特別区である。最高裁判所は、憲法上の地方公共団体といえるためには、「事実上住民が経済的文化的に密接な共同生活を営み、共同体意識をもっているという社会的基盤が存在し、沿革的にみても、また現実の行政の上においても、相当程度の自主立法権、自主行政権、自主財政権等地方自治の基本的権能を附与された地域団体であることを必要とする」と述べて、特別区は憲法上の地方公共団体と認めることはできないと判示した。[*4]もっとも、後述するように、その後の地方自治法改正により、現在ではこの点について議論する実益は失われている（二三三頁を参照）。

◉憲法上の地方公共団体と二層制の問題

現在の地方公共団体のあり方は、都道府県と市町村との二層制を採っている。現行憲法は、この二層制を前提としているようであるが、それは沿革的事情に過ぎない。したがって、憲法上の地方公共団体の種類やその地域的範囲は、固定的に理解すべきではない。もっとも、ある地域において、憲法上の地方公共団体が全く存在しないことは、憲法の予定しないところである。[*5]

現行のような二層制を変更するとしても、基礎的地方公共団体である市町村を廃止して広域的地方公共団体たる都道府県のみの一層制とすることは、そもそも想定されておらず、また憲法にいう「地方自治の本旨」（九二条）からみても、それは許されな

＊3　たとえば地方公共団体の組合には議会が置かれるが、その議員の直接公選制は認められていない（地自二八七条以下）。また財産区の議会または総会は「必要があると認めるとき」に都道府県知事がその権限により設けるものにすぎない（同二九五条）。さらに地方開発事業団にはそもそも議会は置かれず、理事会が置かれる（同三〇五条）。

＊4　最大判昭和三八・三・二七刑集一七巻二号一二一頁。

＊5　参照、塩野宏『行政法Ⅲ〔第三版〕』（有斐閣、二〇〇六年）一三八頁。

いと解される。他方で、都道府県を廃止し、憲法上の地方公共団体を市町村のみの一層制とすることも想定されていない。都道府県は、地方公共団体の事務のうち、市町村が処理するのに適しない事務を処理するものとされている（地自二条五項）。単純に都道府県を廃止することは、この事務を国と市町村とに再配分することを意味する。市町村の規模を拡大したとしても、基礎的な地方公共団体たる市町村の実質を維持しようとすると、事務処理の観点からみて、市町村への事務再配分には限界があろう。また国への事務再配分についても、国と地方の役割分担の観点から限界があると考えられる。「地方自治の本旨」の内容たる「補完性の原理」に照らし、このような制度変更が憲法に適合的であるとはいえないであろう。さらに、都道府県を廃止してより広域の道州制を採用することは憲法上許容されるであろうか。道州が広域の自治体であれば、その実質は現行制度上も可能な都道府県の合併（参照、地自六条の二）であるから、憲法上の問題はほとんど生じないであろう。しかし道州を国の行政区画とすることは「地方自治の本旨」（憲九二条）に適合する制度の改変とはいえないであろう。第二八次地方制度調査会は二〇〇六（平成一八）年に道州制の導入を答申した。そこでは広域自治体としての道州と市町村の二層制とすること、県の事務を可能な限り市町村へ移譲するとともに、国の出先機関の事務を大幅に道州に移譲すること、道州には議会と執行機関の長を置き、いずれも住民の直接選挙により選出することが提言されている。これについては今後の議論の動向をまつべきであろう。なお、現行制度においては（形式的には東京都の特別区の区域を除いて）全国一律に二層制となっている。しかし、地方公共団体の規模や行財政能力を考えると、必ずしも一律の制度でなければならないとはいえないと思われる。したがって、完全な自治体である限り、地方公共団体の構造が全国的に一様でなかったり、あるいは都道府県に属しない大都市があっても、それは当然に憲法上許されないとするべきではないであろう。[*6]

3　地方自治法上の地方公共団体

◉普通地方公共団体の種類

(1)　普通地方公共団体は、憲法上の地方公共団体として自治権を保障される団体である。この普通地方公共団体は、「地域における事務及びその他の事務で法律又はこれに基づく政令により処理することとされるもの」を処理するものとされている（地自二条二項）。[*7]

(2)　市町村は、「基礎的な地方公共団体」である（地自二条三項）。市と町村との区別については地方自治法八条に定めがあり、市であるためには人口五万以上（合併の場合には特例として四万以上、のち三万以上に改正——旧市町村の合併の特例に関する法律五条の二・同附則二条、市町村の合併の特例等に関する法律七条・同附則二条）を有することのほか、一定の都市としての要件を具えていることが必要である。町と村との区別については、都道府県の条例で定める要件を具えているか否かによる。

(3)　都道府県は、「市町村を包括する広域の地方公共団体」である（地自二条五項）。

＊6　都道府県に属しない大都市制度を創設する法律は、憲法九五条にいう地方自治特別法に該当し、住民投票による過半数の同意を要すると解される。

＊7　この規定は法人としての地方公共団体の基本的な権能を定めたものである。これは地方公共団体が地域における事務について幅広い処理権能を有することを表している。従来普通地方公共団体の事務を例示していた二条三項の規定は削除された。

府と県の区別は沿革上の区別であり、実質的なものではない。道も沿革上の区分であるが、北海道開発庁が置かれるほか、警察法上、方面本部が置かれる等の特例がみられる（同法五一条）。都は県と市の機能を併せ持つ制度であり、その区域内に特別区を含む。一九四三年に東京府および東京市を廃して東京都制が施行されたが、都は現在まで一つに限られている。

◉特別地方公共団体の種類

(1)　特別地方公共団体は、地方自治法上設立されるものであり、普通地方公共団体と比較して、その目的、構成、組織および権能が異なっている。地方自治法制定当初には、地方公共団体の組合、財産区、特別区のほかに都道府県の区域外の大都市制度としての特別市が定められていた。このうち特別市制度は、一九五六年の指定都市制度の実施により、施行されないまま廃止された。また、一九六三年に地域開発の推進を目的として地方開発事業団が追加された。特別区と財産区は、地方公共団体の一部に地方公共団体の性格をもたせたものであり、地方公共団体の組合と地方開発事業団は、複数の地方公共団体で構成されるものである。

(2)　特別区は、都の区である（地自二八一条一項）。都は東京以外にこれを設けることが排除されるわけではないが、これは巨大都市たる首都東京を反映した自治組織のあり方といえる。特別区については、一九五二年に区長公選制が区議会による選任制に改められ、前述のように憲法上問題となったが、一九七四年に住民公選制が復活した。また一九九八年の改正により、特別区は、「基礎的な地方公共団体」と位置づけられ（地自二八一条の二第二項）、都と特別区および特別区相互間の調整（同二八一条の七・二八二条）を除いて原則として「市」に関する規定が適用される（同二八一条三項・二八三条）。したがって、現在においては特別区は普通地方公共団体たる性質を強めている。

(3) 地方公共団体の組合とは、二以上の地方公共団体がその事務を共同して処理するために設ける特別地方公共団体である。地方自治法は、地方公共団体が相互に協力して事務処理をするシステムとして、協議会、機関等の共同設置、事務の委託、職員の派遣等を定めているが（地自二五二条の二以下）、これらは、関係地方公共団体の協議により規約を定めて行われるものである。地方公共団体の組合は、総務大臣または知事の許可を得て設置され、これを構成する地方公共団体とは別個の法人格を有する点で法定の協力方式とは異なる。普通地方公共団体の組合は、固有の区域、事務、権能を有し、執行機関と議決機関とは分離されている。そして、これを構成する地方公共団体の種類に応じて、各地方公共団体に関する規定を準用するものとされている（同二九二条）。

(4) 地方公共団体の組合の種類として、一部事務組合、広域連合、全部事務組合、および役場事務組合がある（同二八四条）。一部事務組合は、普通地方公共団体、および特別区がその事務の一部（ゴミ処理、し尿処理、上水道、消防等）を共同処理するための組合である。一九七四年の改正により、相互に関連する複数の事務を共同処理するための組合（複合的一部事務組合、同二八五条）も認められた。広域連合は、一九九四年の改正により追加されたものであり、普通地方公共団体、および特別区が、その事務で広域にわたり処理することが適当であるものについて、広域計画を作成し、必要な連絡調整を図り、総合的かつ計画的に処理するために設けられる。広域連合は、地方分権のため国からの権限・事務の受け皿たることが予定され（同二九一条の二）、また、その区域内の住民には直接請求の権利が与えられている（同二九一条の六）。全部事務組合、および役場事務組合は現在存在しない。*8

(5) 財産区は、市町村、および特別区の一部で財産（現金、有価証券、山林、用水路等）を有しまたは公の施設（公会堂、公民館、上水道等）を設けるものをいう（地自二九四条）。沿革的には一八八九年の市制町村制の実施期にまで遡るが、この制度は地方自治法制定の際に引き継がれ（「旧財産区」）、さらに一九五三年の町村合併促進法において、合併により財産が新市町村に移転することを望まない住民に財産区の設置が認められた（「新財産区」）。翌年の地方自治法改正においてこれが一般に承認され、規定の整備が図られたものである。財産区の財産や公の施設の管理、処分、廃止は、当該市町村等の議会、および執行機関が行うが、必要があると認めるときは、財産区の議会または総会を設け、あるいは財産区管理会を置くことができる（同二九四条一項・二九五条・二九六条の二）。

(6) 地方開発事業団は、一定の地域の総合的な開発計画に基づく事業（住宅、工業用水道、道路、港湾、上下水道等）を総合的に実施するための事業体であり、関係普通

＊8 全部事務組合は、これを構成する各地方公共団体は残るものの、組合を構成する各町村の議会および執行機関は消滅することになるから、実質的には合併と同じことになる。また、役場事務組合は、これを構成する各地方公共団体とその議会が残るということになる。いずれも町村にのみその設立が認められているが、一九五九年一〇月一日以降は存在しない。

地方公共団体の委託により設置される。事業団には理事長、理事、監事および理事会が置かれる（地自二〇四条・二〇五条）。事業団は、受託事業が完了した場合または協議により解散する（同二一七条）。その事務権限は建設事業に限られ、施設完成後の運営を担当することができないため、当初の期待ほどには活用されていない。[*9]

4　種類の多様化と事務配分

◉都道府県と市町村

(1)　普通地方公共団体のうち、広域的地方公共団体たる都道府県は一八七一年の廃藩置県により旧藩の区域を基礎として設置されたものである。一八八八年に香川県が設置されたときに一道三府四三県であったが、その後一八九〇年に府県制が制定されて以来その区域に変更はない。広域の地方公共団体としての都道府県の地域的規模がどうあるべきかについて、たとえば道州制のような、より広域の単位とすることの是非が論じられてきたことは前述したとおりであるが（**2**）、現在に至るまでその規模が変更されることはなかった。

他方で、基礎的地方公共団体である市町村については、適正な行財政能力を確保するとの観点から、一貫して市町村の合併が推進されてきた。一八八八年末に七万一、三一四であった町村の数は、市制町村制が制定された翌年には三九市一万五八二〇町村となった。戦後に至り、一九五三年一〇月には二八六市一九六六町七六一六村であ

＊9　市町村の合併の特例等に関する法律は、市町村合併後の一定期間において期間を定めて、合併市町村の区域であった区域について合併特例区を設けることができ、この合併特例区を地方自治法上の特別地方公共団体とする旨を規定している（二六条・二七条）。

ったが、同年から一九六一年までの「昭和の大合併」を経て、市町村数は約三分の一に減少した。その後も市町村合併は推進され、「平成の合併」後の二〇一〇年三月末には七八六市七五七町一八四村となっている[*10]（**表2－1**参照）。

表2－1　市町村数の推移

	市	町	村	合計
1889（明22）	39	15,820		15,859
1953（昭28）	286	1,966	7,616	9,868
2002（平14）	675	1,981	562	3,218
2010（平22）	786	757	184	1,727

(2)　地方公共団体は、住民の生活基盤を支える公的な地域単位であり、「地域における行政を自主的かつ総合的に実施する役割を広く担う」ものとされている（地自一条の二）。このうち、市町村は「基礎的な地方公共団体」として、都道府県が処理するものとされているものを除き、「地域における事務及びその他の事務で法律又はこれに基づく政令により処理することとされるもの」を処理する（同二条二項）。また、都道府県は、「市町村を包括する広域の地方公共団体」として、地方公共団体の処理すべき事務のうち、「広域にわたるもの」、「市町村に関する連絡調整に関するもの」および「その規模又は性質において一般の市町村が処理することが適当でないと認められるもの」を処理する[*11]（同条五項）。

(3)　機関委任事務制度などの廃止に伴い、地方公共団体が処理する事務は、自治事務と法定受託事務とに再構成された。このうち「自治事務」とは「法定受託事務以外のものをいう」とされている（地自二条八項）。自治事務について控除的に規定したのは、それが多種多様であって積極的な定義が困難であるこ

＊10　合併に伴う市町村規模の拡大に対応するものとして、地方自治法は地域自治区等についての定めを置く。すなわち、市町村は、その権限に属する事務を分掌させ、および地域の住民の意見を反映させつつこれを処理させるため、条例でその区域を分けて定める区域ごとに地域自治区を設けることができる。この地域自治区には事務所と地域協議会が置かれる。事務所の長は市町村長の補助機関たる職員を充てる。地域協議会の構成員は、その区域内に住所を有する者のうちから市町村長が選任する。地域協議会は、事務所が所掌する事務について意見を述べることができ、市町村長は、その施策に関する重要事項であって自治区の区域に関するものを決定、変更しようとする場合には、あらかじめ協議会の意見を聴かな

と、そのような定め方が地方公共団体は地域における行政を広く担うという考え方に合致することによる。「法定受託事務」は、「法律又はこれに基づく政令により都道府県、市町村又は特別区が処理することとされる事務のうち、国が本来果たすべき役割に係るものであつて、国においてその適正な処理を特に確保する必要があるものとして法律又はこれに基づく政令に特に定めるもの」（第一号法定受託事務）、および「法律又はこれに基づく政令により市町村又は特別区が処理することとされる事務のうち、都道府県が本来果たすべき役割に係るものであつて、都道府県においてその適正な処理を特に確保する必要があるものとして法律又はこれに基づく政令に特に定めるもの」（第二号法定受託事務）と定義されている（同二条九項）。従来の機関委任事務の約四割が法定受託事務となったとされるが、法定受託事務も当該地方公共団体の事務であって、その処理については、法令に違反しない限り、条例で定めることになる。なお、自治事務と法定受託事務についての国等の関与のあり方の差異については地方自治法二四五条の三以下にくわしく規定されている（第**3**講六一頁以下参照）。

(4)　広域の地方公共団体たる都道府県の役割は、市町村が処理するのに適していない事務を実施することにある。他方で、「その規模又は性質において一般の市町村が処理することが適当でないと認められるもの」については、「当該市町村の規模及び能力に応じて」これを処理することができるとされている（地自二条三項但書）。

基礎的な地方公共団体たる市町村についてみると、人口規模が一万人に満たない市町村が約五〇〇あり、一千人に満たない村もある。他方で、人口規模が六〇万人を超

ければならない（二〇二条の四～七）。

＊11　「広域にわたるもの」とは、市町村の区域を超え複数の市町村にわたる事務を指す。一九九九年の法改正以前においてはこのほかに「統一的な処理を必要とするもの」（統一処理事務）が規定されていた（旧六項）。これが削除されたのは、統一処理という名目で都道府県と市町村の間に上下関係があるかのような行政運営がなされることを排除し、両者が対等・協力の関係であることを確保する趣旨である。他方で、「一般の市町村が処理することが不適当なもの」（同）とされる判断要素は「規模」のみから「規模又は性質」とされた。なお、従来都道府県の事務を例示していた規定は削除された。

える市が一八あり、百万人を超える市も一一ある（なお、人口規模が百万人に満たない県が七ある。いずれも二〇〇九年度末）。つまり、基礎的な地方公共団体といっても、その人口規模あるいは行財政能力は極めて多様であり、大都市にあっては県に匹敵する規模および能力を有するものがある一方で、広域の地方公共団体による補完的行政に依存せざるをえない市町村が多数存在することがわかる。以下、大都市の場合とそれ以外の場合とについて、事務処理上の特徴点をみておくことにする。

◉大都市等の特例

(1) 特別市　地方自治法の制定当時（一九四七年）には、特別市に関する規定が置かれていた。特別市は人口五〇万以上の市の中から法律で指定すること、特別市には行政区を設け、区長は公選とすること、特別市は都道府県の区域外にあるものとすること等が定められていた。しかし、特別市となるべき大都市を包括していた府県側の反対が強く、特別市の指定は行われないまま一九五六年の地方自治法改正によって特別市に関する規定は削除され、それに代わって指定都市制度が導入された。

(2) 指定都市　①　指定都市制度は、「政令で指定する人口五十万以上の市」（地自二五二条の一九）について、事務配分、行政関与、行政組織、事務取扱、税財政上の特例を定めるものである。法律上の指定の要件は人口五〇万以上であるが、実際の指定の際には、人口はおおむね八〇万（ただし、市町村合併の際の特例としておおむね七〇万以上）～一〇〇万をめどとし、都市としての規模、行財政能力等において既存の指定都市と同等の実態を有することが必要とされている。二〇〇八年一一月現在で、大阪、名古屋、京都、横浜、神戸、北九州、札幌、川崎、福岡、広島、仙台、千葉、さいたま、静岡、堺、新潟、浜松、岡山、相模原の一九市が指定されている。

②　指定都市においては、都道府県が処理することとされている事務のうち、政令で定めるものについて自ら処理する。地方自治法は、民生行政に関する事務、保健衛生行政に関する事務、都市計画・建設行政に関する事務等一九項目を列記している（地自二五二条の一九第一項）。なお、このほかに、個別法により指定都市に配分される事務として、医療行政に関する事務、文教行政に関する事務、産業・経済行政に関する事務等がある。これは、事務処理能力、行財政能力のある大都市に直接住民生活に関わる事務を処理させることが適切であるとの考慮による。

③　指定都市においては、市としての自主性を確保し、国と都道府県から二重の関与を受けることを避けるため、その事務処理にあたって知事による許可、認可、承認等を要することとされている事項について、政令で定めるところにより、その関与を要せず、または知事の関与に代えて直接主務大臣の関与を受けることとされる（地自二五二条の一九第二項）。

④　指定都市においては、行政組織上の特例として、区が設置される（地自二五二条の二〇）。これは、大都市における住民に身近な行政を円滑に実施するという観点から、市長の権限に属する事務を分掌させるため、条例で、その区域を分けて区の事務所または出張所を置くこととするものである。これらの区は、特別区とは異なり、

法人格を有しない行政区である。区長（または出張所長）は、長の補助機関である職員が充てられる。[*12]

(3) 中核市　① 中核市制度は一九九四年の地方自治法改正で導入されたものである。中核市は、指定都市以外の都市でその規模、行財政能力が比較的大きいものについて、その事務権限を強化し、できる限り住民の身近で行政を行うことができるようにして地域における行政機能を充実するため、指定都市に次ぐ都市の特例制度として設けられたものである。中核市は、人口三〇万以上の市について政令で指定されるが、関係市は、市議会の議決を経て総務大臣に指定を申出る際には、あらかじめ都道府県の同意（議会の議決）を得なければならない（二五二条の二二・二四）。中核市については二〇〇八年一〇月現在で四一市が指定されている。

② 中核市においては、指定都市が処理することができる事務のうち、都道府県がその区域にわたり一体的に処理することが効率的な事務その他中核市において処理することが適当でない事務以外の事務で政令で定めるものを処理することができる。すなわち、指定都市が処理することができる事務のうち、道路法に関する事務、児童相談所の設置に関する事務等は、中核市において処理するに適しないとされ、これらを除いて、民生行政に関する事務、保健衛生行政に関する事務、都市計画等に関する事務等を処理する（地方自治法施行令が中核市に関する特例として列記する法律は二一本である）。

③ 中核市がその事務を処理するにあたって知事の指示その他の命令を受けるも

*12 指定都市は、必要と認めるときは、条例で、区ごとに区地域協議会を設けることができる（地自二五二条の二〇第六項）。この協議会については、前述（*10参照）の地域自治区に関する規定が準用される（同七項）。

のとされている事項で政令で定めるものについては、法令の規定を適用せず、または知事の指示その他の命令に代えて、各大臣の指示その他の命令を受けることとされている（地自二五二条の二二第二項）。これは、指定都市と同様に行政関与の特例を定めるものであるが、この特例が認められるのは福祉の分野に限られている。

(4) 特例市 ① 特例市制度は、二〇〇〇年に分権改革の一環として創設された制度である。すなわち、地方分権を推進するためには、できるだけ多くの権限を基礎的な地方公共団体である市町村に委譲することが望ましいが、市町村の規模・能力は多様であるため、一律に都道府県から権限委譲を行うことは困難である。そこで、行政ニーズが集中し事務処理に必要とされる専門的知識・技術を備えた組織を整備することが可能と思われる市町村から、人口規模に応じてまとめて委譲することが必要であるとの考え方をふまえ、一定の人口規模を有する市からの申出に基づき指定することにより、権限をまとめて委譲するための新たな特例市制度が創設されたのである。

② 特例市は、人口二〇万以上の市について政令で指定されるが、指定の申出に際してはあらかじめ都道府県の同意を得なければならない（二五二条の二六の四）。特例市については二〇〇八年一一月現在で四一市が指定されている。特例市は中核市が処理することができる事務のうち、特例市において処理することが適当でない事務以外の事務を処理する。すなわち、都市計画等に関する事務、環境保全に関する事務等である（二五二条の二六の三）。

③ 特例市の事務処理にあたっては、中核市と同様に行政関与の特例が定められ

ている。もっとも、特例市については、福祉の分野に限っても中核市と同様の事務配分はなされていないため、当面具体的な関与の特例は考えられず、それは将来に備えた規定であると解される。

◉条例による事務処理の特例

地方自治法は、大都市について事務配分の特例を設けているが、さらに都道府県が知事の権限に属する事務の一部を、条例の定めるところにより、市町村が処理することとすることができると定めている（二五二条の一七の二）。旧法では、知事はその権限に属する事務の一部をその管理に属する行政庁または市町村長に委任することができると定めていた（旧一五三条二項）が、これは一九九九年の改正で廃止された機関委任事務に関する規定であった。現行規定は、都道府県の事務の一部について各都道府県の事情に応じてこれをより住民に近い市町村に行わせることを可能とするものである。この条例により市町村が処理することとされた事務については、当該市町村長が管理し執行することとなる。都道府県がこの条例を制定する際には、あらかじめ市町村長に協議しなければならないが、市町村長の同意は必要とされておらず、協議の結果合意に至らない場合であっても、市町村長は事務の移譲を拒否することはできない。この条例の定めるところにより市町村が処理することとされた事務について規定する法令等の規定は、当該市町村に関する規定として適用される（二五二条の一七の三）。なお移譲された事務については、是正の要求等の都道府県知事による関与の特則が定められている（二五二条の一七の四）。

◉地方公共団体間の事務の共同処理

(1)　普通地方公共団体や特別区は、その事務を単独で処理することを原則とするが、事務処理上の効率や行財政能力に照らし、他の地方公共団体と共同してこれを処理する方が合理的な場合もある。地方自治法は、二五二条の二以下に協議会の設置、機関または吏員等の共同設置、事務の委託、職員の派遣等、および地方公共団体相互間の協力についての定めを置いている。また、二八四条以下に一部事務組合、広域連合等特別地方公共団体たる地方公共団体の組合についての定めを置いている。さらに、二九八条以下に、複数の地方公共団体が共同して地域の総合開発事業を実施するために、事業の実施を委託する目的で設置される特別地方公共団体たる地方開発事業団についての定めを置いている。

(2)　一九七四年の地方自治法改正により、複合的一部事務組合の制度が設けられた（地自二八五条）。これは、市町村および特別区の事務に関し相互に関連するものを共同処理するための一部事務組合について、その共同処理しようとする事務が他の市町村または特別区の共同処理しようとする事務と同一の種類のものでない場合においても、これを設けることができるとするものである。この場合に、何が相互に関連する事務であるかについては、複合的一部事務組合を設立しようとする市町村または特別区の自主的判断に委ねられている。

(3) 一九九四年の地方自治法改正により、地方公共団体の組合として広域連合の制度が新設された(地自二八四条三項)。これは、その事務で広域にわたり処理することが適当であると認めるものに関し、広域にわたる総合的な計画(「広域計画」)を作成し、その事務に必要な連絡調整を図り、これらの事務の一部を広域にわたり総合的かつ計画的に処理するために設けられるものである。この広域連合は、多様化した広域行政需要に適切かつ効率的に対応するとともに、国からの権限委譲の受入れ体制を整備することを目的としている。すなわち、国または都道府県は、広域連合に対し直接権限・事務の委任を行うことができ、広域連合は、国または都道府県に対し権限・事務の委任を要請することができる(同二九一条の二)。広域連合にあっては、その議会の議員および長の選出は、広域連合の選挙人による直接公選または間接選挙による(同二九一条の五)。また広域連合においては、普通地方公共団体について認められている直接請求の規定が準用されるほか、当該広域連合の規約の変更を要請するよう請求することができる(同二九一条の六)。二〇〇九年四月現在、一一三の広域連合が設立されている。介護保険や障害者福祉、廃棄物処理等の特定事務を共同処理することを目的とするものが多いほか、各都道府県ごとに全市(区)町村を構成団体とする後期高齢者医療広域連合[*13]が設立されているが、「地方分権の受け皿」という点では不十分なものにとどまっている。

*13 後期高齢者医療広域連合は二〇〇七年に設立された。その他、新しいものとして静岡県と県内全市町村を構成団体とする静岡地方税滞納処理機構が二〇〇八年一月に設立されている。

★ より理解を深めるために

西尾勝編著『都道府県を変える！——国・都道府県・市町村の新しい関係』（分権型社会を創る第二巻）ぎょうせい、二〇〇〇年

今次の分権改革の影響をもっとも強く受ける都道府県の機能はどうあるべきか、市町村との関係はどうあるべきか、また都道府県はどう改革されるべきか等について具体例を含めてくわしく検討している。

岩崎美紀子編著『市町村の規模と能力』（分権型社会を創る第七巻）ぎょうせい、二〇〇〇年

分権改革の時代の市町村には何が求められているのか、また市町村合併や広域行政の問題、大都市・都市圏や田園・郊外地域の問題等について、国際比較を含めてくわしく検討している。

◆コラム◆ 道州制

地方制度調査会（第二八次、諸井虔会長）は、二〇〇六年二月二八日に「道州制のあり方に関する答申」を小泉首相（当時）に提出した。この答申は、①市町村合併の進行により広域自治体たる都道府県から基礎的自治体たる市町村に大幅な権限移譲が可能となっていること、また、指定都市等の増加により、広域自治体の存在理由や位置づけ、役割を改めて明確にすることが求められること、②都道府県の区域を越える広域行政課題が増大するなかで、個々の都道府県が連携してこれに対応するという手法では限界があること、③国と地方の役割分担に関して、国が実施している事務の中には現状でも都道府県に移譲することが適当なものがあり、規模・能力が整った広域自治体ならばそこに移譲すべきものも多いこと等をあげ、さらなる地方分権改革の推進のために都道府県を廃止してより広域の自治体たる道州制を導入すべきことを提言している。そして道州制を導入する場合には、補完性の原理および近接性の原理に基づいて、国、広域自治体および基礎自治体間の役割分担を体系的に見直し、都道府県から市町村へ、国から道州への大幅な権限移譲を行うことが重要であるとしている。また道州の区域のあり方、国からの事務移譲に伴う地方の財政需要の変化、道州と市町村の間の事務配分、市町村の規模等に応じた事務配分の特例のあり方等についての検討に併せて、地方税財政制度を検討していく必要があるが、地方税中心の財政構造を構築して地方の財政運営の自主性および自立性を高めなければならないとする。この答申は、道州制の区域として九道州、一一道州、一三道州の三例を挙げ、それぞれについて人口、面積、総生産等を示しているが、いずれの場合にも北海道とならんで沖縄を一州としている点が特徴である。もっとも、道州制への具体的な道筋は答申中に示されていないし、区画のあり方や国と地方の役割分担についても検討すべき点は多い。都道府県制度自体が一二〇年の歴史を有するものであり、各区画に含まれることとなる都道府県内部の利害も一様ではない。道州制への移行については、今後相当長期にわたり議論することが必要であろうと思われる。

【岡本　博志】

第3講　国と地方公共団体の関係

1　国と地方公共団体との基本的関係

◉「地方自治の本旨」（憲九二条）と国・地方公共団体関係

憲法九二条にいう「地方自治の本旨」とは、歴史的に形成されてきた住民自治と団体自治という二つの要素を含むと考えられている。とくに団体自治という要素をふまえるなら、国と地方公共団体との関係はどのように規律されなければならないのだろうか。

日本は連邦制原理をとらないから、たとえば憲法上国（連邦）に一定の事務が認められるほかは、地方公共団体（支分国家）に他のあらゆる事務が留保されるというような構成をとらない。[*1] したがって、国と地方公共団体との間の関係は流動的であり、ともすると国の判断次第で、ある事務を国が吸い上げ、ある事務を地方公共団体に押しつけ、さらに地方公共団体の事務執行に対して広範な国の後見的監督や指示・命令が及ぶということになりかねない。

そこで、国と地方公共団体の間を律する基本的な考え方を憲法原理に即して具体化

*1　連邦国家であるドイツでは、「国家の権能の行使および国家の任務の遂行は、この基本法が別段の定めをなさずまたは認めない限り、ラントの事務である」（ドイツ連邦共和国基本法三〇条）とされ、さらに連邦の専属的立法権限の対象事項やラントとの共管的対象事項が具体的に定められている（同七三条・七四条）。

し、国が不当に地方公共団体の事務に介入しないようにしなければならない。そのためには、第一に、国と地方公共団体の仕事、つまり事務をどのように配分するかの基準を明確化することが必要であり、第二に、具体的な事務執行に関して、国から地方公共団体への関与を制限することが必要である。また現在の日本では、地方公共団体は都道府県と市区町村という二層構造をもっており、第三に、この都道府県と市区町村との関係も明確にしておく必要がある。さらに、その事務を執行するための財源をどのように配分するかも大きな問題であるが、ここではふれない（くわしくは、第**6**講参照）。

◉政府間関係としての国・地方公共団体関係

団体自治の原理や、憲法九三条や九四条の保障する住民の権利や地方公共団体の権能を考えれば、地方公共団体は、国とは別の法人格を有する統治団体であり（地自二条一項）、住民による民主的な意思決定のためのシステムを有し、自己完結的な活動を行う能力をもつものと考えられる。したがって国と地方公共団体との間は、地方公共団体が国の行政部内にあって末端の行政を担うものとして、上下の関係に置かれるものではなく、それぞれの事務を独立して行う分については、対等で、互いに自立的なものと考えるべきであろう。そうした意味で、国と地方公共団体との間の関係は、それぞれが自立した政府間関係（中央政府と地方政府）として考えられるべきであって、同じ行政部内にある上級行政体と下級行政体としてとらえるべきではない。

2　国と地方公共団体との関係に関する基本的考え方の変遷

◉シャウプ勧告＋神戸勧告

戦後日本の地方自治における国・地方公共団体の関係に関する基本的考え方について、シャウプ勧告（一九四九年）ならびにそれを受けて設置された地方行政調査委員会議の勧告（一九五〇年。以下神戸勧告という）[*2]からみていこう。まずシャウプ勧告では地方事務の配分に関する三原則が提起されている。それらは、①行政責任明確化の原則、②能率の原則、および③地方公共団体優先、とくに市町村優先の原則である。この勧告を具体化した神戸勧告は、「国と地方公共団体とは対立的に考えられるべきではなく、国も地方公共団体も、事務の種類と性質とに応じて、機能を分ちつつ一つの目的に向かって共同することは当然である」としながら、問題は「どのような形で協力しつつ最大の効果をあげるようにするか」であるとし、シャウプ勧告の第一原則を念頭に置いて、次のような提言を行った。すなわち、①地方公共団体の事務とされたものについては、国は「後見的な配慮や懸念をなすべきではない」、②国が著しい不均衡を調整し、最低水準の確保を図る必要がある場合でも、この機能は、「サーヴィスであって、権力的な監督であってはならない」、③事務の委任は、「必要やむを得ない最小限度にとどめ」る、ということである。より具体的には、神戸勧告は、国の関与について、まず他の地方公共団体に対する影響や国家的影響の少ない事務についい

＊2　委員長であった神戸正雄の名にちなんでこう呼ばれる。

ては、国は非権力的関与も含めて、原則として関与すべきでないとし、国家的影響があると認められるものについても、「法律により地方公共団体に処理を義務づける事務はなるべく限定」することとした。さらに神戸勧告は、国家的必要が大きいと認められるものについては、例外的に許可制をとることを認めつつ、「国の地方公共団体に対する関与の方法としては、許可、認可、承認、命令、取消、変更、代執行等のいわゆる権力的な監督は、原則として、これを廃止すべきである」と述べている。また、国の営造物に関する事務については、「契約により地方公共団体に事務の一部を委託することができる」としたが、この場合も、地方公共団体に受託の義務はないとし、また国の監督権も否定した。

このように、シャウプ勧告と神戸勧告は、地方公共団体を国の監督から切り離し、できるだけ地方自治を実効あらしめようとする見解を打ち出したもので、今日においても、極めて示唆に富んでいる。しかし、戦後地方自治制度の展開は、これらの勧告の趣旨に全く反したものとなった。

◉機能分担論

シャウプ勧告や神戸勧告とは逆の、中央集権的傾向を支えた考え方は、一般に機能分担論と呼ばれる。この考え方は、事務を一つの段階の行政機関に割り当てるのではなく、国・都道府県・市町村が、それぞれの機能に応じて、相互に協力して一つの事務を処理しようというもので、シャウプ勧告・神戸勧告の対極にあるものといってよい。この考え方は、結局はあらゆる事務に対して国の関与を認め、しかも機能分担という言葉によって、計画・立案および実施監督は国に、現場の実務は地方公共団体にという、上下階層的な秩序が正当化されることになり、機関委任事務やそれ以外の事務についても存在していた、さまざまな国の関与が改められることはなかった。

この機能分担論について、たとえば第九次地方制度調査会「行政事務再配分に関する答申」（一九六三年）をみてみよう。この答申は、「行政事務再配分の基本的考え方」として、現代福祉国家における国と地方公共団体の関係は、「国も地方公共団体もともに国家の統治機構の一環をなすもので」、「国民福祉の増進という共通の目的に向かってそれぞれの機能を分担し、相協力して行政の処理に当らなければならないものである。すなわち、現代国家における両者の基本的関係は、それぞれ機能と責任を分かちつつ、一つの目的に向かって協力する共同関係でなければならない」と定式化した。しかし、他方で固有事務と委任事務の区別の廃止を提言するなど、シャウプ勧告や神戸勧告の内容に配慮しており、その点で不徹底なものであった。

その翌年に出された臨時行政調査会「行政事務の配分に関する改革意見」になると、「新憲法下においては、……国と地方公共団体間の基本関係を有機的な協力指導の関係にあるもの」ととらえ、「現在の情勢下では」という限定つきではあるが、「国民のために便利で、親切で、しかも迅速・経済的な行政を行うには、地域の総合性を生かし、地方公共団体の健全育成をはかりつつ、機関委任の方式をとることが最も適当であ」り、「機関委任方式を当面は強化の方向で活用する」として、機関委任事務の積極肯定に転じた。そしてこの「改革意見」は、事務再配分の原則として、⑴現地性の原則、⑵総合性の原則、および⑶経済性の三原則を掲げ、⑴では、「企画事務は中央省庁に留保するが、実施事務は地方公共団体、とくに市町村に優先的に配分」するという方針を打ち出したのである。

◉地方分権推進委員会と役割分担論

一九九五年五月に成立した地方分権推進法は、国と地方公共団体とが「相互に協力する関係にある」としつつ、「国及び地方公共団体が分担すべき役割を明確にし、地方公共団体の自主性・自立性を高め」ることを基本理念として掲げた（二条）。この法律に基づいて設置された地方分権推進委員会は、五次にわたる勧告を行ったが、これらは九八年に「地方分権推進計画」として閣議決定され、次いで九九年には地方自治法の大改正となった（二〇〇〇年四月一日施行。以下、二〇〇〇年改正地方自治法）。これらの勧告・計画や立法において、国と地方公共団体との関係は、「国と地方の役割分担の原則」として、国が担うべき事務と地方公共団体の担う事務を掲げるという形で明らかにされた。国は、㈠国際社会における国家としての存立にかかわる事務、㈡全国的に統一して定めることが望ましい国民の諸活動または地方自治に関する基本的な準則に関する事務、㈢全国的規模・視点で行われなければならない施策および事業（ナショナル・ミニマムの維持・達成、全国的規模・視点からの根幹的社会資本整備等にかかわる基本的事項に限る）を重点的に担うものとされ、他方、地方公共団体は、地域における行政を自主的かつ総合的に広く担うものとされた（地方分権推進委員会第一次勧告、地方分権推進計画）。

さらに地方公共団体の事務に関する国の役割ということでは、「国は地方自治に関する基本的準則にかかわる法律を定め」、個別の行政分野については、「地方公共団体の施策に係る情報提供、奨励・誘導を行うほか、個別の法律により地方公共団体の法的権限を定め、事務の性質に応じて最小限度の基準の設定等事務の管理執行に当ってのしくみを設け、法律の適正な執行を確保するため必要な解釈を示し、法律の認める範囲内で地方公共団体の事務の処理について所要の調整を行う」とされた（第一次勧告）。

こうした方針に基づいて、機関委任事務制度が廃止された。しかし、従来の機関委任事務は、多くが自治事務とされたが、その一部は国が直接執行することとされたほか（たとえば、米軍用地強制使用手続など）、新たに法定受託事務の制度が設けられ、国によるさまざまな関与の余地を残すこととなった。

3　地方公共団体の事務における国・地方公共団体の関係

◉旧機関委任事務時代における国・地方公共団体の関係

前述のように、二〇〇〇年の改正地方自治法に至るまで、国の基本的考え方は、一つの事務について国と地方公共団体とがそれぞれの機能を分担し合うというものであった。こうした考え方を端的に示していたものが、機関委任事務である。[*3]これは、地方公共団体それ自体に事務を委任する団体委任事務とは違い、地方公共団体の機関（長や各種行政委員会）に直接委任し、受任した機関はその事務を執行する限りで国の下級行政機関として扱われる、という制度であった。そのため、地方議会は当該事務について条例を制定することができず、また監視権限を制限され、他方、国の主務官庁は当該事務の執行を上級機関として指揮監督するという権限が与えられた。この機関委任事務は、市制町村制（一八八八年）の制定の際に取り入れられ、戦後の改革時に都道府県の完全自治体化に際して都道府県に対しても導入されることとなった。前述のシャウプ勧告や神戸勧告はこの機関委任事務を原則として否定するものであったが、実際にはそれは増え続け、国と地方公共団体の上下関係を維持するうえで支柱の一つとなっていた。

◉自治事務・法定受託事務時代における国・地方公共団体の関係

二〇〇〇年の改正地方自治法は、上記のように機関委任事務を廃止するとともに、自治事務の三区分（公共事務、団体委任事務、その他の行政事務）も削除した。そして地方公共団体は「住民の福祉の増進を図ることを基本として、地域における行政を自主的かつ総合的に実施する役割を広く担う」（一条の二第一項）こととされ、また、「普通地方公共団体は、地域における事務及びその他の事務で法律又はこれに基づく政令により処理することとされるものを処理する」（二条二項）とされた。しかし、この二条

＊3　旧地方自治法一四八条一項は、「普通地方公共団体の長は、当該普通地方公共団体の事務及び法律又はこれに基づく政令によりその権限に属する国、他の地方公共団体その他の公共団体の事務を管理し及びこれを執行する」と定めていた。この傍線の部分が機関委任事務と呼ばれた。

二項にいう地域事務およびその他の法令事務は、自治事務と法定受託事務に分けられ、しかも何が法定受託事務かはもっぱら法律または政令の定めるところとされ、法定受託事務以外の事務が自治事務とされることとなった（二条八項・九項）。

他方、国は「国際社会における国家としての存立にかかわる事務、全国的に統一して定めることが望ましい国民の諸活動若しくは地方自治に関する基本的な準則に関する事務又は全国的な規模で若しくは全国的な視点に立って行わなければならない施策及び事業の実施その他の国が本来果たすべき役割」（一条の二第二項）を分担するとされた。

こうして地方公共団体は、「地域における事務」および「その他の事務で法律又はこれに基づく政令により処理することとされるもの」を、「自治事務」および「法定受託事務」として処理することとなったが、この前二者と後二者の関係はそれほど明確ではない。

4　二〇〇〇年改正施行地方自治法における国・地方公共団体の関係

◉国による行政的関与に対する基本的考え方＊4

地方自治法は、二〇〇〇年改正により、国と地方公共団体の関係にも「法律による行政の原理」の考え方を及ぼして、国の行政機関から地方公共団体（およびその機関）

＊4　国の機関による地方公共団体への関与には、行政的関与以外に国会による立法的関与、裁判所による司法的関与がある。とくに立法的関与は、地方自治の制度を形成するものであるだけに、極めて重要である。憲法論からすれば、この立法的関与の限界が厳しく吟味されなければならない。また、司法的関与も、国と地方公共団体との紛争が国地方係争処理委員会への審査の申出を経て訴訟のレールの上に載ることが認められたこともあり、今後重要性を増すであろう。

への関与を類型化し、かつ法律に定めることとした（関与の法定主義）。また、国の関与のうち、是正の要求、許可の拒否、その他の処分などの権力的関与については、地方公共団体は、新しく総務省に設置された国地方係争処理委員会に審査の申出ができることになり（二五〇条の一三）、さらに委員会の勧告やそれへの国の対応に不満があれば、高等裁判所に出訴できるようになった（二五一条の五）。このような意味で、法律による行政の原理が国・地方間に適用されることになった。

◉行政機関による準立法的関与と準司法的関与

国の行政機関による地方公共団体への関与については、これを準立法的関与、行政的関与、および準司法的関与に分けることができる。ここでは準立法的関与および準司法的関与についてふれておくことにしたい。

準立法的関与とは、地方公共団体の組織、作用、手続について、行政立法である政令および省令によって規律することをいう。地方自治法は、その二条二項「普通地方公共団体は、……法律又はこれに基づく政令により処理することとされるものを処理する」をはじめとして多くの規律を政令に委任し、また地方公共団体は省令を含めた「法令に違反してその事務を処理してはなら」（二条一六項）ず、「法令に違反しない限りにおいて」条例制定権を有する（同一四条一項）とされる。地方公共団体の事務に関して、国は法律・政令・省令の三点セットで地方公共団体の権限を規定するのが常であり、このような法のヒエラルヒーの中で、地方公共団体の活動はがんじがらめにされているといってもよいであろう。

また、二〇〇〇年の改正地方自治法による機関委任事務の廃止によって、上下の関係における内部的文書である訓令・通達による国の関与はできないことになったが、法定受託事務に関しては、各大臣はその事務を処理するにあたりよるべき基準（処理基準）を定めることができることとされた（地自二四五条の九）。この処理基準は法的拘束力をもたない「行政規則」であるとされるが、その定め方次第では、地方公共団体の自立性や自己決定権を奪ってしまう可能性がある。

次に、準司法的関与とは、地方公共団体の行政処分ないし機関相互間の紛争に対して、国の行政機関が不服申立手続における審査機関として行う関与のことで、「裁定型関与」ともいう。たとえば、地方自治法一一八条や一四三条が、議会や選挙管理委員会の決定に不服がある場合に、総務大臣あるいは都道府県知事への不服申立てを認めるほか、二五五条の二は法定受託事務一般について各大臣や都道府県の機関への審査請求を認めている。個別法においても、たとえば土地収用法一二九条によれば、収用委員会の裁決に不服がある者は、国土交通大臣に対して審査請求ができることになっている。

これらの規定は、国や都道府県の機関が審査請求という形ではあれ、地方公共団体の機関の決定を覆す権限を有するということであり、相変わらず国は後見的監督権限を有するとの呪縛から抜け出ていないといわなければならない。これらについては、審査請求を前置することなく、訴訟で争わせることが適当であろう。

表３－１　事務の種別と是正の勧告・要求・指示の対応

<table>
<tr><th>事務の種別</th><th>国の関与</th><th colspan="2">都道府県の関与</th></tr>
<tr><td>都道府県の自治事務</td><td>是正の要求</td><td colspan="2"></td></tr>
<tr><td>都道府県の法定受託事務</td><td>是正の指示</td><td colspan="2"></td></tr>
<tr><td>市町村の自治事務</td><td rowspan="2">都道府県の執行機関に対して是正の要求を行うよう指示
緊急の必要があれば，自ら是正の要求</td><td rowspan="2">国の指示がある場合，是正の要求</td><td>是正の勧告</td></tr>
<tr><td>市町村の第二号法定受託事務</td><td>是正の指示</td></tr>
<tr><td>市町村の第一号法定受託事務</td><td>都道府県の執行機関に対して市町村に対する是正の指示に関する指示，緊急の場合には，自ら是正の指示</td><td colspan="2">是正の指示</td></tr>
<tr><td>条例による事務処理の特例により市町村が処理する事務</td><td>都道府県知事を通じて是正の要求（当該事務が都道府県の自治事務の場合）もしくは是正の指示（法定受託事務の場合）</td><td colspan="2">是正の要求もしくは是正の指示</td></tr>
</table>

◉行政的関与の諸類型とその意義

国の行政機関による行政的関与については、二〇〇〇年改正地方自治法によって大きく変わることとなった。地方自治法二四五条は、「本章（地方自治法第十一章）において『普通地方公共団体に対する国又は都道府県の関与』とは、普通地方公共団体の事務の処理に関し、国の行政機関又は都道府県の機関が行う次に掲げる行為をいう」として、次のような行為を列挙している。それは、「一　普通地方公共団体に対する次に掲げる行為」として、「イ　助言又は勧告」、「ロ　資料の提出の要求」、「ハ　是正の要求」、「ニ　同意」、「ホ　許可、認可又は承認」、「ヘ　指示」、「ト　代執行」があげられ、二として、「地方公共団体との協議」が、そして三として、その他「具体的かつ個別的に関わる行為」（基本類型外の行為）があげられている。

これらのうち、「是正の要求」は、地方公共団体の事務処理が「法令の規定に違反しているとき又は著しく適正を欠き、かつ、明らかに公益を害しているとき」に行われる、違反の是正または改善のため必要な措置を講ずべきことの求めであるが、二四五条の五以下で、「是正の要求」、「是正の勧告」、「是正の指示」[*5]に分けられ、事務の種別に従って**表3－1**のようになる。

これらは、地方自治法を一般的根拠として、すべての自治体の事務に適用があるとされる。しかし、これは次に述べる関与の法定主義を骨抜きにするものであり、地方分権の観点からみて極めて疑問である。さらに、この是正の要求・指示権を背景に、国はすべての法令に関しその解釈権を主張できることになり、法令の解釈に関する国優位・国依存の行政風土は変わらないことになるだろう。

◉行政的関与の基本原則と手続的ルール

二〇〇〇年改正地方自治法における、国の行政的関与規定の眼目は、関与の法定主義をうたい、かつ関与の基本原則を明らかにしたことであろう。地方自治法二四五条の二は、「普通地方公共団体は、その事務の処理に関し、法律又はこれに基づく政令によらなければ、普通地方公共団体に対する国又は都道府県の関与を受け、又は要することとされることはない」とした。ただし、これはそれぞれの法律ごとに、また国

＊5 「是正の要求」においては、具体的措置の内容が地方公共団体の裁量に委ねられているが、「是正の指示」の場合、具体的措置の内容についても指示することが可能とされる。また「是正の勧告」では、それに従う法的義務を生じさせるものではないが、是正の「要求」および「指示」は、それに従う法的義務が生じるとされる。

表3－2　事務の種別と関与の類型

	自　治　事　務	法定受託事務
助言または勧告	○	○
資料の提出の要求	○	○
同　　意	法令に基づき国がその内容について財政上または税制上の特例措置を講ずるものとされている計画を普通地方公共団体が作成する場合等国または都道府県の施策と普通地方公共団体の施策との整合性を確保しなければこれらの施策の実施に著しく支障が生ずると認められる場合以外　×	○
許可，認可または承認	「普通地方公共団体が特別の法律で法人を設立する場合等」それ以外の方法ではその処理の適正を確保することが困難である場合以外　×	○
指　　示	国民の生命，身体または財産の保護のため緊急の必要がある場合以外　×	○
代 執 行	×	○
協　　議	国と普通地方公共団体の計画相互間の調整等，施策の調整が必要な場合以外　×	自治事務に同じ
基本類型外の行為	×	将来において設けない

が法令事務として地方公共団体に課している事務の一つひとつについて、いかなる関与が可能であるのかを法定するのでなければ、実質的には意味がないことになる。前項で述べたように、是正の要求を地方自治法が一般的に根拠づけるのでは、この法定主義の原則に反することになろう。

二〇〇〇年改正地方自治法が掲げる関与の基本原則をみていこう。まず、地方自治法二四五条の三第一項は、関与が「その目的を達成するために必要な最小限度のものとするとともに、普通地方公共団体の自主性及び自立性に配慮しなければならない」と規定する。しかしこれは、「地方自治の本旨」（憲九二条）からはそもそもその関与が許されるかどうかが問題であるわけで、そのような観点からすれば、もし許されるとしても必要最小限度にとどめるべきであるのは当然といわなければならない。こうした規定が必要であることは、これまでの関与がいかにその枠組みを超えていたかということを示すものにほかならない。

ついで事務の種別に応じて、なされるべき関与の類型が整理されている。表であらわすと**表3－2**のようになる。

関与の類型が否定されている部分（表中の×の部分）は、将来の立法において設けない趣旨とされる。[*6]

代執行については、二四五条の八が都道府県および市町村の法定受託事務に関するその手続を一般的に定める。この規定は、法定受託事務に関しては一般的な根拠規定とされ、個別法律による授権を要しないとされている。ここでも、法定主義の骨抜きがみられる。

基本類型外の行為による関与は、法定受託事務についても将来の立法においてこれを設けない趣旨とされるが、今後の法改正において、既存の法で規定されたそのような行為についても見直していく必要があるだろう。

＊6　たとえば代執行について、松本英昭『新地方自治制度詳解』（ぎょうせい、二〇〇〇年）一七二頁。ただし、同書がいうように法律で後の立法が拘束されるわけではない。

5　国と地方公共団体との紛争の処理

◉国地方係争処理委員会の設置とその権限および手続

国の地方公共団体への関与に対して二〇〇〇年改正地方自治法によって取り入れられた制度として、国地方係争処理委員会への審査の申出制度、およびそれに続く高等裁判所への出訴制度がある。

まず、国地方係争処理委員会は、両議院の同意を得て総務大臣によって任命される五名の委員からなる（地自二五〇条の八・九）。この委員会は、総務省に置かれ、国の関与に対する地方公共団体の審査の申出を受けて審査を行い、当該関与が違法または地方公共団体の自主性・自立性の尊重の観点から不当であると認めるときは、必要な勧告を行う権限を与えられている。

審査の対象となるのは、①「国の関与のうち、是正の要求、許可の拒否その他の処分その他公権力の行使に当たるもの」（地自二五〇条の一三第一項）、②申請等に対する国の不作為（同条二項）、③国と地方公共団体との協議（同条三項）であるが、①に関しては、二四五条の八に規定する代執行の手続中の「指示」は対象外とされる。

地方公共団体は、国の関与があったとき、それに不服がある場合には、当該関与があった日から三〇日以内に審査の申出をしなければならない（同条四項）。

委員会は、審査の申出を受けると、自治事務に関しては当該関与が違法または普通地方公共団体の自主性および自立性を尊重する観点から不当であるかどうかを審査し、違法または不当であると認めるときは、相手方たる国の行政庁に理由を示して必要な措置をなすべきことを勧告する。法定受託事務に関しては違法性の審査のみを行う。勧告には期限が付せられ、その内容は公表される。審査および勧告は申出から九〇日以内に行われなければならない。勧告が行われた場合、当該行政庁は「勧告に即して必要な措置を講ず」べき義務を負う（地自二五〇条の一八第一項）とされるが、当該行政庁は勧告どおりの措置を行うことを一義的に義務づけられるわけではない。

ところで、この制度が抱える問題点については、いくつか指摘することができる。一つは、この機関が総務省に置かれたこともあり、また各省大臣の行政の「分担管理の原則」との関係から「勧告」の効果に法的拘束力が付与されなかったことである。このことは、結局地方公共団体にとって委員会の審査と裁判所における訴訟の二重の負担をもたらす可能性がある。第二に、国からは一方的な関与が認められ、それに対して地方公共団体は審査を申し出る、という構図となった。このことは、国が地方に対して相変わらず上位にあるという考え方を反映しているように思われる。

◉裁判所への出訴

地方公共団体は、国地方係争処理委員会の審査結果もしくは勧告に不服があるとき、あるいは勧告を受けた行政庁の措置に不服があるとき等の場合には、国の関与の取消しないし不作為の違法確認の訴えを高等裁判所に提起することができる。これは、行政事件訴訟法でいう機関訴訟とされる（地自二五一条の五第八項・九項）。[*7]

◉紛争処理の課題

このような国と地方公共団体間の紛争処理の新しい機関と手続は創設されたが、その利用状況はそれほど芳しいものではない（コラム参照）。そして目下国の側でとくに問題視しているのは、自治事務に関する是正の要求が地方公共団体側になされた場合に、地方公共団体がその是正の要求に対して国地方係争処理委員会に審査の申出をせず、またなんらの措置もとらないという状況である。このような状況は、二〇〇九年に二件生じた。一つは国から指示を受けた東京都から国立市に対する是正の要求であり、もう一件はやはり国から指示を受けた福島県から矢祭町に対する是正の要求である。これらはいずれも住民基本台帳ネットワーク（住基ネット）にからむものであり、国からの指示に先だって各都県からそれぞれ是正の勧告が行われているにもかかわらず、「改善」されていなかったものである。

こうした状況に対して、総務省は二〇〇九年七月より「国・地方間の係争処理のあり方に関する研究会」を設置し、自治事務に対する是正の要求に地方公共団体側が従わず、係争処理手続もとらない場合の問題の解決の仕方を模索している。そして同年一二月七日に出された同研究会の報告では、「国と地方公共団体との間の法の解釈・適用の齟齬を解消する」司法手続（新たな訴訟制度）を整備することが必要としている。[*8]

しかし、司法手続とはいえ自治事務に対してまで国の見解を押しつけることには異

*7　これまでも国の行政機関による地方公共団体への権力的関与について、抗告訴訟としての取消訴訟や不作為の違法確認訴訟を提起することができるかどうかについては争いのあったところである。その点で、二〇〇〇年改正地方自治法で規定された制度は、立法的解決をはかったといえるが、この制度にもかかわらず、抗告訴訟を地方裁判所に対して提起することができるとする考え方が成り立つ余地があろう。

*8　くわしくは総務省のホームページを参照されたい。http://www.soumu.go.jp/main_sosiki/kenkyu/keiso/index.html

論があろう。もし重大な違法性があって住民の権利が侵害されるのであれば、住民による出訴を容易にする方法を考えるべきであろう。

なお、これまで法定受託事務に関する是正の指示は五件を数えるが、いずれも地方公共団体側がその指示に対応する措置をとっているということである。[*9]

6　都道府県と市町村の関係

◉対等・協力の関係

都道府県と市町村との関係は、国と地方公共団体との関係以上に対等であることが要請される。両者とも普通地方公共団体であるとともに、地方自治法二条三項において、その担当すべき事務が区別されており、都道府県は、地域における事務およびその他の事務で法律またはこれに基づく政令により普通地方公共団体が処理することとされている事務のうち、広域にわたるもの、市町村に関する連絡調整に関するものおよびその規模または性質において一般の市町村が処理することが適当でないと認められるものを、処理するものとされる。それ以外の事務は、市町村が、基礎的地方公共団体として一般的に処理する（二条三項）。さらに同条六項においてその事務処理にあたって「相互に競合しないように」という注意書きさえあることから、一つの事務の機能分担という考え方に派生する上位団体から下位団体への関与は本来ありえないはずである。このことは改正前の地方自治法でもたてまえとしてはとられていたが、そこ

＊9　総務省「国・地方間の係争処理のあり方に関する研究会」報告および参考8として付せられた『是正の要求等の執行状況』による（http://www.soumu.go.jp/main_sosiki/kenkyu/keiso/22351.html 参照）。ただし、その五件とは別に、宇賀克也『地方自治法概説〔第三版〕』（有斐閣、二〇〇九年）二六六頁では、兵庫県知事が三田市に対して行った是正の指示が紹介されている。

においては戦前の都道府県優位の伝統が尾を引き、また機関委任事務における都道府県の機関と市町村の機関との指揮監督関係が、それ以外の事務においてもさまざまな影響を与えていた。二〇〇〇年改正地方自治法では、そのような都道府県優位の制度をいくつか廃止した。それらの例として次のようなものがある。①従来都道府県の事務とされていた「統一的な処理を必要とするもの」（旧地自二条五項）が削除され、同時に、これまで都道府県が市町村の行政事務に関し、条例で必要な規定を設けることができることとされていた、いわゆる「統制条例」（同一四条三項・四項）の規定が廃止された。また、機関委任事務の廃止に伴って、②市町村長が国の機関として国の事務を処理する場合において都道府県知事および主務大臣から包括的な指揮監督を受けることとされる規定（同一五〇条）や、③市町村長が処理する国または都道府県の事務にかかわる知事の取消停止権に関する規定（同一五一条一項）、④都道府県知事がその権限に属する事務を市町村長に委任することができる事務委任の規定（同一五三条二項）、および⑤都道府県知事の権限に属する事務を市町村の職員をして補助執行させることができる規定（同一五三条三項）が、いずれも削除された。ただし、④の事務委任については、新たに「条例による事務処理の特例」制度（地自二五二条の一七の二）が設けられ、「都道府県は、都道府県知事の権限に属する事務の一部を、条例の定めるところにより、市町村が処理することとすることができる」とされた。これらの事務の処理にあたっては、当該事務に適用される法令の規定により「国の行政機関が市町村に対して行うものとなる助言等、資料の提出の要求等又は是正の要求等は、都道府県知事を通じて行うことができるものと」（同二五二条の一七の三第二項）され、また同様に「市町村が国の行政機関と行うものとなる協議は都道府県知事を通じて」行い、国の行政機関への許可の申請等は都道府県知事を経由して行うものとされる（同三項）など、都道府県が実質的にその執行に責任を負うような規定が置かれている。こうした規定の下で、はたして従来の制度とどこまで異なった運用になるのか、疑問がないわけではない。

◉都道府県の市町村への関与の諸類型と基本原則

前記のようないくつかの制度の廃止によって、都道府県から市町村への関与がなくなったわけではない。ただし、ここでも国から地方公共団体への関与の場合と同様、関与の法定化とそれをめぐる紛争処理制度が作られた。

まず関与の類型であるが、これは普通地方公共団体に対する国の関与と同じく、「助言又は勧告」、「資料の提出の要求」、「是正の要求」、「同意」、「許可、認可又は承認」、「指示」、「代執行」、「普通地方公共団体との協議」およびその他「具体的かつ個別的に関わる行為」である。これらについては、国と普通地方公共団体との関係での諸規定が都道府県と市町村との間にも適用されるほか、都道府県の執行機関は、国の各大臣の指示を受けて市町村の執行機関に対してその自治事務の処理について法令違反の是正または改善のため必要な措置を講ずべきことを求めたり、あるいは自ら、違反の是正または改善のため必要な措置を講ずべきことを勧告したりすることができる。

すなわち、都道府県は法令の執行に関しては、市町村に対して、ほとんど国と同様の関与権限を認められているのであり、これではとても対等な関係とはいえない。市町村は法令解釈について都道府県にお伺いをたて、都道府県は中央省庁のご意見を聞くという悪しき慣習はなくならないだろう。地方公共団体は、自らの責任で法令を解釈・運用し、もしそれが違法ないし不当であれば、その相手方に対する裁判所による救済を十全たらしめるべきである。

◉自治紛争処理委員の任命とその意義

従来から自治紛争調停委員の制度があり、地方公共団体相互間あるいは地方公共団体の機関相互間に争いのある場合に、自治紛争調停委員を任命して調停を行わせ、あるいは地方自治法の規定による審査請求等があった場合、請求者等の要求により自治紛争調停委員を任命してその審理を経てから裁決を行うものとされていた。二〇〇〇年地方自治法の改正により、これに都道府県による市町村への関与に関する審査の申出に対する審査・勧告権限が加わり、自治紛争処理委員と改称された（地自二五一条）。

委員は、優れた識見を有する者のうちから当該事件ごとに、総務大臣または都道府県知事によって任命される。この点常設の国地方係争処理委員会とは異なる。

関与に関する審査の申出に関わる手続は、国地方係争処理手続に準じて行われる。

また、都道府県の機関から市町村の機関に対する関与についても、高等裁判所への出訴が明文で認められるようになった（地自二五二条）。

◉都道府県と市町村の協働

都道府県と市町村とは地方公共団体として、その地域の広狭はあれ、同様の性格を有している。国に対しては、より住民に近い位置にあるとともに、国から関与を受ける立場としては同様である。そして都道府県は市町村よりも広域的な地方公共団体として、財政力や人的資源において優位にあるわけであるから、市町村に対してさまざまな援助や補完的機能を担うことが期待される。

★より理解を深めるために

兼子仁『新地方自治法』岩波新書、一九九九年

新しい地方自治法についての、コンパクトで自治体フレンドリーな解説。

松本英昭『新地方自治制度詳解』ぎょうせい、二〇〇〇年

地方分権改革を担った行政側の担当者による極めてくわしい解説書。

小早川光郎・小幡純子編『あたらしい地方自治・地方分権』〔ジュリスト増刊〕有斐閣、二〇〇〇年

地方分権推進委員会の専門委員を交えた座談会が収録されており、国と地方公共団体の関係にかかわる論点だけでなく、立法に至る経緯を知るうえでも有益。

日本公法学会編『公法研究第六二号』有斐閣、二〇〇〇年

一九九九年の学会での地方分権にかかわる報告、質疑応答を収録したもので、専門的な議論を深めたいという人は必読。

◆コラム◆　国地方係争処理委員会の活動

二〇〇一年四月にスタートした国地方係争処理委員会は、国と地方公共団体との間の紛争が行政機関内部の争いではなく、相互に対等な主体間の法的紛争である、ということを認めた点で画期的なものだといってよいと思われる。

この国地方係争処理委員会の最初の審査事例は、横浜市が法定外普通税として課税しようとした勝馬投票券（馬券）発売税に対する総務大臣の不同意をめぐる問題である。横浜市は、独自の財源として、市内に二か所設置されている日本中央競馬会（ＪＲＡ）の場外馬券売り場の売上げに対し、当たり馬券の払戻金や国庫納付金を除いたものに払戻金に上乗せする資金を差し引いた額に対し、五％の税金を課するという案を策定し、市税条例に盛り込んだ（二〇〇〇年一二月一四日市税条例一部改正案可決）。しかし、このようないわゆる法定外普通税については、あらかじめ総務大臣に協議し、その同意を得ることが必要である（地税六六九条一項。九九年改正前の地方税法では、自治大臣の許可が必要とされていた）が、総務大臣はこの馬券発売税に同意を与えなかった（二〇〇一年三月三〇日不同意決定）。これに対して横浜市が二〇〇一年四月二五日に委員会に審査を申し出たのである。論点は、①地方公共団体の協議の申出に対する国の同意の基本的性格はどのようなものか、②同意・不同意を判断するにあたって、地方自治法に定める不同意の事由を具体化した処理基準が必要か、③中央競馬のシステムは地方税法六七一条三号の「国の経済施策」にあたるのか、そして、④あたるとした場合、馬券発売税は国の経済施策に「照らして適当でない」といえるか、というものである。

国地方係争処理委員会は、①については、同意の要件をめぐる意見交換だけでなく、両者が互いに譲歩し合いながら意見の一致点を見出すための過程を重視し、②については、国側に瑕疵があることを認めながら、協議の過程で一定の処理基準が出されたことなどから、それだけでは不同意の取消しの勧告を行うほどの瑕疵を帯びるものではないとした。また、③では、日本中央競馬会法に基づく財源確保が国の重要な「経済施策」であることを認めたが、④についての検討において、未だ横浜市の馬券発売税が国の経済施策にどのような質的・量的影響を与えるかについて十分な検討がなされておらず、またどこまで双方が譲歩しうるかについての協議も十分ではないとして、総務大臣に対し、二週間以内に協議を再開するように勧告した。

委員会のこのような勧告については、不同意に白黒をつけず、「責任回避」であるとの声もあるが（日経新聞野元賢一記者 http://mfg01.nikkei.co.jp/keiba/column/19010730a847u000-30.html）、「同意を要する協議制度」における不同意に対する一つの回答ではあるだろう。本件に関しては、横浜市が二〇〇四年二月二五日に市税条例を改正して勝馬投票券発売税を削除することによって決着した。

この例以降、国地方係争処理委員会に対する審査の申出はなく、開店休業状態が続いている。

【髙橋　洋】

第4講　首長制度と地方議会

本講では、地方公共団体の内部に焦点をあて、「地方公共団体を構成するさまざまな組織について、地方自治法がどのような規定を置いているのか」、また、「地方公共団体の各内部組織が、地方自治法上、相互にどのような関係に立ちながら、地方公共団体の事務遂行（運営）に携わっているのか」について、説明を行う。

1　地方公共団体の組織

◉地方公共団体の組織の基本構造

わが国の地方組織には、「首長制」、「執行機関の多元主義」、および「法定画一主義」という三つの特色がみられる。

(1)　首長制　　日本国憲法の九三条は、地方公共団体に置かれる組織として、「議事機関としての議会」（以下、地方議会ないし単に議会という）と「執行機関としての長」をあげ、議会の議員と長の双方を、住民の直接選挙によって選出するというシステムを採用している。これを「首長制」といい、議院内閣制を採用した国の統治機構との比較において、地方組織の大きな特色をなしている。地方議会と長は、ともに住民に直接選ばれた組織として対等な関係にあり、地方議会には、国会のような最高機関性（憲四一条）が認められない。

⑵　執行機関の多元主義　右にみた首長制が憲法上の原則であるのに対し、ここで述べる「執行機関の多元主義」は、地方自治法上の原則である。地方公共団体の長は、「当該普通地方公共団体を統轄し、これを代表する」最高の執行機関であり（地自一四七条）、地方公共団体の事務の管理・執行につき広い権限の推定を受ける。しかし、地方公共団体が処理する事務の中には、長およびその部局で処理することが好ましくない性質のものがある。人事、選挙、教育、警察など、処理にあたって政治的中立性が求められる事務が、それである。そこで地方自治法は、これらの事務が長の部局において管理執行されることがないよう、長の部局から独立した執行機関を複数設けた。これを「執行機関の多元主義」という。この原則の下、地方公共団体には教育委員会や選挙管理委員会、人事（公平）委員会、公安委員会、監査委員等が置かれている（後掲の福岡市の機構図―図4―1を参照）。これら行政委員会ないし委員は、職権行使の独立性を保障されており、長の指揮監督権は及ばない。

⑶　法定画一主義とその段階的緩和　わが国の地方組織に認められる三つ目の特色として、従来、「法定画一主義」が指摘されてきた。

法定画一主義とは、地方自治法が地方公共団体の組織を画一的に「法定」し、自治組織権を厳しく制約してきた結果として、各地方公共団体が「地域の特性」を考慮しながら、「独自の判断」で組織を設置・変更・廃止することが、限られた範囲でしか認められてこなかったことをいう。

実際、都道府県を例にとれば、地方自治法は、従来、都道府県の内部部局（局部）[*1]の総数・種類・所管事項について、極めて詳細な規定を置いていたのであって、都道府県知事は条例で局部数を増減させることができたとはいえ、それを増加させるときは、あらかじめ自治大臣（当時）と事前に協議しなければならず、局部の名称もしくは分掌する事務を定め、もしくは変更し、または局部の数を増減したときは、自治大臣（当時）に届出を行う義務を課せられてきたのである。こうした規制は、その後、地方公共団体の自治組織権に対する過度の侵害ではないかとの批判を受け、一九九〇年代以降、段階的に緩和され、現行の地方自治法では、都道府県における局部の設置・改廃については、総務大臣（市町村にあっては都道府県知事）に対する届出義務が[*2]あるほかは、完全に条例制定事項とされるにいたっている（地自一五八条一項・二項）。

他方、基礎的自治体として住民に最も身近な市町村についても、近年、自治組織権の強化につながる地方自治法の改正が行われている。二〇〇四（平成一六）年の法改正による、「地域自治区」制度の導入がそれである（二〇二条の四以下）。

「地域自治区」とは、市町村が条例上設置することのできる法人格をもたない行政区画である。市町村は、条例を制定し、市域を幾つかの区域にわけたうえで、そこに地域自治区を設置することができる（地域自治区は市域のうち一定区域を所管区域とする）。地域自治区には「地域協議会（各地域自治区内の住民で構成される）」が置かれる。地域

＊1　各都道府県は、その人口規模に応じて、東京都にあっては一一局、北海道および人口四〇〇万人以上の府県にあっては九部、人口二五〇万人以上四〇〇万人未満の府県にあっては八部、人口一〇〇万人以上二五〇万人未満の府県に六部を置き、その下に、必要な課を置くことができた（旧地自一五八条一項・六項）。なお市町村の場合、市町村長は、その権限に属する事務を分掌させるために、条例で、必要な「部」「課」を設けることができ、部課数は法定されていなかった（同一五八条七項）。

＊2　都道府県の局部の種類、所管事項の法定が撤廃され、局部数を増加させる場合の事前協議制が届出制に変更され、局部総数の法定が廃止されたのは、それぞれ、一九九一年、一九九七年、二〇〇三年のこ

協議会は、市町村が処理する事務のうち、当該地域に関わる――地域共同的な――事務に関し、関係機関の諮問に答え、または意見を具申する権限を与えられている。その意味で地域自治区は、「市町村長の権限に属する事務を地域的に分掌させ、各地域の住民の意向を取り込みつつ、キメ細かな事務処理を行うこと」を目的とした「地域自治組織」と位置づけられる。この制度がどの程度で住民自治の強化に寄与するのかは今のところ未知数ではあるが、少なくとも、市町村が条例で（各市町村の判断で）地域自治区を設置（組織）しうることに鑑みれば、地方自治法は、地域自治区制度の導入を通じて、市町村の自治組織権を一定限度強化したと評価することができる。

とはいえ、地方公共団体の組織に関する地方自治法の規制は、依然、複数残されている。[*3] もちろん、組織に関する地方自治法の規制が、直ちに地方公共団体の自治組織権に対する侵害を意味するとまではいえないにせよ、規制の存在それ自体の是非と、規制の内容および程度の当否を、恒常的に検討することが必要であろう。

◉地方議会

(1) 地方議会の議員　地方自治法は、その八九条以下において、地方議会に関する規定を置く。都道府県議会（地自九〇条）と市町村議会[*4]（同九一条）の議員定数は、ともに人口に応じて法定された人数の範囲内において条例で定められる。

議員の選挙権を有する者は、年齢満二〇歳以上の日本国民で、引き続き三か月以上当該市町村の区域内に住所を有する者であり（地自一八条）、他方、被選挙権を有する

＊3　たとえば、地方議会の議員定数は、その上限が地方自治法上「法定」されている（地自九〇条・九一条）他、委員会および委員を置く場合は、「法律の根拠」が必要とされる（同一三八条の四第一項）。

＊4　なお町村については町村議会に代えて、選挙権を有する者から構成される町村総会を設けることも可能である（地自九四条）。

者は、選挙権を有する者（したがって三か月以上当該地方公共団体の区域に住所を有する者でなければならない）で、年齢満二五歳以上の者である（同一九条一項）。議員の任期は四年である（同九三条）。議員は任期満了に伴う身分喪失のほか、以下の場合に身分を喪失する。

議員が身分を喪失する第一のケースは、住民の直接請求[*5]の一つである議会の解散請求が成立した場合である（地自一三条一項）。住民の代表者が選挙権者の三分の一（ただし、その総数が四〇万を越える場合には、その越える数に六分の一を乗じて得た数と四〇万に三分の一を乗じて得た数とを合算して得た数）以上の署名を集め、議会の解散を選挙管理委員会に請求した場合、選挙管理委員会は直ちに請求の趣旨を公表したうえで選挙人の投票に付し（同七六条）、住民投票の結果、その過半数が同意した場合、議会の解散請求が成立し、議員はその身分を失う（同七八条）。

第二のケースは、同じく住民の直接請求の一つである議員の解職請求が成立した場合である。議員に対する解職請求は、議会の解散請求の場合とほぼ同じ手続で行われる（地自八〇条）。住民投票の結果、その過半数が同意した場合、議員の解職請求が成立し、議員はその身分を失う（同八三条）。

第三のケースは、議会が長の不信任を議決し、議長がその旨を長に通知した日から一〇日以内に、長が議会を解散した場合である（地自一七八条[*6]）。

第四のケースは、議員が懲罰として議会から除名された場合である（地自一三四条以下）。定数の八分の一以上の議員が特定の議員に対する懲罰を動議し、議員の三分

＊5　直接請求制度については第7講を参照。

＊6　不信任議決については、本講2で改めて論じる。

の二以上の者が出席する議会において、その四分の三以上の者が除名に同意した場合、その議員は身分を失う（同一三五条）。

最後に、議員は、議会が自主解散を決議した場合にも、その身分を失う。「地方公共団体の議会の解散に関する特例法」では、定数の四分の三以上が出席し、その五分の四以上の同意がある場合に、議会の自主解散を認めている。

(2) 地方議会の権限　地方自治法上、地方議会には多くの権限が与えられている。その中でもとくに重要なものが「議決権」（地自九六条）、「検閲及び検査、監査請求権」（同九八条）、「国会又は関係行政庁に対する意見書提出権」（同九九条）、「調査権」（同一〇〇条）、ならびに「長に対する不信任議決権」（同一七八条）*7である。

① 議決権　地方議会は、地方自治法九六条一項に列記された事項、および条例で指定された事項*8について議決権を行使し、地方公共団体の意思を形成する。長その他の執行機関は、専決処分（後述九三頁以下）が行われる場合は別として、議決事件については、議会の議決を経ずに行動することはできず、議決を経ずに行われた行為は無権限者の行為として無効と評価される。

議決事件は多岐にわたる。このうち、条例の制定・改廃や予算の決定がとくに重要な議決事件であることについては多言を要しないが、地方議会はこのほかにも、地方税や手数料等の徴収に関する事項、重要な契約の締結、財産の交換や出資、適正な対価なしでの財産譲渡や貸付、財産の信託、権利の放棄、訴えの提起などについても議決権をもち（地自九六条一項各号を参照）、これを通じて広く地方公共団体の意思形成に

＊7　本講**2**を参照。

＊8　ただし、法定受託事務に係わるものについては条例により議決事件にすることはできない（地自九六条二項）。

関与する。地方議会が、国会とは対照的に、憲法上「議事機関」と呼ばれ（憲九三条）、また多くの行政的権能を有すると学説上指摘されるのも、こうした点を考慮してのことである。

② 検閲・検査・監査請求権　地方議会は、「当該普通地方公共団体の事務」に関する書類等を検閲し、長その他の執行機関に対し報告を求め、事務の管理や議決の執行および出納を検査することができる（地自九八条一項）。また監査委員に対しては、当該地方公共団体の事務について監査を請求し、その結果の報告を請求することができる（地自九八条二項）。いずれも「地方公共団体の事務」を対象とするものであるから、地方議会は、それが自治事務か法定受託事務かを問わず、長その他の執行機関による事務処理について、書類等の検閲、検査、および監査請求をなしうる。[*9]

③ 国会等に対する意見書提出権　地方議会は、自治事務・法定受託事務を問わず、「当該普通地方公共団体の公益に関する事件」について、国会または関係行政庁に意見書を提出する権限をもつ（地自九九条）。従来、意見書の提出先は関係行政庁だけであったが、二〇〇〇（平成一二）年の地方自治法改正により、国会も追加された。今後は、「新たに創設される事務を、国と地方公共団体のどちらに配分するのか」という問題や、「地方公共団体に配分された事務について、国がどのような形でかかわるのか」という問題が生じた場合など、地方議会がこの規定に基づいて国会または関係行政庁に意見書を提出する機会が増えることが予想される。

④ 調査権　地方議会は、当該地方公共団体の事務に関する調査を行い、選挙

＊9　ただし自治事務のうち、地方労働委員会や収用委員会の権限に属する事務で政令で定めたもの、および法定受託事務のうち、国の安全を害するおそれがあること等の理由により議会の調査の対象とすることが適当ではないとして政令で定められたものについては、例外的に検閲・検査・監査請求の対象から除外される。

人その他の関係人の出頭および証言ならびに記録の提出を請求することができる。これは国会に認められた国政調査権（憲六二条）に対応するものであり、地方自治法の第一〇〇条に規定があるため、一般に「百条調査権」と呼ばれる。先にみた検閲・検査・監査請求権の場合と同様、地方議会は「当該普通地方公共団体の事務」に関する限りで、自治事務・法定受託事務を問わず調査権を行使しうる。*10

◉長その他の執行機関・執行機関の附属機関

(1) 長　①　地位等　地方自治法は、その一三九条以下において、長（都道府県知事と市町村長）に関する規定を置く。長の被選挙権は、知事にあっては、日本国民で年齢満三〇歳以上の者、市町村長にあっては、日本国民で年齢満二五歳以上の者が有する（地自一九条二項・三項）。地方議会の議員とは対照的に、当該地方公共団体に三か月以上住所を有する必要はなく、いわゆる「輸入候補」も可能である。長の任期は四年である（同一四〇条）。長は任期満了に伴う身分喪失のほか、以下の四つの場合にその地位を喪失する。

第一に、「自らの意思で辞任する場合」である。この場合、都道府県知事にあっては三〇日、市町村長にあっては二〇日前までに、議会の議長にその旨を申し出なければならない（同一四五条）。突然の辞職により、公務の遂行に支障をきたすことのないよう配慮したものである。

第二は、「被選挙権を有しなくなったとき」、または「当該地方公共団体と請負をす

*10　ただし、上記②で説明した検閲・検査・監査請求の場合と同様、自治事務のうち、地方労働委員会や収用委員会の権限に属する事務で政令で定めたもの、および法定受託事務のうち、国の安全を害するおそれがあること等の理由により議会の調査の対象とすることが適当ではないとして政令で定められたものについては、調査権の対象から除外されている。

る者、その支配人、その他同一行為をする法人等の役員になったために失職する場合」である（同一四二条・一四三条）。ここでいう選任後の被選挙権喪失とは、長が選任後に日本国籍を喪失した場合や、長が選任後に禁錮以上の刑に処せられ、その執行が今なお終わっていない場合など、公職選挙法一一条、一一条の二、および二五二条に該当した場合に生じる。

第三は、議員数の三分の二以上の者が出席する議会が、その四分の三以上の特別多数で、長に対する不信任を議決し、長がその通知を受けた日から一〇日以内に議会を解散しない場合、または、議会解散後の選挙後、初めて招集された議会が、再度、長に対する不信任を議決した場合（この場合は、議員数の三分の二以上が出席し過半数の同意があればよい）である[*11]（同一七八条）。

第四は、有権者の三分の一（ただし、その総数が四〇万を越える場合には、その越える数に六分の一を乗じて得た数と四〇万に三分の一を乗じて得た数とを合算して得た数）以上の連署で解職請求（リコール）が行われ、住民投票の結果、過半数の同意があった場合である[*12]（同八一条・八三条）。

② 権　限　地方公共団体の長は、当該地方公共団体の事務を管理・執行する権限をもつ（地自一四八条）。長が管理執行する事務は広範囲にわたるが、それを例示的に列記しているのが地方自治法一四九条である。ここには、議会が議決すべき事件につき、その議案を提出すること（同一号）、予算を調製しこれを執行すること（同二号）をはじめ、八つの担任事務が明示的に掲げられているが、これらはあくまで例示

＊11　議会の長に対する不信任議決については、本講**2**をあわせて参照。

＊12　直接請求については第**7**講をあわせて参照。

列記であり、長の担任事務を限定するものではない。したがって、長はこれ以外にも、法律または政令により他の執行機関の権限とされている事務を除き、地方公共団体の事務の管理およびその執行について、広い「権限の推定」を受け、その権限に属する事務につき、法令に反しない限りにおいて、規則を制定することができる（長の規則制定権）[*13]。なお、長は議会の議決事件とされているものを除き、事務の管理執行に際して議会から干渉や指図を受けることはなく、また二〇〇〇年四月施行の改正地方自治法により創設された「関与法定主義」[*14]のもと、法律またはこれに基づく政令に特段の定めがない限り、事務の管理・執行につき、国の権力的な関与を受けることもない。

また後述するように、長の下には、その職務を補佐するために、副知事や副市町村長をはじめ、数多くの補助職員が配置されるが、長はその指揮監督権に基づき、これらの職員に対し、職務上命令を発することができる（地自一五四条）。これは長の部局の下で処理される事務の一体的・統一的な管理・執行を確保するために認められたものであり、長は命令への不服従については、職員に対する罷免権を行使することができる。

③　長の補助機関　すでに述べたとおり、地方公共団体の事務のなかには、その執行にあたり政治的中立性が求められるがゆえに、長およびその部局から独立した執行機関によって処理されるべきものが幾つか存在するが、こうした一部の例外をのぞき、長は、地方公共団体の事務の管理・執行につき、広い権限の推定を受ける。

しかし、長の権限に属する事務のすべてを、長自らが一人で直接管理・執行するこ

＊13　地方議会が制定する自主立法が条例であるのに対し、長がその権限に属する事務を処理するために制定する自主立法が（長の）規則である（条例についてくわしくは第5講を参照）。条例と長の規則は、制定する機関の対等性に由来して、（基本的に）相互対等な法源であり、それぞれが独自の規律領域を有している。すなわち、住民の権利を制約し、住民に義務を課す行為は、原則として条例で規律する必要があるが（地自一四条二項）、逆に、法律が規律の法形式として明示的に長の規則を指定している場合（同一五二条三項）や、地方公共団体の事務のうち、長の専属的権限とされている事項（同一五三条など）は、長の規則の専属的な管轄に属し、条例で規律することはできない。なお、たとえば行政の内

となど、現実的に不可能である。そこで地方自治法は、副知事・副市町村長等、「長の補助機関」に関する規定を置いている。また、長の指揮監督の下、迅速かつ効率的に事務処理がなされるよう、地方公共団体の内部は、複数の部局（首長部局）に分けられ、そこに吏員その他の職員が配置される。

（a） 副知事・副市町村長　地方公共団体は、長の補助機関として、都道府県にあっては副知事を、市町村にあっては副市町村長[*15]を置くことができる。従来、地方自治法は、都道府県に副知事1名、市町村に助役1名を置くことを原則とし、これらを置かない場合または定数を増加する場合は条例によることにしていた（旧地自一六一条一項・二項）が、二〇〇六（平成一八）年に地方自治法が改正され、一名という原則的な定数の法定はなくなった。

副知事・副市町村長は、長が議会の同意を得て選任する特別職の公務員である（自地一六二条）。任期は四年であり、長は任期中においても解職することができる（同一六三条）。副知事・副市町村長は、通常、長を補佐する立場にあるが、長に事故があるとき、または長が欠けた時は、その職務を代理（法定代理）する（同一五二条・一六七条）。

（b） 会計管理者　従来、地方公共団体には、会計事務を担当する機関として、都道府県にあっては出納長を、また市にあっては収入役一人を置くことが原則とされていた（なお、町村にあっては条例で収入役を置かず、町村長または助役にその事務を兼掌させることができた）。出納帳・収入役は、長の予算執行行為の適法性を、長から独立し

部組織のうち、局・部の下に置かれる課の設置などのように、長の規則で規律することもできれば、逆に条例で規律することもできるような事項について両者の規律内容が相互に矛盾する場合や、条例の委任を受けて長の規則が制定された場合などにおいては、条例が規則に優越する。

＊14　関与法定主義については第**3**講を参照。

＊15　副市町村長は、従来の「助役」に代わる職として、二〇〇六（平成一八）年の地方自治法改正によりもうけられた。

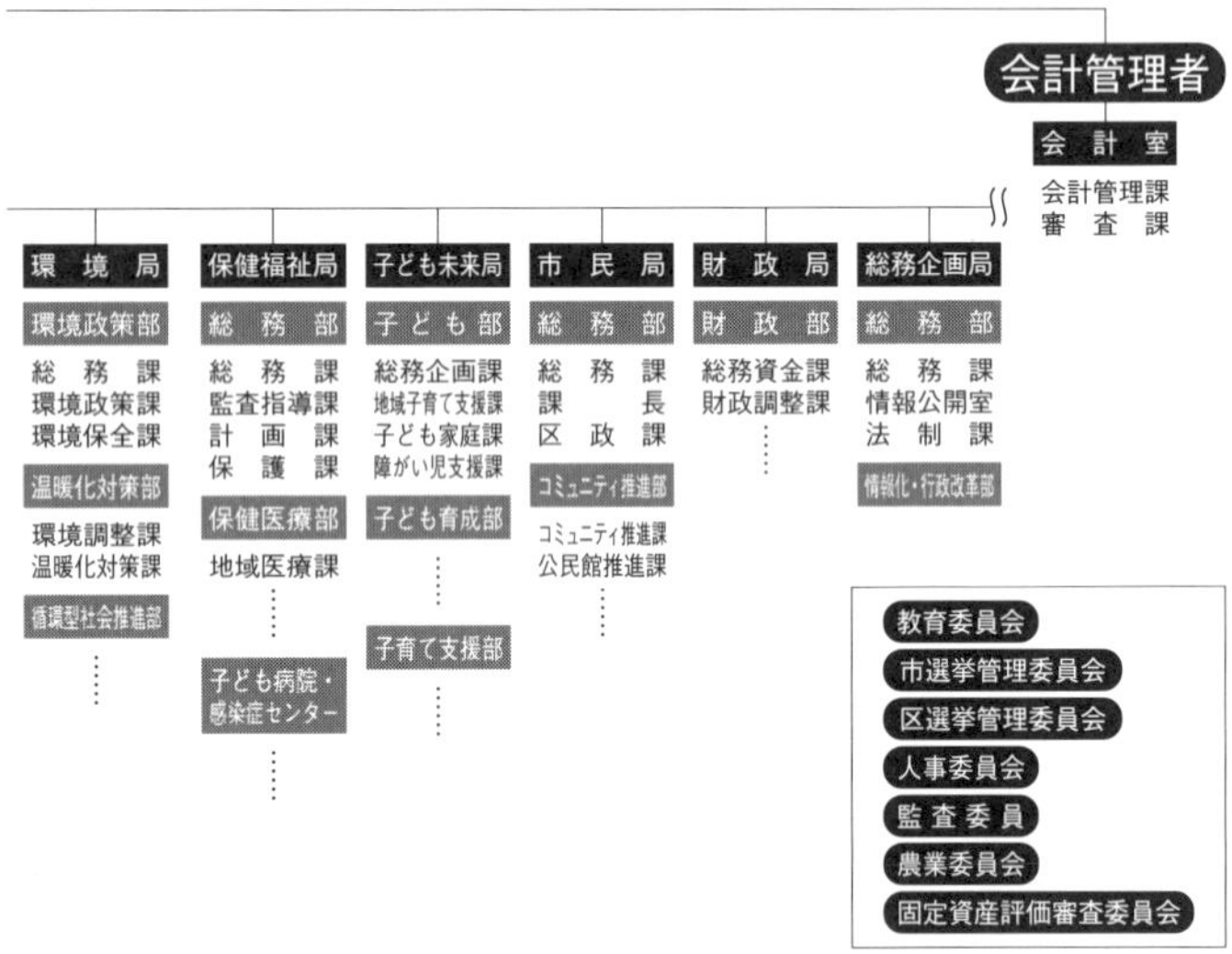

て独自に判断し、会計事務の適法性・公正性を確保することを職務とした。そのため、地方自治法は、出納長・収入役の地位を、任期四年の特別職公務員とし、長の選任に議会の同意を要求するとともに、長が任期途中で出納長・収入役を解職することを認めていなかった。

しかし、近年、会計事務の電算化が著しく進展したことに伴い、「特別職としての会計管理者」を置く必要性が乏しくなってきた。そのため、二〇〇六年に地方自治法を改正するにあたり、出納

図4-1　福岡市の機構図

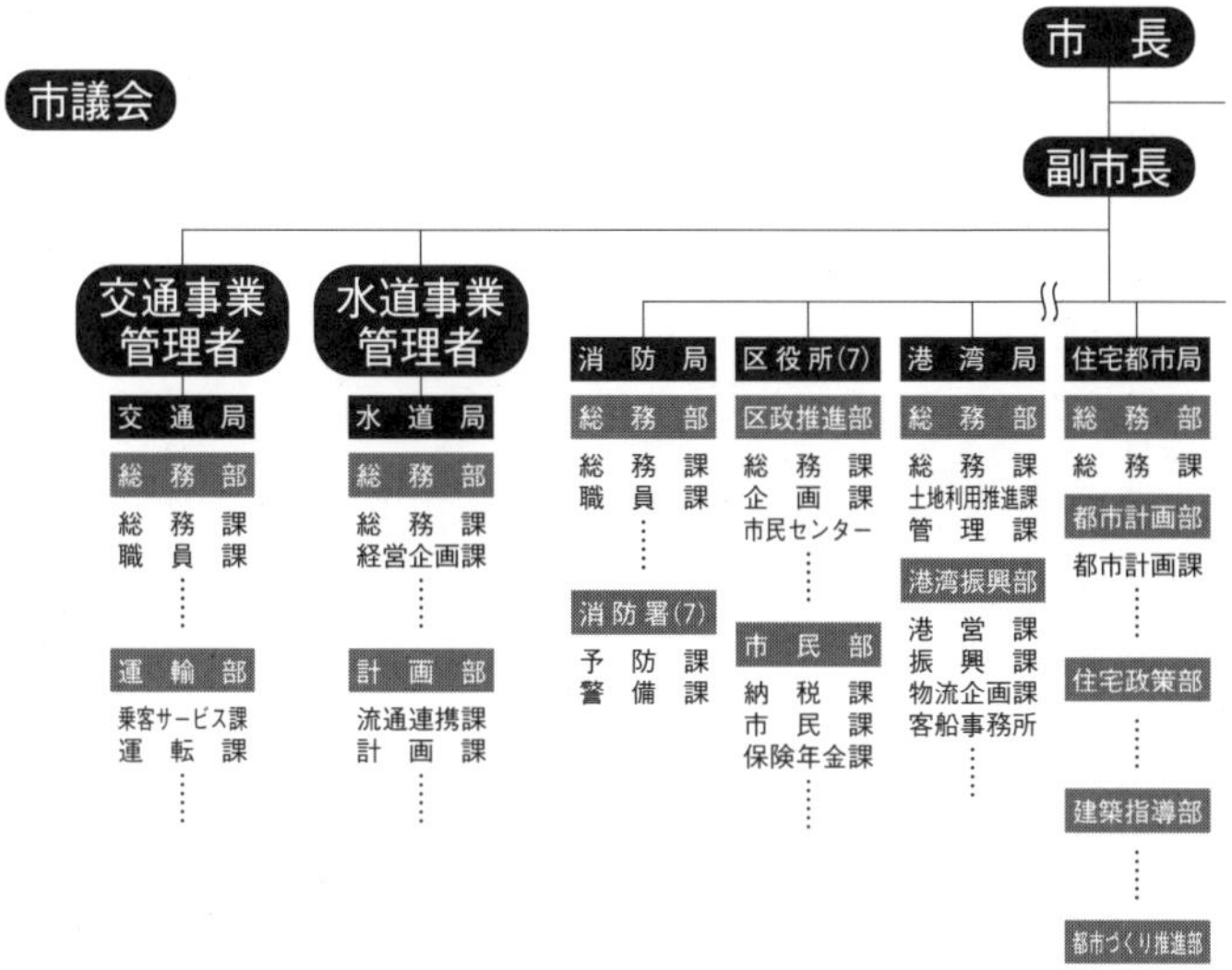

長・収入役の職は廃止され、これに代わり、普通地方公共団体に一般職の会計管理者一人を置くこととなった（地自一六八条一項）。

（c）　吏員その他の職員　この点については第13講を参照。

（d）　内部部局

地方公共団体には、長の権限に属する事務を体系的に分掌させるため、さまざまな内部部局（首長部局）が置かれる（図4-1を参照）。本図は、福岡市の機構図であるが、幾つかの行政委員会（または委員）を除き、市長の下に、数多くの内部部局が存在することがわかる。

地方自治法は、従来、地方公共団体の内部部局に関して詳細な規定を置き、地方公共団体の組織編成に関して、これを強く規制してきた。すなわち、本講でもすでに指摘したとおり（七四頁）、地方自治法は、従来、都道府県に設置される局部総数を人口規模に応じて法定し、「局部の名称もしくは分掌する事務を定め、もしくは変更し、または局部の数を増減したとき」は自治大臣（当時）に届出を行うこと、とくに、都道府県が局部数を条例で「増加」させる場合は、あらかじめ自治大臣（当時）と協議すること（事前協議）を義務づけてきた。他方、市町村の場合は、地方自治法上、部課総数の法定は存在しなかったが、現実には、他の市町村の部課数と比較した場合に均衡を失することのないよう、組織編成については一定の歯止めが存在した。

こうした地方自治法上の規制は、一九九〇年代以降、段階的に緩和され、現行法上、局・部・課の設置・改廃については、総務大臣（市町村にあっては都道府県知事）への届出義務があるほかは、完全に条例制定事項となっている（一五八条一項・三項）。[*16] これをふまえ、今後、各地方公共団体は、事務処理の効率性や地域の実情を十分ふまえながら、内部部局のあり方を総合的に検証し、場合によると、既存部局の改廃・統廃合に取り組む必要があろう。

（e）一般出先機関と特別出先機関

〔一般出先機関〕　長はその権限に属する事務を「地域的に」分掌させるため、条例で、必要な地に、「支庁及び地方事務所」（都道府県）、ならびに「支所又は出張

*16 本講1 地方公共団体の組織(3)法定画一主義とその段階的緩和をあわせて参照。

所」（市町村）を設置することができる（地自一五五条一項）。設置場所、名称および管轄区域は、いずれも条例で定められる（同二項）。これらは「一般出先機関」と呼ばれ、長の権限に属する事務全般を、条例で定められた所轄区域内で包括的に分掌する点で、特定の事務のみを分掌する下記の「特別出先機関」と区別される。なお都道府県に設置される支庁と地方事務所は名称の問題にすぎず、両者の間に性質上違いはないが、市町村に設置される支所と出張所は、前者が市町村内の一定の所轄区域内において市町村の事務全般をつかさどる事務所であるのに対し、後者は、たとえば住民票の交付など、比較的簡易な事務を処理するために設置される点で違いがある。これら一般出先機関の長は、首長に属する事務を「首長の名において」補助執行する立場にあり、したがって、首長から事務の委任を受けた場合は別として、自己の名と責任において事務を執行することはできない。

〔特別出先機関〕　長は、一般出先機関とは別に、法律または条例の定めるところにより、保健所や警察署など、長の権限に属する事務のうち、特定のもののみを分掌する「特別出先機関」を設置する（地自一五六条）。特別出先機関の長は、一般出先機関の長とは違い、法令上「自己の名と責任において事務を執行する権限」を与えられている。

（f）　地域自治区・地域協議会　　長の権限に属する事務を「地域的に」分掌させ、住民の便宜を図る制度には、先に述べた「一般出先機関」（e）のほか、指定都市に置かれる行政区[*17]があるが、このほかにも、二〇〇四（平成16）年の地方自治法改

*17　指定都市に設けられる行政区については、第2講をあわせて参照。

正により新たに導入された「地域自治区」（地自二〇二条の四）が存在する。

地域自治区は、先述のとおり（七五頁）、「市町村長の権限に属する事務を地域的に分掌させ、各地域の住民の意向を取り込みつつ、キメ細かな事務処理を行うこと（住民自治の強化）」を目的とした「地域自治組織」であって、指定都市に置かれる行政区と同様、法人格をもたない行政区画である。地域自治区には、「地域協議会」が置かれる（地自二〇二条の五第一項）。地域協議会は、地方自治法二〇二条の七第一項各号に掲げられた事項[*18]のうち、「市町村長その他の市町村の機関により諮問されたもの又は必要と認めるものについて、審議し、市町村長その他の市町村の機関に意見を述べることがで」きる（同二〇二条の七第一項）。また「市町村長は、条例で定める市町村の施策に関する重要事項であつて地域自治区域の区域に係るものを決定し、又は変更しようとする場合においては、あらかじめ、地域協議会の意見を聴かなければなら」ない（同二項）。この場合、市町村長（またはその他の市町村の機関）は、地域協議会の「意見を勘案し、必要があると認めるときは、適切な措置を講じなければならない。」（同三項）。その意味で、地域協議会は「附属機関」に位置づけられる[*19]が、地方自治法は、地域自治区が住民自治の強化を目指した制度であることに鑑み、地域協議会の構成員は、「地域自治区の区域内に住所を有する者のうちから、市町村長が選任する」（同二〇二条の五第二項）こととし、その選任にあたっては、「地域協議会の構成員の構成が、地域自治区の区域内に住所を有する者の多様な意見が適切に反映されるものとなるよう配慮しなければならない」と規定している（同三項）。なお地域協議会の構

＊18　地方自治法二〇二条の七第一項は、「地域自治区の事務所が所掌する事務に関する事項」（一号）「市町村が処理する地域自治区の区域に係る事務に関する事項」（二号）「市町村の事務処理に当たっての地域自治区の区域内に住所を有する者との連絡の強化に関する事項」（三号）の三つの事項を規律している。

＊19　附属機関については、本講八九頁をあわせて参照。

成員の任期は、四年以内において条例で定められ（同四項）、「構成員には報酬を支給しないこととすることができる。」（同五項）。

地域自治区には「事務所」が置かれる。事務所の位置、名称および所管区域は条例で定める（自治二〇二条の四第二項）。地域自治区の事務所の長は、当該普通地方公共団体の長の補助機関である職員をもって充てる（同三項）。

(2) その他の執行機関　この点については、本講冒頭の「執行機関の多元主義」の説明（七四頁）を参照してほしい。

(3) 執行機関の附属機関　地方公共団体は、専門的事項に関する調停、審査、諮問または調査を行うための機関として、「法律又は条例」の定めるところにより、執行機関に「附属機関」を置くことができる（地自一三八条の四第三項）。「附属機関」は、学識経験者など、主として地方公共団体の外部の者から構成される組織であるが、それ自身、自己の名において対外的に行為する権限をもたず、執行機関の諮問を受けて答申することを職務とする。なお執行機関は、審議会等の附属機関の答申を十分参酌する義務を負うが、これに法的に拘束されない。

附属機関の中には、たとえば都道府県の環境保全審議会などのように、「法律」で設置が義務づけられているものもあれば（環境基本法四三条）、情報公開制度の分野において不服申立ての審査を行う情報公開審査会などのように、「条例」で設置されるものもある。これに対し、現実にはこれ以外にも、要綱などに基づいて設置され、法律や条例に根拠をもたない審議会や研究会が、行政慣行として複数存在する。その多くは、いわゆる「長の私的諮問機関」である。私的諮問機関である以上、その委員の報酬が長のポケットマネーから支払われるのであれば法的に問題はないであろうが、往々にして公金から支出されていることが多いことから、条例主義の徹底を求める意見が強い。

2 長と地方議会の関係

◉はじめに

以上、わが国の地方組織の特色を概観したうえで、地方公共団体の内部に焦点をあて、「地方議会」「長その他の執行機関」および「長の補助機関・主張部局」等につき、説明を行った。

他方、地方議会と長の関係に目を転じると、両者はともに住民に直接選挙された対等な組織として、基本的に相互に独立して職務を行う一方、いくつかの場面においては、互いに密接な関係に立ちながら、その権限を行使していることがわかる。たとえば、法律または条例上、地方議会の議決事件とされている事項については、長その他の執行機関は、原則として議会の議決を経ずに行動することはできないし、また地方議会は、「検閲・検査及び監査請求」（地自九八条）や「調査権」（同一〇〇条）などの権限を行使することにより、地方公共団体の事務全般について、長その他の執行機関の動きを常に監視し、これを是正・改善する権能をもっているからである。したがって、議決事件をめぐって長と議会が対立したり、地方行政の運営をめぐって、長と地方議会の間に見解の対立が生じることは、本来決して珍しいことではない。むしろ地方自治法は、地方議会と長とを互いに対抗牽制させることにより、一方の独裁を防止しつつ、他方では、地方議会と長の対立に起因して地方行政が停滞・混乱することを回避するために、両者の対立を調整する制度を用意しているのである。ここで取り上げる「再議」、「専決処分」および「不信任議決」の各制度がそれである。

◉再　議

再議とは、地方議会がいったん議決した事項につき、地方公共団体の長の請求により、地方議会が改めて審議しなおす制度のことをいう。再議には、それを請求するか否かにつき、長に裁量が認められている場合と、その請求が長の法的義務とされている場合の二種類が存在する。前者を長の一般拒否権、後者を特別拒否権という。

(1)　一般拒否権　地方自治法一七六条一項によると、議会の議決事件のうち、条例の制定・改廃または予算に関する議決が、政策的見地からみて不当と思われる場合、長は、議決の送付を受けた日から一〇日以内に、理由を示して、議会に再議を求めることができる。再議に付すか否かは長の裁量に委ねられているが、長が再議に付した場合（一般拒否権の行使）、議会は、長が理由を付して異議を述べた部分について、すみやかに再議しなければならない。なお、再議後に、議会が出席議員の三分の二以上の同意をもって再度同一の議決を行ったときは（同三項）、議決が確定し（同二項）、長はこれに従わなければならない。

(2) 特別拒否権　他方、以下に掲げる四つの場面においては、長は再議に付すことを法的に義務づけられる。

① 議会の議決が違法である場合　長が再議に付すことを義務づけられる第一の場面は、議会の議決が単に政策的見地からみて不当であるにとどまらず、法令に違反して違法と考えられる場合である（地自一七六条四項）。再議後に議会が同じ議決を行った場合、都道府県知事にあっては総務大臣に、市町村長にあっては都道府県知事に対し、二一日以内に審査を申し立てることができ、総務大臣または都道府県知事は、議会の議決を違法と認める場合、当該議決を取り消すことができる（同条五項・六項）。なお、総務大臣または都道府県知事が行った裁定に不服がある場合、長または地方議会は、裁定があった日から六〇日以内に地方裁判所（本庁）に出訴することができる（同条七項）。

② 議会の議決が収支に関して執行不能である場合　長が再議に付すことを義務づけられる第二の場面は、地方議会が歳出に比べて歳入が不足するような形で予算を議決した結果、予算の執行が事実上不可能な場合である（地自一七七条一項）。再議後に議会がなお収支に関して事実上執行不可能な議決を行った場合には、当該議決は確定し、長はこれに拘束される。

③ 議会が法令上の義務的経費を削除・減額する議決を行う場合[*20]　長が再議に付すことを義務づけられる第三の場面は、地方議会が法令上の義務的経費を削除・減

*20 義務的経費とは、「法令により負担する経費、法律の規定に基き行政庁の職権により命ずる経費その他の普通地方公共団体の義務に属する経費」を意味する。

額するような形で予算の議決を行った場合である（地自一七七条二項一号）。義務的経費の削除・減額に基づく再議にあっては、長が再議に付した後、議会がなお当該経費を削除・減額する旨の議決を行った場合、長は義務的経費にかかる費用を予算に計上して、これを支出することが認められる（同条三項）。これを原案執行という。

④　議会が災害対策経費を削除・減額する議決を行う場合　長が再議に付すことを義務づけられる第四の場面は、地方議会が災害対策経費を削除・減額するような形で予算の議決を行った場合である（地自一七七条一項二号）。災害対策経費の削除・減額に基づく再議にあっては、長が再議に付した後、議会が再度、当該経費を削除・減額する議決を行った場合、長はその議決を不信任議決（後述九四頁以下）とみなすことができる（同条四項。みなし不信任議決）。

◉専決処分

先述のとおり、長は、法律または条例上、議会の議決事件とされているものについては、議会の議決を経たうえで事務を執行しなければならない。しかし、地方自治法は、同法の一七九条以下の規定が定める要件が満たされる場合に限り、例外的に、長が議会の議決を経ずに専決で処分を行うことを認めている。これが専決処分である。専決処分には一七九条が定める「法律の規定による専決処分」と、一八〇条が定める「議会の委任による専決処分」の二種類が存在するが、ここでは「法律の規定による専決処分」について説明する。

①　要　件　　地方自治法一七九条一項は、長が議会の議決を経ずに専決で処分を行うことが認められるための要件を規律する。これによると、長は以下に掲げる四つの場面で、専決処分を行うことができる。

第一は、議会が解散中である場合など、議会が成立しない場合である。第二は、出席議員の数が議長のほか二名を下回り、地方自治法一一三条但書によっても会議を開くことができない場合である。第三は、大規模災害等の不測の事態が発生した場合など、迅速な対応が求められる場合であって、長が議会を招集し、その議決を待って事務を遂行する時間的余裕がない場合である。そして第四に、議会と長の政治的対立等に起因して、議会が故意または意図的に議決を行わないことが客観的に明らかになっている場合である。

②　議会への報告と承認　　長は本条によって専決処分を行った場合、直後の議会においてこれを報告し、その事後承認を求めなければならない（地自一七九条三項）。なお、事後に議会の承認が得られなかったとしても、専決処分それ自体の法的効力は否定されない（法的安定性の考慮）が、専決処分に対する事後承認の拒否は、議会と長の政治的対立を意味することから、この場合、議会は、以下に述べる不信任議決などの手段を使って、長の政治責任を追及することになる。

◉不信任議決

地方議会は、議員の三分の二以上が出席する議会において、その四分の三以上の同意をもって、長に対する不信任を議決することができる（地自一七八条三項）。不信任の議決を行う理由は問われない。不信任が議決された場合、議長は直ちにその旨を長に通知しなければならない。この場合、長は、当該通知があった日から一〇日以内に、対抗措置として、議会を解散することができる（同条一項）。右期間内に議会を解散しなかった場合、長は直ちに失職するが、長が右期間内に議会を解散した場合でも、解散・選挙後、初めて招集された議会において、三分の二以上の議員が出席し、その過半数の同意をもって再度不信任が議決された場合、長は、議長からの通知により、失職することになる（解散・選挙後に招集された議会が、再度、長に対する不信任を議決した場合、長は、もはや議会を解散することはできず、失職する）。不信任議決権（およびこれに対する長の議会解散権）は、長と議会の間に生じた政治的対立を、主権者たる住民の審判を通じて解消するための制度である。なお、不信任議決に対する長の解散権行使は、本条による場合の他、一七七条四項による場合[21]があるが、長は、これら二つの場合を除き、議会を解散することはできない。

＊21　前述九三頁を参照。

★ より理解を深めるために

宇賀克也『地方自治法概説』（第3版）有斐閣、二〇〇九年

地方自治法の全体像を体系的に解説した代表的なテキスト。

駒林良則『地方議会の法構造』成文堂、二〇〇六年

従来わが国において必ずしも体系的に研究されてこなかった地方議会に焦点をあて、最近の分権改革論議をふまえつつ、自治体の組織構造、とりわけ地方議会法制の原理的問題点を鋭く分析する本格的な研究書。

◆コラム◆

自治体政策に民意を反映させるしくみ

住民の意思を可能な限り自治体の政策に反映し、真に住民自治の理念を実現するためには、地方議会と首長の双方が、「住民世論」に目を向けながら、政策を立案し、実行し、それを検証することが不可欠である（Plan-Do-See）。とくに、経済の低成長時代および本格的な少子高齢化社会をむかえ、わが国の地方公共団体の多くが、人口規模の大小にかかわらず、非常に厳しい財政状況にさらされていることに鑑みると、今後、各自治体は、限られた財源のなかで、住民にとって真に必要な政策を、最大限効率的に実施するために、これまで以上に住民世論に敏感でなければならない。

自治体の政策に住民世論を反映させるしくみとしては、たとえば地方議会の各種委員会や執行機関の附属機関（審議会等）に住民の代表を参画させる方法や、政策評価を行う第三者委員会を設置し、これに専門家のみならず住民をも参画させる方法、さらには住民の議会傍聴をうながすために、土・日曜日や夜間に議会を開催する手法等が考えられ、実際、これらの手法を実行してきた自治体も複数存在する。

こうしたなか、二〇〇四（平成一六）年の地方自治法改正により、「市町村長の権限に属する事務を地域的に分掌させ、各地域の住民の意向を取り込みつつ、キメ細かな事務処理を行うこと（住民自治の強化）」を目的として、「地域自治区」「地域協議会」が新たに制度化された。ただ、地域自治区・地域協議会を設置し、これを積極的に活用している自治体は、二〇〇九（平成二一）年現在、必ずしも多いとはいえない。県庁所在地級の市（中核市や特例市であることが多い）や、政令指定都市など、人口規模が大きくなればなるほど、地域住民と自治体の距離が遠くなり、地域住民の声が自治体の政策に反映されにくくなる現状に鑑みると、これら大規模都市においてこそ、より積極的に、地域自治区・地域協議会を活用してゆくことが望まれよう。ただし、仮に地域協議会が、単に「政策の内容や市町村の意向を地域住民（の代表）に伝達する場」としてしか運用されないとすれば、そうした地域協議会は、住民自治の強化になんら寄与しない「形だけの組織」にすぎないことになる。地域協議会が、「地域住民の意見を集約し、さまざまな利害関係を調整する場（フォーラム）」となり、真の意味で住民自治の強化に寄与する「地域自治組織」として、広く定着することが期待される。

【岸本　太樹】

第5講　自治立法権

1　地方公共団体の事務と条例制定権

◉地方公共団体の条例制定権

地方公共団体は、「地方自治の本旨」（憲九二条）に基づき、「法律の範囲内で条例を制定することができる」（同九四条）。これを受け、地方自治法も「法令に違反しない限りにおいて」条例を制定することができると規定する（一四条一項）。この地方公共団体が有する自治立法権がどこまで及ぶのか、言い換えると「法律の範囲内」や「法令に違反しない限りにおいて」という制約がどこまで及ぶのかというのは、必ずしも明確ではない。とくに地方分権改革により条例制定権の可能性がどこまで広がったのかを見定める作業は今後に委ねられている。

しかし、高度に複雑化した現代行政に対応するため行政領域のすみずみにまで法律の規律が及んでいる状況の下で、「法律の範囲内」を文字どおり法律が定めた枠内に限るとすれば、地方公共団体の自治立法権は有名無実化する。それでは、そもそも憲法で条例制定権が付与された意味がないし、分権改革の趣旨、ひいては憲法九二条の

「地方自治の本旨」にそぐわないこともいうまでもない。

いわゆる第一期地方分権改革によって二〇〇〇年四月に施行された改正地方自治法は、地方公共団体に「地域における行政を自主的かつ総合的に実施する役割」を担わせ（一条の二第一項）、「住民に身近な行政はできる限り地方公共団体にゆだねることを基本」としたうえで、国は「地方公共団体との間で適切に役割を分担するとともに、地方公共団体に関する制度の策定及び施策の実施に当たつて、地方公共団体の自主性及び自立性が十分に発揮されるようにしなければならない」と規定する（一条の二第二項）。自治立法権がどこまで及ぶのかについて論ずる際には、まずは、これらの規定の趣旨を十分ふまえる必要がある。

◉分権改革と「自主条例」

ひとくちに「条例」といってもさまざまなものがある。法律の委任を受けたり法律の規定を施行するための条例、たとえば法律の距離制限規定を具体化する条例もあれば、法律が示したメニュー[*1]を利用して制定する条例、たとえば都市計画法に基づく風致地区内の建築規制条例もある。また、法令によって条例で定めることを必要とする手数料徴収条例や住民に「義務を課し、又は権利を制限する」（地自一四条二項）にあたるとして要綱（たとえば宅地開発指導要綱）の見直し作業の結果制定されたような条例もある。さらには、法律の規律のない領域に制定される条例（たとえば放置自動車規制条例）もあれば、地方公共団体の自主課税権を根拠に独自の税を創設する条例（た

＊1　法律がメニューを用意し地方公共団体にはこの範囲で選択することを、要求する「メニュー主義」の考え方について、角松生史「自治立法による土地利用規制の再検討」原田純孝編『日本の都市法Ⅱ』（東京大学出版会、二〇〇一年）三三一頁以下を参照。

とえばレジ袋に課税する条例）もある。このようなさまざまな条例の中で分権改革の視点から重要なものは、当該地方公共団体の独自の政策・施策を織り込んだ条例である。分権改革によって地方公共団体の自治立法権の範囲がどの程度まで拡大したのか、言い換えると、法律の規定に対してどの程度独自の内容をもった規律が可能かについて検討する際には、このような条例を念頭に置くことが必要である。その際、条例が法律から委任を受けているとか、法律の施行のための基準を定めた条例であるとかの制定の形式や端緒は問わない。自主条例の典型は、法律が規律していない領域・事項、あるいは反対に法律がすでに規律している領域・事項について独自の規律を行うものであるが、たとえ法律の委任を受けたり法律の規定の具体化であっても、そこにその地域独自の政策・施策を条例で盛り込むならば、それは「自治立法」たりうる。

◉条例の守備範囲

条例を制定することは地方公共団体の権能であるから、当然、当該地方公共団体の区域内の事項が規律の対象になる。*2 ただし、それが当該地方公共団体の任務、すなわち地域の事務であることを要する。その際、それが自治事務であるか法定受託事務であるかは問わない。もっとも、自治事務については、その自治事務としての性質のほか、地方自治法が国に、とくに地方公共団体の自主性、自立性に配慮するよう求めている（二条一三項）ことから、法定受託事務に比してより広汎かつ詳細な規律が可能になるといえる。しかし、この事務区分自体、原理原則を立てて詳細に検討して行わ

＊2 例外として、たとえば、東京事務所に勤務する福岡県職員への県条例の適用などが考えられる。

れたものではない。[*3] したがって、どの事務にどの程度の規律が条例で可能なのかは、結局その場面ごとに個別具体的に検討していく必要がある。

ところで、国は、国家としての存立にかかわる事務、全国的に統一して定めることが望ましい事務、そして全国的な規模・視点が必要な事務等に役割がある（地自一条の二第二項）。したがって、これらは国が法律で規律すべき事柄となる。たとえば、交通ルールや国政選挙がこれにあたるであろう。しかし、これらが地域の役割と重なる場面もあり、その限りでは法律と条例の競合の問題を生じうる。たとえば、個人情報保護条例による民間企業への自己情報開示請求権の付与など、法律による規律があっても、条例による規律を可能と解すべき場合は存在するであろう。

いわゆる第二期地方分権改革の第二次勧告がなされるにあたっては、地方分権改革推進委員会によって、法律のなかの約一万にのぼる地方への義務づけ・枠づけ条項につき、国の役割にかかる事務のメルクマールが設定され（地自一条の二第二項で国の役割とされるメルクマールを中心に）、それに基づく適合・非適合の判別が網羅的に実施された結果、「非適合」（四八・二％）に廃止、手続・判断基準等の条例委任又は条例補正（「上書き」）が勧告された（二〇〇八年）。これが実現されれば、格段に条例制定可能な領域が広がることになる。ただし、問題は、「適合」とされた条項は条例制定が不可なのか、あるいは「上書き許容」と規定に書かれない場合に上書き条例は不可なのか、ということであり、判断の一般原則を規範に明記しなければ、爾後の条文解釈の枠を狭め、また今後の見直し作業も不断に行えないのではないか、との疑問も残る。

＊3　第一期分権改革の第四次勧告は「今後抜本的な制度改正がなされるまでの暫定的整理として、現行法の下での事務区分を示せば、以下の通りである」としている。

2　憲法の法律事項と条例制定権

◉条例による基本権の制約

条例は、住民が選出した議会によって定立される規範であるから、「法律」と基本的に性質を同じくする。しかし、たとえば憲法二九条二項のように、「財産権の内容は公共の福祉に適合するやうに、法律でこれを定める」としている場合、財産権の制約は文字どおり国会の制定にかかる法律のみに限られるのか、あるいは条例でも可能なのかということが問題となりうる。この点、財産権の取引は全国的に統一された条件で行われる必要があることから、財産権の制約も全国統一的に法律によってのみ許される、と解することもできよう。しかし、財産権よりも制約に厳格でなければならない表現の自由については条例で規制が可能であり（いわゆる公安条例でデモ行進の規制をしたり、青少年保護条例で有害図書の規制をする場合など）、これとバランスがとれないこと、また地域ごとの特殊事情（たとえば都市部と過疎地域、歴史のある街と新興住宅地域）もありうることから、条例による規律も認められると解されるのが一般的である。判例も、奈良県ため池保全条例事件において、条例による財産権の制限自体は合憲と判断している（最判昭和三八・六・二六刑集一七巻五号五二一頁）。

条例による基本権の制約が可能だとしても、どの程度まで可能かは別の問題である。これは、基本権の種類ごとに個別に判断する必要があるが、原則は法律による基本権の制限の場合と同様である。実際に裁判所も、条例の合憲性をそのように審理している。自治立法権の行使の際には、裁判所が用いる審査基準に留意しながら、制約される基本権が人格権や精神的自由か、あるいは経済的自由かといった権利の性質、その際に目指された目的の性質や正当性、そして手段の必要性・合理性・明確性等を、個別具体的に判断する必要がある。

なお、条例制定に伴う地域間の法の下の平等について付言すれば、憲法が条例制定権を認めた以上、地域間で異なった取扱いがなされうること自体は予定されていると考えられる（最大判昭和三三・一〇・一五刑集一二巻一四号三三〇五頁）。

◉条例による罰則の制定

憲法三一条が、「法律の定める手続によらなければ、その生命若しくは自由を奪はれ、又はその他の刑罰を科せられない」と定めているため、右と同様に、条例で罰則を規定することができるかどうかが問題となる。この点、刑事犯（自然犯）の創設は法律事項であり、条例ではできないとも解される。しかし、地方公共団体の事務に関する行政犯については、これに罰則を置くことは当該事務を実効的に実施するために必要であり、また、条例でも、その民主的性格や人身の自由の保障機能からみて法律にもとるものではなく、したがって条例で罰則を定めることも可能であると考えられる。最高裁も、「憲法三一条はかならずしも刑罰がすべて法律そのもので定められなければならないとするもので」はないとする（最大判昭和三七・五・三〇刑集一六巻五号五七七頁)。

ただし、法律の委任によらずに条例で単独で罰則を設けうるかについては、本件最高裁はあくまで法律による委任が必要であると考え、しかし条例の性格から委任の程度を緩め、相当程度具体性を有していれば足りるとしている。この点、地方自治法一四条三項は、「条例中に、条例に違反した者に対し、二年以下の懲役若しくは禁錮、百万円以下の罰金、拘留、科料若しくは没収の刑又は五万円以下の過料を科する旨の規定を設けることができる」と規定し、罰則の範囲を限定している。これに対して、条例での罰則の制定は憲法九四条によって直接に授権されているとする立場もあり、これは本件最高裁判決の補足意見にもみられるところである。

なお、行政上の秩序罰としての過料は、地方自治法一四条三項のなかで条例で定めうることの根拠が明記されている。過料以外の罰則は「行政刑罰」であり、裁判所の刑事裁判手続によって科されるのに対して、過料は「行政上の秩序罰」として地方公共団体の長が行政処分の形で科す点で(地自二五五条の三)、異なる。従来、行政刑罰に関しては、まず検察への告発に多大な労力が割かれ、しかしそれにもかかわらず起訴するかどうかは検察の判断に委ねられることで、必ずしも実効的に機能してこなかった面がある。行政刑罰と秩序罰との理論的境界づけを行ったのち、過料の活用を検討する価値は少なくないと思われる。[*4]

＊4　ただし、地方公共団体の職員の間では意識は低く、同じ適用しないなら行政刑罰の方が威嚇力があるという程度に考えられているのが現実とのアンケート調査結果もある。北村喜宣『自治力の発想』(信山社、二〇〇一年)五一頁以下。

◉条例と租税法律主義

憲法八四条は、「あらたに租税を課し、又は現行の租税を変更するには、法律又は法律の定める条件によることを必要とする」と規定する。そこで、ここでも、条例によって租税の賦課等ができるかどうかが問題となる。そもそも憲法が課税を法律の定めにまつとしているねらいは、課税される側の権利の保障と民主的手続にあると解される。条例は、前述のようにこれらの条件を満たすものであり、憲法八四条の「法律」のなかに条例を含めて考えてよいであろう。また、憲法自身、九二条で「地方自治の本旨」に基づく地方自治制度を標榜し、九四条で行政権・立法権を保障していることに鑑みれば、地方公共団体の運営のための課税権を否定しているとは解し難い。地方税法三条一項は条例による租税の賦課徴収の根拠をおくが、条例による課税自体は、憲法上、地方公共団体に保障されているといえる。ただし、課税権の具体的な内容は法律の定めにまつとするのがこれまでの支配的な考え方である（大牟田市電気税訴訟、福岡地判昭和五五・六・五判時九六六号三頁）。これによれば、地方公共団体の課税権は抽象的には憲法上保障されているが、どのような税目をどのように課するかについては法律の規定に委ねられることになる。しかし、国の法律いかんで当該地方公共団体の主要な税源を奪ってしまうことまで認めてしまうことは、地方公共団体に課税権を保障したことの意味を大きく阻害してしまうことになる。したがって、この意義を失わせない範囲で法律は具体化する義務を負っていると考えるべきである。なお、二〇〇〇年施行の地方税法改正によって法定外目的税が新設され、協議・同意という国の関与は残るものの、税目に関しては法律上広汎な可能性が開かれることとなり（同法七三一条以下）、各地方公共団体もさまざまな独自課税の検討を行っている。そうすると今度は、地方公共団体が制定しようとする租税条例に、租税要件の明確さや平等性といった、租税法律主義（憲八四条）に妥当する実体的側面の憲法適合性がいっそう強く求められることになる。

3　法律と条例の関係

◉法律先占論と徳島市公安条例事件最高裁判決

地方公共団体は、「法律の範囲内」（憲九四条）で条例制定権を有する。これにつき、かつては「法律先占論」という考え方が支配的で、すでに国の法律が存在するところでは、これに抵触する条例は制定できないとされた。また、条例が先であっても後で法律ができれば法律の方が優先すると考えられた。[*5] しかしこれでは、地域の実情に応じた規律を可能にするため地方公共団体に条例制定権が付与された意義そのものを失わせてしまう。したがって、「法律の範囲内」は、法律が地方自治の本旨に基づき国と地方公共団体の適切な役割分担をふまえたものであるということが前提となる。そうすると次に、それではどのような基準に基づいて条例が法律の範囲内にあるかを判断するかが問題となる。この判断基準を提示するのは、徳島市公安条例事件最高裁判決である（最大判昭和五〇・九・一〇刑集二九巻八号四八九頁）。すなわち、「両者の対象

＊5　この意味では、「法律先占論」よりも「専占」論の方がふさわしい。阿部泰隆『政策法学と自治体条例』（信山社、一九九九年）一〇八頁。

事項と規定文言を対比するのみでなく、それぞれの趣旨、目的、内容及び効果を比較し、両者の間に矛盾抵触があるかどうか」によって判断するのである。本件で問題になったのは、道路交通法が道路交通秩序の維持を目的として集団示威行進に規制を加えているところに、条例で、地方公共の安寧と秩序の維持という目的で、法律とは異なった規制を加えることが許されるかというものであった。判決は、道路交通法七七条一項の道路使用許可規定の趣旨は地域の道路や交通の状況に応じて公安委員会に裁量を認めるものであるとして、本条例は道路交通法に違反しないとしたのである。これは昭和五〇年の判決が示した基準であるが、分権改革後の法律と条例の関係を考える際の基準にも用いられる。

◉条例の類型

これまでも、法律がすでに一定の対象に一定の規制を施している場合に、条例が法律と同じ目的で同じ対象に規制を強化しようとするとき、「上乗せ条例」としてその可否が議論されてきた。同様に、法律と同じ目的で同じ基準の下規制の対象を拡げるとき、これを「横出し条例」としてその適法性が議論されてきた。これらはとくに公害の規制の場面で行われ、大気汚染防止法四条・三二条、水質汚濁防止法三条三項〜五項・二九条は明文でこれらを認めるに至った。しかし、このような規定のないところでは、法律の趣旨・目的を解釈して判断する必要がある。すなわち、法律の規定が全国一律の規制基準を定めるものか、あるいは全国最低基準（ナショナル・ミニマム）

を定めるものか（したがって地方の事情に応じて異なる規制を許す趣旨か）を判断、後者であれば条例による規制の強化は可能とされるのである。同様に、法律が規制範囲を限定しているのが、それ以外の対象に規制を加えることを制約する趣旨なのか、あるいは全国的に最低これだけは規制し、あとは地域の事情に応じて地方に任せる趣旨なのかによって、条例による規制対象拡大の可否を判断するのである。自主条例の第一の類型は、まずはこのような法律と目的が同一のものである。

それに対して第二の類型は、法律と目的が相違するものである。すなわち、法律がすでにある目的で一定の対象に規制を加えているとき、法律と同一の対象に法律と異なった目的で規制を加える条例であり、また法律と異なる対象に異なる目的で規律を及ぼす条例である。前者の場合、さしあたり条例の適用が法律の目的や効果を阻害するかしないかが判断基準となる。たとえば廃棄物処理法の、廃棄物の適正な処理を通じて良好な生活環境を保持するという目的が、産業廃棄物処理施設の設置をめぐる事業者と住民の紛争予防目的や水道水源の保護目的で同施設の設置に規制をかける条例の適否はこれで判断される。[*6]

*6　宗像市環境保全条例事件（福岡地判平成六・三・一八行集四五巻三号二六九頁）では、廃棄物処理法の目的とは異なるものとして設定された「市民と業者の紛争予防」『目的』条例の共存性が裁判官によって詳細に検討されたうえで、条例は廃棄物処理法の目的を阻害し違法であるとされた。また、紀伊長島町水道水源保護条例事件（最判平成一六・一二・二四民集五八巻九号二五九一頁）では、条例規定の「協議」義務を尽くさなかったことを理由に条例に基づく勧告が違法とされており、条例自体の適法性について直接には判断がなされなかった。

◉第一期分権改革後の法律と条例の関係

第一期分権改革により、地方自治法には、住民に身近な行政については地方公共団体に委ねられることが明記され、国は地方公共団体の自主性、自立性に十分配慮しなければならないと規定されている（一条の二第二項）。また、地方公共団体に関する法令の規定は、「地方自治の本旨」に基づき、国と地方公共団体との適切な役割分担をふまえて規律され、また解釈・運用されなければならないことが求められ(同二条一一項および一二項)、とくに自治事務については国の特段の配慮が求められている(同条一三項)。これらの規定により、条例の制定可能性は実質的に従前よりも拡大したと考えられる。また、これら規定の趣旨を先の最高裁の基準に組み込むとすれば、決して「法律の趣旨、目的、内容及び効果」を固定して「条例」がそれに抵触しないかどうかを判断するのではなく、あくまで両者は役割分担された事務に関するそれぞれの対等な規律であることに留意すべきであろう。今後は、国の専管事項について条例が口出ししていないかどうか、逆に地域の事務について「法律」が「地方自治の本旨」(憲九二条)に基づいているかどうか、あるいは地方の自主性、自立性を奪っていないかどうかの吟味が必要となるのである。

なお、都道府県条例と市町村条例の関係について付言すれば、地方自治法の規定する都道府県の役割は、地方公共団体に課せられた役割のうち、「広域にわたるもの、市町村に関する連絡調整に関するもの及びその規模又は性質において一般の市町村が処理することが適当でない」ものを担当することにある(二条五項)。市町村との役割の境界は必ずしも明確ではなく、競合する場合が少なからず生じようが、地方自治法が都道府県の役割を列記しそれ以外は市町村の役割としている趣旨からすれば、同一の事項につき市町村条例が制定されれば、その限りで都道府県条例に優先すると解すべきである。たとえば、産業廃棄物税条例が都道府県レベルでも市町村レベルでも制定され、もし競合が生じた場合には、当該市町村については都道府県条例は適用除外とすべきであろう。

4　政策実現と条例

◉条例による政策実現

さて、分権改革の前においても、法律の規律に対して独自の政策・施策の実現を条例の制定により試みた地方公共団体は少なくない。一例をあげれば、長崎県飯盛町は、旅館業法の定める距離制限の外で建設されるモーテル類似施設の建築につき、社会環境や青少年育成の見地から町長の同意を必要とする条例を制定した。この条例は規制の範囲につき「附近」という不明確な言葉を使っており、結局違法と判断されたが、しかし旅館業法の規制を条例で強化すること自体は否定されなかった（福岡高判昭和五八・三・七判時一〇八三号五八頁）。また、宝塚市は、風俗営業等取締法（以下、風営法という）で都道府県条例に基づく規制の対象となっているパチンコ店等の営業につき、良好な生活環境の確保を目的として商業地域以外は一律禁止する条例を制定した。判決は、風営法は風俗営業の場所的規制について全国一律最高限度の規制を定めたものであるとし、条例を違法とした（神戸地判平成九・四・二八判時一六一三号三六頁）。しかし、同種の伊丹市条例のように、地方の実情により風営法の規制を条例で強化することを肯定している判決も少なくない（神戸地判平成五・一・二五判例自治一一二号五九頁）。

これらと比べると、おそらく宝塚市の規律の仕方が過度な規制と評価されたのではないかとも推測される。いずれにしても、地域によって立法事実やまちづくりに対する温度差があるはずであるから、条例による風俗営業の規制強化自体は許されると解する方が合理的といえよう。

このように、法律の規定によっては当該地方公共団体の目指すまちづくりができないような場合、条例制定権を用いることは、その地方公共団体の政策・施策の実現の有力な手段の一つとなる。このように自治立法権は、地域の事務について独自の政策・施策を自らの制度設計・運用で実現できる手段であり、自治体の政策実現に極めて重要な役割を果たしうるものである。

◉国に対する自主立法権の主張

本来国の果たすべき役割にかかる法定受託事務は性質上（たとえば旅券法）、また自治事務についても（たとえば介護保険法）法律の規律自体は必要である。それは地方に住む人々の権利利益に資するものでもある。しかし、そうだとしても、国の法律が詳細な規定をしすぎることで、地方公共団体の自主性、自立性、ひいては地方自治の本旨に基づく運営を困難にすれば本末転倒である。したがって法律も、地方の事務に関する規律をなす際には、「地方自治の本旨」（憲九二条）をふまえることが何より重要となる。そして、地方の側からも、国に対してそのつど自治立法権の行使の立場から意見を主張していく必要がある。

この点、第一期地方分権改革により、地方からの意見具申権とそれに対する内閣の回答努力義務（一定の場合回答義務）の規定が新設され（地自二六三条の三）、第二期地方分権改革では、国と地方の協議の場が法制化されることが議論された。ただし、意見具申権も、いわゆる地方六団体のような全国的連合組織に限られ、内閣の回答義務も「新たに事務又は負担を義務付ける」ものに限られるなどの限界を伴うが、役割を分担した国と地方が対等な立場で協力する関係を構築するには、相互のコミュニケーションは不可欠である。法律の解釈をめぐる見解の調整にも有効な場となることが期待される。

一方、たとえば条例の制定をめぐってなど、国から一定の関与を受けた場合には、当該地方公共団体は国地方係争処理委員会へ審査の申出をすることができ（地自二五〇条の一三）、その審査手続のなかで法律と条例の関係に検討が加えられうる。また、条例をめぐる紛争が生じた場合、原告となる住民・事業者等が、条例の違法性（「法律の範囲内」（憲九四条）の逸脱）を主張すれば、行政不服審査や訴訟の場で、自治立法が法律の範囲を超えていないかどうかの審査が行われうる。地方公共団体としては、これらの場を通じて自己の主張を展開し、その攻防を通じて、地方自治の本旨に基づく自治立法の正当性を主張することになる。

◉条例策定にあたっての検討事項

身近な問題を例に、自主条例の制定をするとすれば、さしあたり次のような検討を行う必要があるであろう。すなわち、①その問題を問題として認識すること、②その問題に関係する法令の洗い出し、③現行法制で対応が予定されていない、または対応に限界があることの見極め、④その問題解決の既存の政策課題への組込み、または新たな政策課題の設定、⑤その課題実現のためにとりうる手法の列挙、⑥その中からどの手法を選択するかの吟味、⑦選択された手法が現行法と整合することの確認（人権制約の場合の合憲性、法律目的・効果との整合、他条例との整合などの検討）、⑧トラブルの形態およびその帰趨の予測、である。

たとえば、公園等の駐車場に放置された自動車を取り上げてみる。[*7] まず、放置された自動車を見て、そのどこに問題があると認識するかである（①）。それが景観を損ねてしまう、というのと、漏れ出したオイルが水源にしみこんでしまう、というのでは後の議論が大きく異なってこよう。次に、その問題を現行法令で解決できないか、現行法令を洗い出してみる。他人の物であるから民法の事務管理、遺失物、無主物に関する規定、所有権やその時効に関する規定、公物管理権、さらには廃棄物処理法、遺失物法などが考えられる（②）。そうしたうえで、これらの規定が①の問題に対処できるかどうかを検討してみる（③）。すると、無主物や廃棄物として扱うには所有者の意思確認等の手続が困難であるとか、遺失物法だと三か月の間どうするかといった点で（同七条四項参照）、問題解決に十分でないことが確認される（④）。こうして、不十分であれば、自主条例案の策定に移行する。その際、その問題解決を当該地方公共団体の政策課題に乗せることが肝要である。「安全なまちづくり」「良好な生活環

＊7　放置自動車問題を条例で解決しようとした行政職員の取組みにつき、石森久広・小崎昭也・三島健一「自主制度設計・運用による自治体の政策実現」アドミニストレーション八巻三・四号（二〇〇二年）一〇五頁以下、一一三頁以下［小崎執筆］を参照。

境」「自然環境の維持」、それは地方公共団体ごとにさまざまであろうが、なぜ「放置自動車の発生防止・適正な処理」をする必要があるのかの意義づけを行っておく（④）。これは、後の検討の基本に据えられる。そのうえで、そのためにはどのような手法が有効であるか、たとえば啓発的手法でよいのか、勧告や公表でいくのか、強制的手法を用いるのかの選択肢をあげ（⑤）、当該地方公共団体における害悪の程度、介入必要の程度、規制と効果の程度、組合せの有効性の程度等を比較検討して、たとえば強制的手法を中心に規律する選択肢を選ぶのである（⑥）。この場合、憲法上の権利（財産権）を制約することになるため、裁判所の違憲審査に耐えうるものでなければならない。また、②であげた法令や他条例との整合性も、それぞれの趣旨・目的、内容・効果を比較検討して確認しておく（⑦）。そして最後に、もし条例が制定されると、この条例の適用をめぐって生じるであろう法的紛争をシミュレーションしてみる。たとえば、車を盗まれた真実の所有者から強制撤去の違法性を主張されたときに適法性を主張できるかどうかをあらかじめ詰めておくのである（⑧）。

もちろん、事案に応じてさまざまな検討事項があろうが、自治立法権の行使にあたって、国から（あるいは県から）指導がなされるのは筋違いであり、当然、当該自治体の判断により独自の検討を行う必要があるのである。

★ より理解を深めるために

北村喜宣『分権改革と条例』弘文堂、二〇〇四年

分権改革の趣旨を生かした条例論を展開し、条例制定権の拡大を通じた地方自治の拡充を目指す、「新地方自治法施行後の条例論・試論」「法定受託事務と条例——産業廃棄物処理施設設置許可事務を例にして」「自治体環境法政策の再編」など一二本の論考からなる。

「特集　自治体政策法務の展開」ジュリスト一三三八号、二〇〇七年

座談会「政策法務の意義と到達点」にはじまり、人見剛「分権改革と自治体政策法務」、角松生史「条例制定の法的課題と政策法務」、金井利之「自治体における政策法務とその管理」などの論考を収めて、この時点での自治体政策法務の到達点を明らかにしたもの。

鈴木庸夫『自治体法務改革の理論』勁草書房、二〇〇七年

自治体全般にわたって法務改革が急務であり、種々の難関を抱えながらも切り拓いていく必要を法理論的観点から唱えるもの。鈴木庸夫「自治体法務改革とは何か」、出口裕明「条例制定権」、田口一博「自治体の解釈運用法務」、磯崎初仁「立法評価の理論」、など意欲作に富む。

石森久広『政策法務の道しるべ——憲法が考える法律と条例の関係』慈学社、二〇〇八年

条例の「法律の範囲内」に関する判例をもとに自治立法権の射程を測ろうとしたもの。

◆コラム◆　墓地埋葬法と熊本市墓地設置条例

自治立法権行使の契機となりうるのが政策法務論である。もっとも、「政策法務論」自体、論者によってこの言葉にさまざまな意味がこめられている。しかし、「政策→条例制定→条例適用」という流れを法務の観点から眺めたとき、いったん条例が制定されればその後はもっぱら条文解釈に重点が置かれてきた従来の自治体法務に、強い反省をせまる点では共通しているといえる。要は政策の有効な実現であって、政策実現の手段としての法を媒介にどのようなしくみをつくり、それをどう運用するのが有用かという意識を常にもち続ける必要がある。その意味で、政策法務論には、政策・施策実現のための自主制度設計（再設計）およびその自主運用（運用見直し）を重視した、自治体運営の戦略的側面が含まれている点に特徴を見出すことができよう。

他方で、国の法令も規律密度を緩めるべきところは抜本的に緩めるべきである（地方分権改革でいうところの「義務付け・枠付けの撤廃・緩和」）。たとえば、墓地、埋葬等に関する法律（以下、墓埋法という）は、墓地の経営許可については基準すらおいていない法律で、分権改革前には「ザル法」と揶揄されたが、分権改革後は、時代の先端を行く法律となったのではないだろうか。というのも、かつて熊本市が、墓埋法の下、生活環境の保全を理由に墓地の経営不許可処分を出したところ、熊本地裁が、法に基準が具体的に書いてなければ目的規定がそれを示すとして、目的規定に記された公衆衛生等以外の理由でした不許可を違法と判断したことがある（熊本地判昭和五五・三・二七行集三一巻三号七三二頁、判時九七二号一八頁）。以後、業者の無法ぶりも目立つなか、行政指導に頼った対策しか打てなかった熊本市が、二〇〇〇年の分権改革を機に墓地設置条例を制定、①目的に良好な生活環境の保全を加え、②墓地設置の事前協議制を導入した（経緯と内容についてはジュリスト一一八四号「条例コーナー」参照）。さて、この条例が墓埋法の趣旨・目的、内容および効果に矛盾するかといえば、許可基準すら書いていない墓埋法に照らして矛盾・抵触するといえるだろうか。おそらく法律の趣旨は、地域の実情に応じた対応を地域に委ねるという点にあると解されるのではないだろうか。このように、たとえば条例の「法令上書権」よりも前に、法律が書かなくてもよいところ、すなわち、地域の役割にかかる部分は地域に任せるべく、法律で詳しく書かないということを墓埋法は示しているといえないであろうか。

【石森　久広】

第6講　自治財政権

1　「三割自治」の構造

◉地方財政の構造と「三割自治」

地方公共団体の歳入は、地方税、地方交付税、地方譲与税[*1]、国庫補助負担金（国庫支出金）のほか、地方債、分担金、使用料・手数料、事業収入からなる。これらのうち、地方公共団体みずからがその収入額の決定および賦課徴収を行いうるものを「自主財源」（地方税、分担金、使用料、手数料など）、それに対して国または都道府県から交付もしくは割り当てられるものを「依存財源」（地方交付税、地方譲与税、国庫補助負担金、地方債など）と呼ぶことができる。また、これら地方公共団体の収入源のうち、あらかじめ使途が特定されずどのような経費にも使用できる財源を「一般財源」（地方税、地方交付税など）、それに対して使途があらかじめ特定されている財源を「特定財源」（地方債、国庫補助負担金など）と呼ぶことができる。地方財政の構造を考える際、自主財源や一般財源の割合が高いほど地方公共団体が独自に処理する財政の範囲も広いことになる。しかし、現状はこれらの割合は低く、「三割自治」といった呼ばれ方

*1　地方譲与税は、国が徴収した特定の税収入の全部または一部を、一定の外形的な基準にしたがって地方公共団体に譲与する財源であり、財源調整のために交付される地方交付税とは基本的に性質を異にする。地方道路譲与税、石油ガス譲与税、自動車重量譲与税などがこれにあたる。

をしてきた。しかも、この「三割」についてみても、地方公共団体がすべて自由に処理しうるとは限らない。たとえば特定の補助金を受領する際、一般財源からの持ち出しを必要とすることもある。そして、国と地方を合わせた収入と支出を比較してみると、収入は国が多いのに対し支出は地方が多く、したがってその分、国からの財政移転が必要になり、この移転の際に、依存財源や特定財源に国の（時として過剰な）関与が伴ってきたのである。このような関与を避けるためにも、地方における自主財源・一般財源の確保が大きな課題となるのである。

◉財政状況の健全化

国のみならず地方における財政は、危機的な状況にある。地方公共団体の財政状況を分析する指標としての「財政力指数[*2]」、「経常収支比率[*3]」、「公債費負担比率[*4]」、「起債制限比率[*5]」等が一様に危険度を表す自治体も少なくない。昭和二九年度に特需景気の反動不況で大幅赤字を記録した地方公共団体の財政再建のため制定された地方財政再建促進特別措置法[*6]の適用（準用）を受ける自治体もあらわれて、二〇〇七年、自治体財政健全化法（「地方公共団体の財政の健全化に関する法律」）が制定された。この法律は、(1)毎年度、健全化判断比率として、①実質赤字比率、②連結実質赤字比率（全会計の実質赤字等の標準財政規模に対する比率）、③実質公債費比率、④将来負担比率（公営企業、出資法人等を含めた普通会計の実質的負債の標準財政規模に対する比率）を公表すること、(2)健全化判断比率のいずれかが早期健全化基準以上の場合の早期健全化、(3)再生判断

＊2　地方公共団体の財政基盤の強さを示す指標。基準財政需要額に対する基準財政収入額の割合の過去三年間の平均値であり、一を超えると普通交付税の不交付団体となる。

＊3　人件費など経常的経費にあてられた経常一般財源（地方税、交付税、譲与税など）の割合。これが低いほど独自の政策・施策にあてることのできる財源が多いことを意味する、財政の弾力性を測る指標である。

＊4　公債費にあてられた一般財源の比率。低いほど一般財源の使用に関する自由度が高いことを示す。財政の弾力性を表す指標でもある。

＊5　公債費負担比率と同様、一般財源のうち公債返済にあてる額の割合を示すが、交付税で措置される経費については除いて計算される。この比率の高さにより新たな起債が

比率（①〜③）のいずれかが財政再生基準以上の場合の財政の再生、⑷公営企業の経営の健全化、を定める。このように、地方公社や第三セクター等も含めた財政全体が当該自治体の責任範囲とされることが明確にされたことで、財政規律の遵守がいっそう求められるようになった。ただし、この法律による国の関与の度合いは強く、自治財政権の理念との整合が図られる必要もある。

◉改革の視点

地方分権改革は、国と地方公共団体の対等協力関係の構築を標榜する。対等協力関係は、事務権限の面だけでなく、財政の面においても確立されなければ画餅に帰することはいうまでもない。地域の事務は地域で処理することを原則とし、今後は社会保障、教育、環境など地域における行政サービスへの支出が大きなウェイトを占めると予想されるなかで、地方公共団体の財政面での自主性・自立性の確立は喫緊の課題である。この財政面の改革については、一九九五年の地方分権推進法に基づく「第一期地方分権改革」（とりわけ第二次勧告〔一九九七年〕および最終報告〔二〇〇一年〕）、そしてそれに続く「三位一体改革」、さらに二〇〇六年地方分権改革推進法に基づく「第二期地方分権改革」（とりわけ「基本的な考え方」〔二〇〇七年〕および第四次勧告〔二〇〇九年〕）において、いずれも強調されてきたところであり、その基本的な方向は、「地方税財源の充実確保、地域間の税収偏在の是正などの観点から、税源移譲、国庫補助負担金、地方交付税等の税財政上の措置のあり方について一体的に検討し、地方債を

できなくなることもある。

＊6　一九五四年度の赤字団体の再建を目的として行われた一九五五年の臨時立法。正確には、五五年法の準用になる。この準用財政再建団体に指定されると、自治大臣（当時）の監督下に入って財政再建計画の策定・執行を行うこととされた。福岡県赤池町、北海道夕張市などの例がある。

含め分権にかなった地方税財政制度を整備」することにある（第二期「基本的な考え方」）。この方向での改革の実現が望まれる。

以下、順次、税源配分、国庫補助負担金、地方交付税、といった具体的な制度に関し、そのしくみと改革の方向を探ってみることにしよう。

2 税源配分

◉地方税の現状

地方公共団体は、法律の定めるところにより、地方税を賦課徴収することができる（地自二二三条）。地方税の賦課徴収について詳細な定めを置く法律として地方税法がある。同法は、道府県の普通税・目的税、市町村の普通税・目的税（ほかに都・特別区に関する特例）を規定する。ここで普通税とは使途を特定されていないものを、また目的税とは使途が特定されているものをいう。道府県が課することのできる普通税としては、道府県民税・事業税・不動産取得税・ゴルフ場利用税・自動車取得税・自動車税などが（地税四条二項）、また市町村が課することのできる普通税としては、市町村民税・固定資産税・軽自動車税・市町村たばこ税・特別土地保有税などがある（同五条二項）。

他方、道府県が課することのできる目的税としては、狩猟税・水利地益税などが（地税四条四項・五項）、また市町村の課することのできる目的税としては、入湯税・

都市計画税・水利地益税（同五条四項・五項・六項）などがある。そして、地方公共団体は、これらの地方税法所定の税目以外にも、普通税および目的税について税目を起こして課税することができる（同四条三項・六項・五条三項・七項）。これらは法定外普通税および法定外目的税と呼ばれ、たとえば、核燃料税、商品切手発行税、文化観光施設税などがみられる。ただし、法定外普通税および法定外目的税の新設または変更については、総務大臣に協議し同意を得なければならない（同二五九条・六六九条・七三一条）。

ただし、「同意」は地方自治法上の「関与」の一つであるから、基準の明確化など法定の制約に服し（地自二四五条以下）、大臣の不同意に対しては地方公共団体の側から国地方係争処理委員会への審査の申出ができることになっている（同二五〇条の一三）。

◉税源移譲

地方が徴収する税は、国が徴収するものより少ないが、先にみたように支出は地方が多く、この差は国から地方への財政移転で埋められている。つまり、地域社会から調達する地方税が地域に必要な行政サービスの需要充足に不十分なため、国からの財政移転に頼らざるをえなくなっているのである。地方分権改革では、地方の自己決定・自己責任には地方税の充実が最も重要である、という認識から、応益性を有し薄く広く負担を分かち合うもので、地域的偏在が少なく、税収が安定した税目の充実が当初の目標にすべきだとされている。

提言されている。その際、地方消費税の充実を中心に、国と地方の税源配分五対五を

◉課税自主権の拡充

地方公共団体は、憲法上、課税自主権を有している。ただし、これが具体的にどのような税目に及ぶかは法律の定めるところにまつと一般に考えられている。大牟田市電気税訴訟判決（福岡地判昭和五五・六・五判時九六六号三頁）[*7]、東京都外形標準課税訴訟判決（東京地判平成一四・三・二六）も、下級審ながらそのように解している。しかしながら、地方税法自身が法定外普通税（同法四条三項・五条三項）および法定外目的税の創設を認めていることから、実質は税目に関する限り制約はなくなった。ただし、税率や計算方法等について、地方税法は細かく規律しており、また、法定外普通税、法定外目的税の創設にも総務大臣との事前協議による「同意」が必要とされているなど、課税自主権とは相いれない要素も残されている。「同意」についていえば、それは国税の税源との抵触を避けようとする趣旨からであると思われるが、たとえば「国の経済施策に照らして適当でないこと」（地税二六一条三号・六七一条三号・七三二一条三号）という不同意の要件は、現行の国税が多くの経済領域ですでに導入されているため、それを厳格に適用すれば、新たに創設が同意される地方税はほとんどなくなることになろう。法定外税が認められている趣旨に即し、不同意とする場合を可能な限り限定的に解する運用が必要である。[*8]

*7　同市の主要な歳入であった電気ガス税が地方税法の非課税措置により徴収できなくなったことを受けて同市から提起された訴訟。判決は、地方公共団体の課税権は憲法上保障されているが、具体的には法律の定めるところにまたなければならないとした。

*8　総務大臣は、一、国税または他の地方税と課税標準を同じくし、かつ、住民の負担が著しく加重となること、二、地方団体間における物の流通に重大な障害を与えること、三、国の経済施策に照らして適当でないこと、にあたらなければ同意しなければならないとされる（地税六七一条・七三三条）。ただし、国地方係争処理委員会もいうように、これらをさらに可能な限り具体化した基準が必要である。

◉**自主課税の試み**

地方税法改正により各地方公共団体の法定外税構想に弾みがつけられたのは事実である。河口湖町ほか二村の「遊魚税」をはじめ、杉並区のレジ袋税、三重県の産業廃棄物税など、矢継ぎ早に条例が成立した。ただし、「自主課税権」も決して全能なものではなく、大牟田市電気税訴訟でいわれたようにその存在の根拠は法律次第であるし、現実に条例を発効させるには総務大臣の「同意」という要件をクリアしなければならない。この点で、横浜市の「勝馬投票券発売税」[*9]に対する総務大臣の不同意に係る国地方係争処理委員会の審査、東京都の銀行業に対する法人事業税の外形標準課税をめぐる訴訟[*10]、神奈川県の臨時特例企業税条例をめぐる訴訟[*11]などは、各地方公共団体に慎重な対応を求めることになった。

地方公共団体の自主課税は地方自治の本旨にも適し、自主財源の獲得としても有用な手段である。しかし、どの時代でもそうであるように、課税される側の反発は強い。なぜこの税が必要なのか、どうしてこれが合理的なのか、各地方公共団体内における徹底した議論と周到な準備が強く求められる。

3　国庫補助負担金

◉**国庫補助負担金のしくみ**

地方公共団体が行う特定の行政事務の経費にあてるために、国から支出される資金

＊9　「勝馬投票券発売税」は、馬券発売額から払戻金等を控除し「第一国庫納付金」を差し引いた残額に五％課税する法定外普通税である。これに対し、総務大臣は「国の経済施策に照らして適当でないこと」(地税六七一条三号)を理由に不同意とした。横浜市は、この不同意を不服とし、国地方係争処理委員会に審査を申し出た。同委員会は、法定外普通税は多かれ少なかれ国の経済施策に影響を与えうるのであるから、「国の経済施策に照らして適当でない」という要件は重大な影響を与える場合に限定すべきだとして、再協議の勧告を行った(国地方係争処理委員会平成一三年七月二四日勧告、判時一七六五号二六頁)。

＊10　東京都の外形標準課税は、地方税法七二条の一九に基づき、都内に拠点のある資

として国庫補助負担金がある。それには、国庫負担金、国庫補助金、国庫委託金等がある。まず、国庫負担金は、地方公共団体と国の双方が責任を負う事業について国の義務的負担として、その全部または一部を負担する経費で、義務教育費や生活保護費の経費など（地財一〇条など）がその例である。次いで国庫補助金は、国がその施策を行うため特別の必要があると認めるとき、または地方公共団体の財政上特別の必要があると認めるときに交付するものである（同一六条）。国が特定の事業を奨励したり財政援助的意図に基づき支出する。そして、国庫委託金は、もっぱら国の利害に関係のある事務（たとえば国会議員の選挙など）が地方公共団体によって実施される場合の経費のために交付される支出金である（同一〇条の四）。

◉改革の方向

地方分権改革では、このような特定財源である国庫補助負担金につき、地方公共団体の自主的・自立的な行政運営を実現するための整理合理化が打ち出されている。すなわち、基本的には、すでに目的を達成し、あるいは社会経済情勢の変化に伴って存在意義の薄れた事務事業に対するものについては即刻廃止すべきであり、また、事務事業の内容等を勘案し、地方自治体の事務として同化・定着・定型化しているものや人件費補助に係るものについては、原則としてこれを廃止し、一般財源である地方税や地方交付税による財源措置に替えていく方向にある。整理合理化といっても、決して補助金や負担金として支出されてきた額自体をそのまま削減すべきとしているので

金量五兆円以上の金融機関を対象に、経費を差し引く前の業務粗利益に三％、法人事業税として課税するものであった。これに対し銀行業界のみへの課税の不合理性および不平等性を理由に訴えが提起されたもの。第一審判決は、地方税法七二条の一九の外形標準課税を適用できる要件である「事業の情況に応じ」につき厳格な解釈を行い、所得課税では順調な事業に適切な課税ができないという客観的な情況が必要として、違法と判断した（東京地判平成一四・三・二六日）。第二審判決も、「事業の情況に応じ」は地方公共団体の合理的な裁量に委ねられるとしつつ、法七二条の二二第九項の「均衡性の原則」に抵触するとして控訴を退けた（東京高判平成一五・一・三〇）。上告中に法の改正もあり、和解により訴えが

はなく、あくまでその質に着目した改革提言であって、整理合理化に伴う財源の補塡は一般財源の拡充によってなされるべきとしている点が肝要である。

たしかに、国庫補助負担金は、これまで全国的見地からみて必要な一定水準の行政サービスの提供・普及に大きな役割を果たしてきた。しかし、他方で、とりわけ補助金については、事務事業の執行方法や組織の義務づけに至るまで交付手続や補助条件等に基づく国の厳しいコントロールが及ぶがゆえに自治体の創意工夫が阻害され、また、自治体側も地域社会のニーズに対応する財政力が不十分なゆえに補助金獲得に強く誘導されざるをえず、結果として自主財政運営の意欲は摘みとられてきた。補助金獲得の陳情合戦を例にあげるまでもなく、補助金は国と地方公共団体の上下関係を象徴していた。自主財政権の確立には、この国庫補助負担金の改革は避けてとおれない。

取り下げられた。

＊11　第一審の横浜地裁は、地方税法は特例の適用外とされた法人については欠損金額の繰越控除を含めた法人事業税の課税標準の規定を全国一律に適用すべき趣旨であるから、企業税の課税により、法人事業税の課税標準につき欠損金額の繰越控除を定めた規定の目的および効果が阻害されるとして、企業税の課税を違法とした（横浜地判平成二〇・三・一九）。

4　地方交付税制度

◉地方交付税のしくみ

地方交付税は、地方公共団体間の財源の不均衡を是正し地方行政の計画的運営を保障することを目的として、国から地方公共団体に交付される財源である。都市部と過疎地域、平野部と山間部では自治体間の税収に当然格差が生じる。しかし、基本的に全国どこに住もうが一定水準の行政サービスは提供される必要があり、自治体間の財政力の偏在を調整しようとするものである。国税である所得税、法人税、酒税、消費税、たばこ税の収入額の一定割合をもって交付税とされる（地方交付税法六条）。地方交付税には、普通交付税と特別交付税がある（同六条の二第一項）。普通交付税は、基準財政需要額（同二条三号）が基準財政収入額（同条四号）をこえる地方公共団体に対して、そのこえる額を交付するものである（同一〇条一項・二項）。あるサービスを行うにも、自治体間で、たとえば積雪が多い寒冷地では学校の暖房費が多くかかるなど、自然的・社会的・経済的状況によって必要な額に違いがあり、それを需要額に反映させるため複雑な計算がなされている。一方、特別交付税は、普通交付税を補完するもので、普通交付税算定の際の基準財政収入額に算入されなかった特別の財政需要があることなどを基準として交付される（同一五条一項）。普通交付税を交付されていない自治体を不交付団体というが、それは全自治体のうちのわずかである。[*12] 地方交付税は、一般会計から地方交付税・譲与税特別会計に繰り入れられ、そこから交付されている。地方交付税は前述の国税五税を原資とするのが原則であるが、現実には不足するため、一般会計からの立替え、財政投融資からの借入れ、地方債増発等の特例措置により充塡されるなど、借入れが恒常化している。

*12　平成二〇年度普通交付税不交付団体は、都道府県分では東京都と愛知県の二団体、市町村分では横浜市・名古屋市など大都市圏を中心に一七七団体である。

◉改革の方向

このような財政調整といった重要な役割を果たすべき地方交付税制度であるが、いくつかの課題も抱えている。まず第一に、交付税の算定方式が極めて複雑化していることである。算定にあたっては、なるほど、単位費用、測定単位、補正の方法など基本的事項について地方交付税法および同施行規則に規定がある。しかし、現実にはそこに毎年さまざまな操作が施され、算定の当事者以外にはおよそ理解しがたいといわれるほど複雑化している。[*13] さらに、地方交付税特別会計を通じた資金の複雑な出し入れにつき一覧性を欠いていることから、およそ交付税の実態がどうなっているのか国民や住民の目には見えないものとなっている。そして第二に、交付税の算定が地方公共団体の自主的財政運営や効率的運営を促すしくみになっていないことである。たとえば税収が増えれば交付税が減ってしまうことや、地方債の償還を交付税で補塡することが、地方公共団体の独自財源の確保の意欲をそぎ、地方債に頼る傾向を助長してきたのである。その結果として、地方債の残高も地方交付税・譲与税特別会計の借入金残高も巨額にのぼってしまっているのである。

第一期地方分権改革でも、行政運営の効率化・合理化の要請を反映したしくみ、地方の課税努力、税源涵養努力、独自税源充実の自助努力をさらに促すようなしくみとすべきことの必要性が指摘されている。そもそも地方交付税制度は、これを通じて各地方公共団体の財政力が拡充されることも企図している。それは、社会資本等の整備のために交付される投資的経費に端的にみてとれる。しかし、長年にわたり交付され続けたにもかかわらず地方の財政力は向上せず、むしろ交付されて当然の雰囲気さえうかがえる。地方交付税は、地方税とならんで地方公共団体の貴重な一般財源である。地方の自立的かつ効率的な財政運営を促すためには、地方交付税の改革は不可欠である。そして、それは地方税改革と合わせて行われる必要がある。

＊13 具体的には、各行政項目ごとに「測定単位の数値」×「補正係数」×「単位費用」で計算されているが、自然的、社会的な条件の違いを「補正係数」で調整されるなど実際にはかなり計算が複雑になっている。

5 地方債

◉起債のしくみ

地方公共団体の歳出は、地方債以外の歳入を財源としなければならない。ただし、例外として、①交通事業、ガス事業、水道事業など地方公共団体が行う公営事業に要する経費の財源とする場合、②出資金・貸付金の財源とする場合、③災害復旧事業費の財源とする場合など、将来世代の住民にも負担させることが適当であると考えられる、これらの場合には地方債をもって財源とすることができるとされている（地財五条一項）。このとき、地方公共団体は予算に定めることを要する（地自二三〇条）だけでなく、さらに大臣の「許可」を必要としてきた。この許可制は、法律上は「当分の間」とされていたのであるが（旧地自二五〇条）、二〇〇六年度から「協議」制に移行した（地財五条の三第一項・第二項）。

◉市場における信用確保

先の法定外普通税および法定外目的税の創設における事前協議においては国の「合意」が必要であったのに対して、この起債の協議においては必ずしも合意は求められていない。しかし、合意があれば起債にあたり元利償還金を交付税算定の際算入される扱いを認めるなど（地財五条の三第三項）、合意を求めるインセンティブが用意されている。協議制移行の趣旨が没却されない運用が必要である。

地方債の発行について制度的には自由度が増したとしても、実質的には、地方公共団体がいかに市場から安定的に資金調達を行えるかが鍵を握ることになる。それは一に当該地方公共団体の信用確保にかかっている。それには、真に必要な政策を効率的に実現する行財政システムが、確立された自主財政権のもと有効に機能することが前提となるであろう。これこそが、地方分権改革の目指す姿にほかならない。

★ より理解を深めるために

日本財政法学会編『地方財政の変貌と法（財政法講座3）』勁草書房、二〇〇五年

地方分権の動きのなかで、自治体の自主的財政運営を確保することが課題とされ、本章で取り扱ったテーマをはじめ、法的視点から国と自治体との財政関係を根本から問い直す論考で構成されている。

「連載　地方分権改革の位相（第一回）〜（第七回・完）」ジュリスト一三五五〜一三六一号、二〇〇八年

地方分権改革において議論すべき論点をそれぞれの専門的立場から鋭く指摘するもの。本章との関係では、第五回の持田信樹「地方分権改革と地方財政—財政学の観点から」一三五九号、および第六回の藤谷武史「地方税財政制度のあり方—租税法・財政法の視点から」一三六〇号が参考になる。

今井太志『自治体財政指標の読み方』ぎょうせい、二〇〇九年

自治体の財政状況を実際にみてみる際のポイントを指摘するもの。本書でも取り上げた財政指標などから、どのようにして現実の財政の状況を診断することができるのか、導入と応用にわたりわかりやすく説明されている。

◆コラム◆　三位一体改革

自立した国と地方の関係を確立するため、①国から自治体への国庫補助負担金の廃止・縮減、②地方交付税の見直し、③国から地方への税源移譲を含む税源配分の見直しを一体として進めるというのが「三位一体改革」である。二〇〇二年の「経済財政運営と構造改革に関する基本方針」〔いわゆる骨太の方針〕二〇〇二（閣議決定）の中で方針が決められ、以後、各年度の基本方針で具体化された。

しかし、この改革によって、二〇〇四年度は、約六五〇〇億円の税源移譲がされたのに対し、国庫補助負担金は約一兆円、地方交付税は約三兆円削減され、二〇〇六年度までの三か年度では、約三兆円の税源移譲に対して、国庫補助負担金は約四・七兆円、地方交付税は約五・一兆円削減されるという結果に終わった（当初予算ベース）。この「三位一体改革」を通して、地方の財政状況は一気に疲弊し、各論段階における中央省庁の抵抗も際立った。結局、このときの「三位一体改革」は「失敗」と評されることが一般的である。

さらに、より深刻なのは、地方の側でも、税源移譲の税目や地方交付税の見直しのあり方等について都市と地方間の対立が表面化したことである。そのような背景から、第二期分権改革の第四次勧告も、財政調整の強化の観点から地方税として徴収した税収を地方自治体間で調整する新たな水平的財政調整方式の導入につき、財源を拠出することとなる財政力の強い自治体の住民の納得を得られないとの懸念をあらわし、具体的な制度の導入を勧告しきれなかった。

どの地域に暮らしていてもだれもが豊かで活力のある自治を享受できる国づくりが改革の原点である。このことに思いを致し、地方分権を支える三位一体改革が実現されることが切に望まれる。

【石森　久広】

第7講　住民の権利と義務

1　選挙権と被選挙権

◉住民の諸権利

住民の権利について、憲法九三条が長および議会議員に対する選挙権を保障し、同九五条が地方自治特別法に対する投票権を保障している。地方自治法には、選挙権・被選挙権、および各種の直接請求権の規定がある。また、憲法一六条、地方自治法一二四条が定める請願権や、市町村合併特例法の定める市町村合併に関する住民発議権(四条一項)、さらには各種の公聴会への住民参加や近年の条例を根拠とする「住民投票」[*1]も、広い意味では参政権に含めることができる。住民は議会の傍聴権や陳情の権利も有する。また、住民の監査請求および住民訴訟をはじめとする地方公共団体の決定について争訟する権利もある(地自二四二条・二四二条の二)。近年では情報公開との関連での住民の知る権利も重要である。さらに、住民の公の施設を利用する権利もある(同二四四条)。

従来、住民の権利は「有権者」の側面でとらえられがちであったが、最近は「生活

＊1　近年、住民自治の理念の高まりから、各自治体が条例により、独自に住民投票条例を定める傾向がみられる。

合併に関するものが多く、常設型は愛知県高浜市、埼玉県富士見市、群馬県中里村、同境町、神奈川県川崎市、広島県広島市、同大竹市、大阪府岸和田市、などである。

者」としての住民の生活権を中心に考えようとする見方も有力になっている。住民の生活を確保するためには、生活権のほかに、これを成り立たせるための各種の参政権、公の施設の利用権を含む生活手段に対する権利、文化的な生活環境のための権利、健康で快適な生活環境確保のための権利、および良好な景観形成のための権利なども必要といわれる。

ここでは、各種の参政権（議員や長の選挙権・被選挙権、住民投票、区長選挙、郡民会議）、各種の直接請求権（条例の制定・改廃、事務の監査、議会の解散、長・議員・主要公務員の解職）、および公の施設の利用権について、以下にくわしく検討することにしよう。なお、住民の義務としては、法令を遵守する義務、公租公課（地方税、使用料、手数料など）を納入する義務がある。

◉国籍要件

地方自治法は、年齢二〇歳以上の日本国民であり、引き続き三か月以上市町村の区域内に住所[*2]を有する者が、その属する普通地方公共団体の議会の議員および長の選挙権を有する旨を定めている（一八条）。

(1) 地方選挙権　ここでの日本国民とは、国籍法の定める日本国籍を有する者を指す。しかし、近年、一定の外国人の住民に地方選挙権を認める法改正を、憲法は「禁止」するものではないとの議論が有力である。憲法九三条二項の定める「地方公共団体の長、その議会の議員及び法律の定めるその他の吏員は、その地方公共団体の

＊2　民法二二条による住所と同じであり、各人の生活の本拠をいう。生活の本拠とは、一定の地に常住するという客観的事実と、その地を自分の住所とする主観的意思を総合的に考慮して決定する。たとえば、勤務または入院などの関係上、一年以上家族と離れている場合を除き、家族の居住地が住所となる。就学のため郷里を離れて居住する学生の場合、家族の居住地に近接し、休暇以外にもしばしば帰宅する必要がある等の特段の場合を除き、居住地が住所となる。

住民が、直接これを選挙する」という規定の主体が、「国民」ではなく「住民」とあるために、法律によって地方選挙権を一定の外国人に認めることを「許容」しているという意見が多数説であり、または「住民」は外国人も含むと解して、一定の外国人に地方選挙権を認めることを憲法が「要請」しているとの意見もみられる。[*3]

許容説に基づく判例は、一九九四年の「イ(李)地方選挙権訴訟」福井地裁判決が、「市町村レベルでの選挙権を一定の外国人に認めることは憲法の許容するところである」と明示している(福井地判平成六・一〇・五判タ八八一号七六頁)。一九九五年の「キム(金)地方選挙権訴訟」最高裁判決も、住民自治の理念から、「憲法第八章の地方自治に関する規定は、民主主義社会における地方自治の重要性に鑑み、住民の日常生活に密接な関連を有する公共的事務は、その地方の住民の意思に基づきその区域の地方公共団体が処理するという政治形態を憲法上の制度として保障しようとする趣旨に出たものと解される」という。したがって、「我が国に在留する外国人のうちでも永住者等であって、その居住する区域の地方公共団体と特段に密接な関係を持つに至ったと認められるものについて、その意思を日常生活に密接な関連を有する地方公共団体の公共的事務に反映させるべく、法律をもって、地方公共団体の長、その議会の議員等に対する選挙権を付与する措置を講ずることは、憲法上禁止されているものではない」と明確に禁止説を否定した。そのうえで、「専ら国の立法政策にかかわる事柄であって、このような措置を講じないからといって違憲の問題を生ずるものではない」と許容説の立場を示す。一方、「国民主権の原理及びこれに基づく憲法一五条一

＊3 禁止説とは、外国人の参政権を憲法が禁止しているという立場であり、要請説とは、外国人の参政権を憲法が要請(保障)しているという立場である。この中間に位置する許容説とは、外国人の参政権を、憲法が保障しているとの立場を否定するが、憲法が禁止しているとの立場も否定し、立法政策の問題として許容する立場である。

項の規定の趣旨に鑑み、地方公共団体が我が国の統治機構の不可欠の要素をなすものであることをも併せ考えると、憲法九三条二項にいう『住民』とは、地方公共団体の区域内に住所を有する日本国民を意味すると解するのが相当であり、右規定は、我が国に在留する外国人に対して、地方公共団体の長、その議会の議員等の選挙の権利を保障したものということはできない」と明確に要請説を否定した（最判平成七・二・二八民集四九巻二号六三九頁）。

最高裁が永住外国人等の地方選挙権を法律により認めることについて、許容説を導く理由は次の三点である。第一に、地方選挙権は実質的にみて、国民主権原理とのかかわりが少ない。第二に、国会の制定する法律による選挙権を認める経路をとることで、国民主権原理の正当性の契機が担保される。第三に、憲法九四条により、地方公共団体の条例が国の「法律の範囲内」で制定されるので、外国人の地方選挙権は、国民主権原理には抵触しない。たしかに、国会議員選挙が国民主権原理から派生するとすれば、地方選挙は住民自治原理から派生し、国民が選挙で選んだ国会が制定した「法律の範囲内」で条例がつくられるのであれば、条例を制定する地方議会・長の選挙に永住者等の住民が参加することも、国民主権原理とは矛盾しない。しかも、諸外国の制度と比較してみると、地方選挙権者を国民と定めていたドイツや、選挙人を国民と定めていたフランスと違って、日本国憲法九三条の定める地方選挙権者は「住民」とあり、外国人の地方参政権を認めるオランダやスペインと同様の「住民」という規定に日本ははじめからなっている。ヨーロッパ諸国における外国人の地方参政権のモデル[4]とされたスウェーデンの場合も、一九七六年憲法は国民主権原理を定める一方で、法律による導入を許容している。かりに国民主権原理から、国政選挙は国籍保有者である「国民」に限定することが要請されるとしても、国と地方は全く同じ組織原理ではなく、地方自治は、国政に比してはるかに直接民主主義的要素を強化している。地方自治の本旨（憲九二条）としての「住民自治」の観点から、外国人住民の地方選挙権を求める声が高まるのは当然である。外国人住民の増大とともに、多くの住民が自治の担い手となることが認められない社会は、民主主義の不備が強く意識され、民主主義原理の矛盾が生じることになる。

(2)　地方被選挙権　被選挙権については、民主主義原理は、選ぶ者が選ばれる者となる可能性を要求する。治者と被治者の同一性を民主主義の重要な要素と考えるならば、選挙権者には被選挙権も認められるべきである。判例は、大阪の在日韓国・朝鮮人が集団提訴した「ホン（洪）地方選挙権・被選挙権訴訟」（大阪地判平成九・五・二八判タ九五六号一六三頁）について、「国民主権の原理」、「憲法一五条一項の規定の趣旨」、および「地方公共団体が我が国の統治機構の不可欠の要素を成すものであること」から、「地方参政権、すなわち地方公共団体の長及び議会の議員の選挙権及び被選挙権」は、在留外国人には保障されていないと要請説を否定した。そのうえで、「旧植民地出身者[5]及びその子孫についての在留原因の特殊性と歴史的経緯」を考慮して「特別永住者等に地方参政権を付与する立法措置を講ずるか否かについても、結局のところ立法機関の広範な裁量に委ねられた高度の政策的判断に属する事柄である」

＊4　一定の居住要件をもとに認める定住型の外国人の地方参政権を導入した国として、スウェーデン、ノルウェー、デンマーク、フィンランド、オランダ、アイルランド、ベルギー、ルクセンブルク、ニュージーランド、イスラエルなどがある。相互主義により北欧市民やEU市民や旧植民地出身者などの一定の出身国の外国人に限定して認める互恵型の外国人の地方参政権を導入した国として、アイスランド、スペイン、ポルトガル、フランス、ドイツ、イタリア、ギリシア、オーストリアなどがある。イギリスは、厳密には、相互主義に限らず、英連邦諸国などの出身者にも外国人の参政権を認める伝統を維持するタイプである。

＊5　いわゆる在日韓国・朝鮮・台湾人である。旧植民地出身者とその子孫であり、一

と許容説の立場を表明している。また、「イ（李）地方選挙権訴訟」名古屋高裁金沢支部判決（平成八・六・二六判時一五八二号三〇頁）も、控訴人側の主張する被選挙権も含む「地方参政権」という用語に対応する形で、「我が国に在留する外国人に対して、地方参政権を保障したものということはできない」とはいえ、「永住者等」に「法律をもって、地方参政権を付与することは憲法上禁止されているものではない」との許容説の判断を示している。

(3) 住民投票・区長選挙・郡民会議　自治体が条例により住民投票を定める場合は、国籍要件を不要として、永住外国人にも投票権を認める自治体が増えている[*6]。また、普通地方公共団体である市町村と都道府県の議会の議員や長の選挙においては、地方自治法一八条が適用される。一方、特別地方公共団体である東京都の特別区には、地方自治法一七条所定の「選挙人が投票によりこれを選挙する」という規定は適用されない。判例上も、特別区は、憲法九三条の地方公共団体ではないとして、区長の直接公選制を採用するか否かは立法政策の問題とされている（最大判昭和三八・三・二七刑集一七巻二号一二一頁）。もっとも、現行の地方自治法二八三条一項が、市に関する規定を特別区に適用する旨を定めている。このため、東京都の特別区の選挙では、国籍要件が現行法上は必要と解される余地がある。しかし、区長の選出にあたり、選挙の方法を採用するかどうか自体が立法政策とされる以上、選挙の具体的な要件自体も立法政策の問題であることはいうまでもない。

さらに、郡において郡議会を設置し、郡議会議員の選挙を導入するかどうかも、立

九五一年の平和条約により日本国籍を失った歴史的な経緯をもとに、一九九一年の入管特例法により特別の永住資格が認められた。特別永住者として、再入国許可の有効期間、退去強制事由、旅券等の不携帯の罰則に関して、一般の永住者とは異なる特別な取扱いが規定されている。

＊6　滋賀県米原町、秋田県岩城町、岡山県奈義町、同勝央町、同柵原町、大阪府高石市、福井県松岡町、福岡県北野町、同大木町、滋賀県長浜市、埼玉県岩槻市など。常設型としては、愛知県高浜市、埼玉県富士見市、広島県大竹市、同広島市、滋賀県近江八幡市、大阪府岸和田市、千葉県我孫子市、三重県名張市、神奈川県大和市、同川崎市、など。

法政策の問題である。たとえば、鳥取県の日野郡が独自の条例により、知事の諮問機関として設置を検討した郡民会議のように、国籍要件を廃止し、永住外国人の選挙権と被選挙権を認めたとしても、[*7]総務省のいうように、現行の法制度上、問題はない。同様に、政令指定都市の行政区において区議会や区長の選挙を導入する場合は、現行法上、国籍要件が義務づけられるとは解されない。

◉年齢要件

選挙権の要件としての年齢基準を何年にするのかは立法府の裁量に属するが、アメリカ、イギリス、フランスをはじめ大多数の国では一八歳とされている。ブラジル、キューバ、ニカラグア、オーストリアでは一六歳、インドネシアなどでは一七歳である。アジアでは年齢要件の高い国が目立ち、日本、台湾では二〇歳、マレーシア、シンガポール、パキスタンでは二一歳である。[*8]

選挙権の年齢要件と被選挙権の年齢要件が異なることは、選ぶ者と選ばれる者の同一性を求める民主主義原理からは問題がある。しかし、日本の被選挙権は、市町村長の選挙と市町村議会および都道府県議会の選挙においては二五歳、都道府県知事の被選挙権においては三〇歳が要件とされている。[*9]イギリスの被選挙権は二一歳であるが、スウェーデンの被選挙権は一八歳であり、日本も、選挙権年齢と被選挙権年齢を合わせることを検討すべきである。

＊7　実際には、議会の反対により、知事の当初の案は抽選に変更されたものの、郡民一〇人以上の推薦を得た一八歳以上の郡民（国民、永住者、特別永住者、三年以上の在留資格者）の応募者の中から、日野郡民行政参画推進会議の委員は選ばれることになった。

＊8　条例により創設された住民投票において、愛知県高浜市、福岡県北野町、同大木町、秋田県岩城町、滋賀県長浜市、埼玉県岩槻市、同富士見市、岐阜県北方町、富山県小杉町、同山田村、静岡県東伊豆町、長野県富士見町、同平谷村、岡山県勝央町、同柵原町などでは、国籍要件に限らず、年齢要件を緩和し、永住外国人と一八歳以上に投票権を拡大し、長野県平谷村では一二歳以上に拡大している。

＊9　一九四六年当時の立法趣旨によれば、都道府県の知

◉住所要件

選挙権について、市町村の区域内における三か月以上の住所要件には、二つの特例がある。一つは、同一都道府県の区域内の他の市町村の区域に住所を移した者は、三か月に達しなくても、都道府県の議会と長の選挙権を有することである（公選九条四項）。いま一つは、三か月の期間は、市町村の廃置分合または境界変更のために中断されないことである（同九条五項）。地方選挙が、国政選挙と違い、三か月の住所要件を定めているのは、個々の住民がその最も深い政治的な結びつきをもっている土地の地方公共団体の政治に参与できるよう、その選挙権を行使させることを期したからである（最判昭和三五・三・二二民集一四巻四号五五一頁）。一九九八年の公職選挙法の改正により、在外邦人に対し衆議院・参議院の比例代表選挙に限り在外投票が認められるようになったが、住所要件が課される地方選挙権は、在外邦人には認められない。

被選挙権については、都道府県と市町村を問わず、地方議会の議員の被選挙権には、引き続き三か月以上市町村の区域内に住所を有することを要件としている（公選九条二項および一〇条一項三号・五号）。他方、都道府県と市町村を問わず、長の被選挙権については、住所要件が不要とされている（同一〇条一項四号・六号）。この理由は、住民以外の全国民のなかからも広く適材を求めるという趣旨による。

◉消極的要件

地方自治法は、一定の要件を満たす場合に選挙権を認められるための積極的要件の

事の被選挙権だけを三〇歳としたのは、議員とは違い独任制の執行機関であること、市町村長にくらべて規模、事務量、性質、管轄区域等に差があること、その職務の重要性から職務遂行能力に必要な経験をもつべきことが理由とされた。

みを定めており、公職選挙法が、一定の要件に該当する場合には選挙権が否定される消極的要件を定めている。選挙権を有しない者は、次の五とおりの場合がある。①成年被後見人、[*10] ②禁錮以上の刑に処せられその執行を終わるまでの者、③禁錮以上の刑に処せられその執行を受けることができなくなるまでの者（執行猶予中の者を除く）、④公職にある間に犯した収賄および事前収賄罪の刑の執行または執行の免除を受けた日から五年未満の者（執行猶予中の者を含む）、⑤選挙犯罪により禁錮以上の刑に処せられた者（執行猶予中の者を含む）である（公選一一条一項）[*11]。

また、公職選挙法の定める選挙犯罪による処刑者は、一定期間その選挙権を停止される（同法二五二条）。最高裁は、選挙犯罪者の選挙権・被選挙権の停止は、一般刑事犯罪者のそれに比して過重であり、不合理な差別とする訴えをしりぞけ、選挙犯罪の処刑者は、選挙の公正を害し、選挙に関与させるのに不適当なものなので、差別待遇にあたらないとしている（最大判昭和三〇・二・九刑集九巻二号二一七頁）。

さらに、政治資金規正法の罪を犯し罰金刑に処せられた者は、裁判確定日から五年間、また、禁錮刑に処せられた者は、裁判確定日から刑の執行を終わるまで、これらの刑の執行猶予の言渡しを受けた者は、裁判確定日から刑の執行を受けることがなくなるまで、選挙権および被選挙権を有しない（同二八条一項・二項）。

＊10　一九九九年の民法改正（同七条〜一〇条）により、禁治産者制度が廃止され、成年被後見人制度に代わったのに伴い、公職選挙法一一条一項一号の選挙権および被選挙権を有しない者も、成年被後見人となった。カナダ、アイルランド、イタリア、スウェーデンでは、この種の能力障害要件は存在しない。

＊11　いかなる受刑者にも選挙権を認める国として、たとえば、デンマーク、ドイツ、アイルランド、スウェーデンがある。また、愛知県高浜市の住民投票では、成年被後見人や受刑者の投票も認めている。

2　直接請求制度

◉各種の直接請求権

直接請求制度は、住民が議会をとおさず直接にその意思を地方行政に反映させるための直接民主主義原理に基づく制度である。住民の権利としての直接請求制度の地方自治における意義は大きい。地方自治法は、大きく四種類の直接請求制度を定めている。また、性質上、二つのタイプに大別することが可能であり、条例の制定・改廃の請求、事務の監査請求は、イニシアティブ・タイプ[*12]であり、議会の解散請求、長などの解職請求は、リコール・タイプ[*13]といわれる。当初、条例の制定・改廃の請求が多くみられたものの、地方税の賦課徴収など地方公共団体の収入に関する条例を請求の対象外とする（地自七四条一項カッコ書き）制度改革に伴い減少し、議会の解散や長・議員などの解職請求といった、監視的形態に比重が移っていった。一九六〇年代に入ると、再び、条例の制定・改廃請求が増え、参加的形態に比重を移す傾向がみられるという。

◉条例の制定・改廃の請求権

日本国民たる普通地方公共団体の住民は、条例の制定または改廃を請求する権利を有する（地自一二条一項）。住民からの条例の制定改廃請求があった場合、地方公共団

＊12　住民発案と訳されたり、国レベルでは国民発案とも訳される。

＊13　住民解職と訳されたり、国レベルでは国民解職または国民罷免と訳される。

＊14　条例の発案権は、地方公共団体の長（地自一四九条）と、議員定数の一二分の一の者（同一一二条）がもつ。

＊15　分担金とは、特定の公共事業と特別の関係をもつ者に、その事業に必要な経費の一部を分担させるために課される金銭をさし、負担金とも

体の長は、二〇日以内に議会を招集し、議会に付議しなければならないので（同七四条三項）、実質的には住民に条例の発案権[*14]があると考えられる。しかし、住民のイニシアティブが直接に住民投票に付され、多数を得れば議決をまたずに条例が成立したり、議会が否決した場合も住民の一般投票に付されるスイスやアメリカの諸州の制度とは違い、住民の直接民主主義的要素は弱められている。日本の場合、議会がほとんど審議することなく、住民発案の条例案が否決される事例もあり、最低限、委員会への付託の必要性などが説かれている。二〇〇〇年の第二六次地方制度調査会の答申においても、請求代表者に対し議会審議の場での意見陳述の機会を確保する必要が指摘されている。

一九四七年の第一次地方制度改正によって直接請求制度が導入された当初は、簡易な手続が採用され、請求権の自由な行使が意図されていた。しかし、直接請求が多発したため、濫用防止という理由から、請求権の行使を制限する規定が一九四八年の地方自治法改正により挿入された。七四条一項により、「地方税の賦課徴収並びに分担金[*15]、使用料[*16]及び手数料[*17]の徴収に関するものを除く」というカッコ書きの制限がつけられた。たしかに、直接請求制度の創設当初は、電気ガス税条例の廃止を請求するもの、地方税の均等制の撤廃、累進課税方法の採用を請求するものがほとんどであった。そこで、これらの地方公共団体の収入に関する条例について直接請求を認めると、その結果を十分認識しないまま負担の軽くなることのみをもって賛成することになり、地方公共団体の財政基盤をゆるがすに至ることなどの理由で、制限が設けられたのであ

いう。負担の根拠または義務者の態様からみて、たとえば、都市計画事業などにより特別の利益を受ける者の負担する受益者負担金、道路修繕工事の必要などを生じさせた者が負担する原因者負担金などの区別がある。

＊16　使用料とは、行政財産の目的外使用および公の施設の使用の対価として使用者から徴収される金銭である。たとえば、地方公営企業の料金、公立学校の授業料は、ここにいう使用料に含まれ、国民健康保険料は、分担金、使用料、手数料のいずれにも含まれない。

＊17　手数料とは、特定の者に対し、自治体の提供する役務の対価として徴収される料金のことをいう。手数料は、人的役務への対価である点において、物的役務に対する対価である使用料とは異なる。

る。しかし、一般的に直接請求は個人的な判断によって動かされ、議会は大局的見地から判断を下すものであると断定することは正当ではないので、この制限には多くの疑問が投げかけられている。

内容についての長の審査権は、代表者が有権者であるかどうかといった形式的事項の審査に限られる。たしかに、条例の制定改廃の請求は、地方税の賦課徴収、分担金、使用料、および手数料の徴収に関するものを除くほか、その内容が条例で規定できるものでなければならない。しかし、地方公共団体の長が、請求代表者証明書の交付にあたり、内容上の適否について判断し、証明書の交付を拒否すべきではない。判例は、条例の制定改廃請求を行うことができない事項に関するものであることが「一見きわめて明白」で、議案としての同一性を失わせない範囲で修正を加えることにより成立する可能性がなく、何人にとっても自明とみられる場合に交付の拒否を限定している（東京高判昭和四三・一一・二八行集一九巻一一号一八一七頁、東京高判昭和四九・八・二八行集二五巻八＝九号一〇七九頁）。なぜならば、請求代表者証明書の交付は、代表者が有権者であることを公に確認して、のちに無用の紛争が生ずるのを避ける趣旨であり、長が最初の段階で審査し、以後の手続を阻止することは、議会の審議を受ける機会を奪うものだからである。法律の明文の委任規定なしに、直接請求権を制限することになる実体審査を行い、請求代表者証明書の交付を拒否すべきではない。ただし、長は意見をつけて議会に付議するのであるから（地自七四条三項）、条例内容に対する反対意見を付すことは認められる。

条例の制定・改廃請求には当該自治体の有権者の五〇分の一以上の署名が要件とされている（地自七四条一項）。原則として、署名は自署し印を押すことによって行われる（同七四条の二第一項）。例外的に、視覚障害者の場合は、点字で署名することができる（地自施行令九二条一項）。また、身体の故障がある場合には、同じ市町村の他の有権者に委任することができる（地自七四条七項）[*18]。

代表者の資格制限について、地方自治法およびこれに基づく命令上の制限規定はない。一般職の国家公務員は、直接請求の署名運動を企画・主宰することは禁じられている（人事院規則一四－七第五項七号・八号、六項九号、国家公務員法一〇二条一項）。地方公務員の場合は、特定の政党などを支持・反対する目的で、署名運動を企画・主宰することはできない（地方公務員法三六条二項二号）。しかし、これらは公務員法上の制限であり、地方自治法上の制限規定はない。したがって、公務員法上の制裁はともかく、公務員が請求代表者であることを理由として、署名を無効とすることはできない。また、代表者が通称で社会的に活動している場合など、署名収集効果の点からいって、代表者の表示に通称使用を認めるべきである。

署名の収集は、戸別訪問によると街頭におけるとを問わないが、郵送による収集はできない（秋田地判昭和六一・三・二四行集三七巻三号三八二頁）。なぜならば、地方自治法施行令九二条二項[*19]は、直接署名を求めることを予想しているからとされる。

＊18　これは一九九四年の法改正により、障害者の社会参加の機会を保障するために、導入された制度である。

＊19　地方自治法施行令九二条二項において、「条例制定又は改廃請求代表者は、選挙権を有する者に委任して、その者の属する市町村の選挙権を有する者について前項の規定により署名し印をおすことを求めることができる。この場合においては、委任を受けた者は、条例制定若しくは改廃請求書又はその写及び条例制定若しくは改廃請求代表者証明書又はその写並びに署名し印をおすことを求めるための条例制定又は改廃請求代表者の委任状を附した条例制定又は改廃請求者署名簿を用いなければならない」と定められている。

◉事務の監査請求

有権者の五〇分の一以上の者の連署により、地方公共団体の事務の執行に関し、監査の請求をすることができる（地自七五条一項）。事務の監査請求の手続は、条例の制定・改廃の手続が準用される。監査請求の範囲は、原則として地方公共団体のすべての事務である。監査請求の効果は、監査委員に監査・公表を求める発案権にとどまる。住民は監査請求の監査の執行にあたり自己の選任する立会人の立会いを求める権利をもたない。また、公表などをなすべきことを命ずる給付判決を求める訴えは認められず、不作為の違法確認の訴えも提起できないとされている。

実際には、事務の監査請求は、これまでほとんど注目すべき活用例がない。単なる行政監視権の発動請求に有権者の五〇分の一以上の署名を必要とするのは、今日、合理的とはいえないとの批判がある。また、現実に監査請求がなされた場合でも、事務執行の不当性は認定されにくく、監査委員の職務の独立性に疑問が出されることもある。制度の活性化のためには、監査委員の職務の独立性を強化し、署名の負担を軽減ないし廃止することが必要である。

◉解散請求

有権者の三分の一（その総数が四〇万を越える場合には、その越える数に六分の一を乗じて得た数と四〇万に三分の一を乗じて得た数とを合算して得た数）以上の者の連署により、議会の解散を請求することができる（地自七六条一項）。当初の三分の一の要件は、人口の多い地方公共団体では、非常に成立が困難であるため、要件を緩和すべきであるという二〇〇〇年の第二六次地方制度調査会の答申を承けて、二〇〇二年の地方自治法の改正により、上記有権者が四〇万を越える大都市についてのみ解散請求・解職請求の要件を緩和した。[*20] 署名収集の受任者については、地方自治法上の禁止はなく、公務員法上の制限にとどまる。したがって、公務員が受任者となって集めた署名も無効とはならない（盛岡地判昭和三一・一二・一八行集七巻一二号三一八四頁）。

国家公務員、地方公務員および選挙事務関係者は、請求代表者となることができない。地方自治法八五条一項は、同七六条三項の選挙人による「解散の投票」に限って公職選挙法の規定の準用を定めているにすぎない。したがって、同条一項の「解散の請求」に公務員と選挙事務関係者が請求代表者となることを禁じているのではなく、地方自治法施行令一〇八条で請求手続についても読替え規定を置いているにすぎない。この政令である施行令の読替え規定による請求代表者の制限は、法律の委任の限界を超えているとの批判が多い。しかも、ここにいう公務員とは、公職選挙法におけるそれよりも広く、特別職・一般職を問わず、臨時職、非常勤の委員・顧問・消防団員なども代表者となれないというのは、参政権の過剰な制限といえる。

これについて、町議会議員の解職請求の事案であるが、最高裁平成二一年一一月一八日大法廷判決（ジュリスト一三九六号・一五三頁以下）は、議員の解職請求の「連署による請求手続」に公職選挙法の規定を準用して、「すべての公務員が請求代表者になることができない」とした地方自治法施行令の規定は、地方自治法八五条一項の委任の

＊20　有権者数が四〇万人を超える自治体では、四〇万人を超える数に六分の一を乗じた数と、四〇万人に三分の一を乗じて得た数とを合算した数を要件とする提案である。

範囲を逸脱し無効であるとして、昭和二九年の合憲判決を半世紀以上経って変更する判決を下した。

解散請求は、選挙のあった日から一年間、また解散の投票のあった日からは一年間は、禁止される（地自七九条）。公選による新議会を直ちに解散させることは、責任ある参政権の行使とはいえないからである。ただ、解散の投票を一年間制限できれば十分であり、請求代表者交付申請まで制限すべきではないとの意見もある。

議会は、解散の投票において有効投票の過半数の同意[*21]があったときは、解散される（地自七八条）。ここにいう過半数とは、有効投票の過半数を意味し、投票数の多寡を問わない。

◉解職請求

地方公共団体の長の解職は、当該地方公共団体の有権者の三分の一（その総数が四〇万を越える場合には、その越える数に六分の一を乗じて得た数と四〇万に三分の一を乗じて得た数とを合算した数）以上の者の連署により、請求することができる（地自八一条一項）。当該地方公共団体の有権者の解職の投票により、過半数の同意があったときは、長はその職を失う（同八三条）。長の解職請求は、その就職の日から一年間、および解職の投票のあった日から一年間は、無投票当選の場合を除いて、禁じられている（同八四条）。

議員の解職請求は、当該選挙区の有権者の三分の一（その総数が四〇万を越える場合

＊21　事案に対する賛成票が反対票を上回ることを意味し、単純多数とも呼ばれる。なお、地方自治法一一六条により、地方議会における通常の議決要件は、国会と同様に、「出席議員の過半数」であり、同一一三条により、定足数は「議員の定数の半数以上の議員」と定められている。

には、その越える数に六分の一を乗じて得た数と四〇万に三分の一を乗じて得た数とを合算した数）以上の者の連署により、請求することができる（地自八〇条一項）。当該選挙区の有権者の解職の投票により、過半数の同意があったときは、議員はその職を失う（同八三条）。ここでの過半数も有効投票の過半数である。議員の解職請求は、その就職の日から一年間、および解職の投票のあった日から一年間は、無投票当選の場合を除いて、禁じられている（同八四条）。

副知事、副市町村長、選挙管理委員、監査委員または公安委員会委員の解職は、有権者の三分の一（その総数が四〇万を越える場合には、その越える数に六分の一を乗じて得た数と四〇万に三分の一を乗じて得た数とを合算した数）以上の者の連署により、請求することができる（地自八六条一項）。[*22] これらの主要公務員は、当該地方公共団体の議会の議員の三分の二以上が出席し、四分の三以上の同意があったときは、その職を失う（同八七条一項）。特別多数決を定めている趣旨は、選挙管理委員は議会による選挙であり、その他の者は議会が出席議員の過半数の議決により同意しているので、解職についての議会の慎重な判断を必要とするとの考えによる。ここでの議員数は、在職議員数をいう。長の場合と違い、他の主要公務員の場合は、住民による解職の投票ではなく、議会による解職の議決である。住民には、解職の発案権が与えられているにすぎない。副知事、副市町村長の解職請求は、その就職の日から一年間、および解職の議決のあった日から一年間は、禁じられている。選挙管理委員、監査委員または公安委員会委員の解職は、その就職の日から六か月、および解職の議決のあった日から六

＊22　教育委員会の委員については、地方教育行政の組織及び運営に関する法律八条に同様の規定があり、有権者の三分の一（その総数が四〇万を越える場合にあっては、その越える数に六分の一を乗じて得た数と四〇万に三分の一を乗じて得た数とを合算して得た数）以上の者の連署により、委員の解職を請求することができる。

か月は、禁じられている。

3　公の施設の利用権

◉設置・管理の条例制定主義

現代の行政の任務は、国および地方公共団体の秩序を維持するにとどまらず、積極的に住民に対するサービスを提供することにある。地方公共団体は、住民の公共の福祉を維持増進するために、各種の公の施設を設置している。公の施設の設置および管理に関する事項は、条例で定めなければならない（地自二四四条の二第一項）。この条例制定主義の趣旨は、公の施設に関する行政の適正、公平な実施を広く住民の法的コントロールの下に置く点にある。また、とくに重要な公の施設の廃止には、地方議会の出席議員が三分の二以上の特別多数で同意する必要がある（同二項）。この趣旨は、住民の生活に重大な影響を与える重要な公の施設である以上、その廃止の是非の決定に住民の意思が十分に反映される必要があるからである。

また、二〇〇九年には公共サービス基本法（法律四〇号）が制定され、国や自治体の「公共サービス」（金銭その他物の給付または役務の提供、規制、監督、助成など）について、「安全かつ良質な公共サービスが、確実、効率的かつ適正に実施される」ことを中心とする国民の権利が保障され、これを実施するための施策・必要な措置を国や自治体に義務づけている。

◉公の施設の概念

公の施設とは、住民の福祉を増進する目的をもってその利用に供するために普通地方公共団体が設置する施設である（地自二四四条一項）。住民の福祉を増進することを目的としていない競輪場、競馬場等は、住民の利用に供しても、公の施設とはいえない。[*23] また、住民の利用に供することを目的としていない試験研究所、留置場等は、営造物ではあっても、公の施設とはいえない。公の施設は、一九六三年の地方自治法改正以前は、営造物と呼ばれていた。営造物という用語の意味がわかりにくいことと、伝統的な特別権力関係論[*24]と結びついていたイメージを払拭するうえで、公の施設という用語が用いられるようになったといわれる。従来の営造物の観念は、一定の人的手段と物的手段の総合体であるとされていたのに対して、公の施設は物的施設であることに重点が置かれ、人的手段は必ずしもその要素ではない。したがって、従来の公共用物[*25]とされていた河川や道路も、公の施設に含まれ、他方、従来の営造物とみなされてきた産婆（助産婦）等は、公の施設には含まれない。

公の施設の主なものとして、市民会館、公民館、図書館、美術館、学校、運動場、公園、道路、上水道、下水道、病院、公営住宅などがある。

◉利用拒否の正当事由

住民は、その属する普通地方公共団体の役務の提供をひとしく受ける権利[*26]を保障されている（地自一〇条二項）。したがって、地方公共団体は、正当な理由がない限り、

＊23　伝統的な行政法学では、「営造物」とは国または地方公共団体などの行政主体により、公の目的に供される人的物的施設の総合体を指す。

＊24　伝統的な公法学では、特別な目的のために、行政主体と行政客体との間にある包括的な支配・服従の関係を、一般的な支配関係に対して、特別権力関係と呼んだ。日本国憲法下では、法治主義の枠外に立つ包括的な特別権力関係論は、疑問視されている。

＊25　伝統的な行政法学では、物を直接に公の目的に用いられる公物と、そうではない私物に分け、公物のうち、さらに、行政主体の使用する公用物と、一般公衆が共同で利用する公共用物とに区別していた。

＊26　伝統的な行政法学では、役務の提供をひとしく受ける

住民が公の施設を利用することを拒んではならない（同二四四条二項）。ここでの正当な理由とは、一般的には、次の四通りの場合が考えられる。第一に、使用料を払わない場合である。第二に、利用者の定員を超えるなどの施設の条件に適さない場合である。第三に、その他の利用規則違反の場合である。第四に、その者に公の施設を利用させると他の利用者に著しく迷惑を及ぼす危険があることが明白な場合である。この第四の場合が、最も争われる点である。通常、公の施設の設置およびその管理に関する事項は、条例で定められなければならない（同二四四条の二）。したがって、公の施設の利用を拒否する場合についても、条例に定めがあるものの、その規定の仕方が曖昧で漠然としているために問題となることが多い。

判例は、泉佐野市民会館の使用許可に際し、集会が条例の定める「公の秩序をみだすおそれがある場合」にあたることを理由に、不許可とした処分を適法としている（最判平成七・三・七民集四九巻三号六八七頁）。ただし、公の秩序をみだすおそれが「正当な理由」とされる場合は、「集会の自由を保障することの重要性よりも、本件会館で集会が開かれることによって、人の生命、身体又は財産が侵害され、公共の安全が損なわれる危険を回避し、防止することの必要性が優越する」場合であり、「単に危険な事態を生ずる蓋然性があるというだけでは足りず、明らかな差し迫った危険の発生が具体的に予見される」場合に限定している。他方、判例は、上尾市福祉会館の使用許可に際しては、合同葬儀が条例の定める「会館の管理上支障があると認められるとき」にあたることを理由に不許可とした処分を違法としている（最判平成八・

住民の権利は、いわゆる反射的利益であり、住民の法的地位に関しての理念的意義を示したにすぎないととらえていた（理念的意義説）。一方、住民に具体的な権利を設定するものではないが、個々の法律の定めるところの抽象的権利とする見解がある（抽象的権利説）。他方、地方公共団体による役務の提供が公正かつ民主的にすべての住民に対して平等に行われることを監視・監督するための根拠規定としての意義をもつという見解も、近年みられる（役務提供の監視・監督の根拠説）。たとえば、判例では、村道について、村民に生活上の必要な行動をとるべき使用の自由権を認め、その利用について妨害の排除請求を認めている（最判昭和三九・一・一六民集一八巻一号一頁）。

三・一五民集五〇巻三号五四九頁）。なぜならば、「会館の管理上支障がある」との事態が生ずることが、「客観的な事実に照らして具体的に明らかに予測されたものということはできない」からである。また、いわゆる天皇コラージュ連作版画の特別観覧許可が、美術館の「管理運営上の支障を生じる蓋然性が客観的に認められる場合」には、「正当な理由」があるものとして適法としている（名古屋高裁金沢支部判平成一二・二・一六判時一七二六号一一一頁、最決平成一二・一〇・二七判例集未搭載）。この第一審判決（平成一〇・一二・一六判タ九九五号七六頁）が示した「利用者の知る権利を保障する重要性よりも、美術館で作品及び図録が公開されることによって、人の生命、身体又は財産が侵害され、公共の安全が損なわれる危険を回避・防止することの必要性が優越する場合であり、その危険性の程度としては、単に危険な事態を生ずる蓋然性があるというだけでは足りず、客観的な事実に照らして、明らかな差し迫った危険の発生が具体的に予見されることが必要である」との基準は、「集会の自由」を制約する事案についてのものであり、美術品の観覧に関する事案については厳格にすぎるとの利益衡量の違いが、異なる判断基準を導いている。

◉不当な差別的取扱いの禁止

住民は、公の施設を利用することについて、不当な差別的取扱いをされない（地自二四四条三項）。前述の二項は、利用関係の発生についての不当な拒否を禁じており、この三項は、利用関係の継続中における不当な差別的取扱いを禁じるものである。不当な差別的取扱いとは、たとえば、信条、性別、社会的身分、民族、国籍、年齢等により、合理的な理由がないのに、利用の便宜を図ったり、使用料を減額したりすることをさす。そもそも、憲法上、法の下の平等が定められ、人種、信条、性別、社会的身分、門地その他による差別が禁じられている(一四条)。しかし、このことは、公の施設を設置した趣旨から導かれる合理的な区別を禁ずるものではない。たとえば、住宅に困窮する低所得者用に対して低廉な住宅を供給することを目的として、公営住宅の入居資格を限定したり(公営住宅法二三条)、収入超過者に対して住宅の明渡しを求めたり、一定の割増賃料を徴収することは(同二八条)、不当な差別的取扱いとはいえない。

◉指定管理者制度導入の意義と課題

指定管理者制度は、民間委託・規制緩和政策の一環として、公の施設の管理者の範囲および管理の対象の範囲を拡大するため、二〇〇三年の地方自治法改正により導入された。自治体は、「公の施設の目的を効果的に達成する」ため必要がある場合には、「法人その他の団体」を指定して、公の施設の管理を行わせることができる(地自二四四条の二第三項以下)。利用者である住民の利便性を高め、管理運営経費削減による自治体の負担の軽減に役立つという意義が認められる一方で、指定管理者が頻繁に変わる場合は、職員の専門性が身につかず、長期的な計画が立てられないなどの弾力的な運営が困難な問題もある。従来の「公共的団体」に管理を「委託」する制度では、権力的性格を有する「行政処分」（たとえば、使用許可や使用料の強制徴収など）は、委託できないとされた。これに対し、新制度は、民間業者を含む法人に公の施設の管理の「権限」を「委任」するという法的性格を有するので、使用許可などの「行政処分」を含めて管理を行わせることができるようになった。ただし、使用料の強制徴収などは除かれると解されている。

指定管理者は、管理の適正を期すために、業務や経理の報告を課され、指定を取り消される場合もある。今後、自治体は、経費の削減だけでなく、住民サービスの向上を評価するうえでの業務内容のモニタリングのしくみをいかにつくるのかが重要な課題である。指定管理者の選定に際しては、公共サービスについての専門的知見を有する外部有識者の視点を入れ、指定管理者との協定に際しては、リスク負担などの事項をあらかじめ盛り込むことが望ましい。

★ より理解を深めるために

松本英昭『新版　逐条地方自治法〔第五次改訂版〕』学陽書房、二〇〇九年

最新の地方自治法に対応したスタンダードな注釈書であり、実務の状況がよくわかる。

園部逸夫編『住民参政制度』ぎょうせい、一九九六年

主として実務家や弁護士による住民の参政制度の解説書である。住民の選挙権や直接請求権についての少し前の理論と実務状況がわかる。

吉田善明『地方自治と住民の権利』三省堂、一九八二年

二〇年以上前の住民自治と住民の権利に関する諸問題を幅広く整理している。地方自治の展開過程を考えるうえで参考になる。

近藤敦『新版　外国人参政権と国籍』明石書店、二〇〇一年

住民の選挙権と被選挙権をめぐる最新の理論動向が、わかりやすく解説されている。外国人参政権に関する諸外国の状況も紹介されている。

江橋崇編『外国人は住民です』学陽書房、一九九三年

住民の権利をめぐる具体的な問題として、少し前の外国人住民の置かれていた状況を概観し、各自治体の外国人住民施策の取組みが紹介されている。

川岸令和「公物管理権と集会の自由」ジュリスト増刊『憲法の争点』有斐閣、二〇〇八年、一三八頁以下、同「集会の自由と市民会館の使用不許可」ジュリスト別冊『憲法判例百選Ⅰ〔第五版〕』有斐閣、二〇〇七年、一七四八以下

公の施設の利用拒否をめぐる重要な判例と学説をコンパクトに整理している。

◆コラム◆　住民とは誰か

そもそも、地方自治法上の住民とは、地方公共団体の区域内に住所を有する者をいう（一〇条一項）。住民は、その属する普通地方公共団体の役務の提供をひとしく受ける権利を有し、その負担を分任する義務を負う（同条二項）。「役務の提供をひとしく受ける権利」とは、住民の福祉の増進を目的として行う各種のサービスを、性別、門地、思想、信条、民族の差別なく、住民ならば何人も同じ資格で平等に享受できることをいう。公の施設の設置管理、上下水道事業、公的扶助、資金貸付などがこれに含まれる。他方、「負担を分任する義務」とは、たとえば、地方税、分担金、手数料などの支払い義務をさす。

地方自治法上の住民は、原則として、住民基本台帳法上の住民と外国人登録法上の住民を含む概念であった。住民基本台帳法上の住民は、自然人に限られ、法人は含まず、また、皇族および外国人など戸籍法の適用を受けない者も含まれない。住民の生活関係および居住関係を公証し、住民の利便を増進し、行政の合理化に資することを目的とする住民基本台帳制度は、近年、住民番号が付されるようになり、住民の基本的人権やプライバシーが侵されることがないように、厳正な取扱いが市町村には求められている。他方、日本に三か月以上在留する外国人の居住関係および身分関係を明確にし、在留外国人の公正な管理に資することを目的とする外国人登録は、住民に関する記録として、住民基本台帳法上の住民登録の代わりに、さまざまな行政分野で広く利用されてきた。これまで、外国人登録証の常時携帯義務とその罰則（一年以上の懲役・禁錮または二〇万円以下の罰金――外国人登録法一八条）をはじめ、外国人は管理の対象とされてきた。ともに生活する住民としての権利の保障を図るならば、外国人登録を廃止し、住民登録に一元化することが望ましい。二〇〇九年の住民基本台帳法の改正、外国人登録法の廃止により、政省令を改正する二〇一二年までに、三か月を超えて正規に在留する「中長期在留者」と特別永住者等は、住民登録することになる。とはいえ、少なくとも、不法就労が問題とならない永住者、日本人の配偶者等、永住者の配偶者等、定住者の場合、新たに発行される「在留カード」の常時携帯義務に関する改正入管法の罰則規定は、見直すべきであろう。自治体の政策が国に先行する形で、外国人登録証の指紋押捺義務など不合理な国籍差別は廃止された例もある。外国人人口は年々増加しており、群馬県大泉町のように、人口の一五％以上が外国人住民である自治体もみられるようになった。国籍や民族の異なる住民が、互いの文化の違いを認め、対等な関係を築こうとしながら、ともに生きていくための多文化共生政策がこれからの地方自治には不可欠である。

従来、住民というと、選挙権者としての住民の側面がクローズアップされてきたが、直接請求権者としての住民、および公の施設の利用者としての住民の側面も重要である。行政に参画し、行政活動をチェックする一方で、行政サービスを享受するのが住民である。さまざまな住民の多様な活動を円滑にする施策のうちに、地方自治の活性化がもたらされる。

【近藤　敦】

第8講　監査制度と住民訴訟

1　はじめに

自治体（この講ではこの用語を普通地方公共団体の意味で用いる）の住民は、長などの自治体の執行機関や職員の違法な財務会計上の行為または不作為によって自治体が損害を受けた場合、あるいは、受けるおそれがある場合に、監査委員に対し住民監査請求をすることができる。そして、もし監査が行われない、あるいは、監査の結果に納得いかない場合には、住民としての立場で、これらの行為または不作為の是正、生じた損害の賠償などを求めて裁判を提起することが認められている。これが、住民訴訟の制度である。

住民訴訟は、ＧＨＱ（連合国最高司令官総司令部）の指示で、アメリカの納税者訴訟（taxpayers' suit）をモデルにして、一九四八年の地方自治法の改正により住民監査制度とともに制度化されたものである。もっとも、当初、自治法は自ら訴訟手続の詳細を定めることをせず、これを最高裁判所規則に委ねるという形をとっていた。その後、一九六三年および二〇〇二年の重要な改正を経て今日に至っている。

一九六三年の改正では、住民訴訟の訴訟手続を定めるはずの最高裁判所規則が極めて不備であったため、あらためて法律で訴訟手続を定め、監査請求および訴訟提起期間の明文化、被告の明確化、さらに、一号から四号まで請求類型を定めるなど重要な規定が整備された。すなわち、⑴執行機関などの違法な行為の差止めを求める請求（一号請求）、⑵取消または無効確認請求（二号請求）、⑶怠る事実の違法確認請求（三号請求）、⑷自治体に代位して行う損害賠償などの請求（四号請求）である。このうち、四号請求は、住民が自治体に代わって訴訟を追行するいわゆる代位請求であって、違法な財務会計上の行為をした当該職員に対する①損害賠償の請求、および②不当利得の返還請求、ならびに、相手方に対する①法律関係不存在確認請求、②損害賠償請求、③不当利得返還請求、④原状回復の請求、および⑤妨害排除の請求を内容とするものであった。

二〇〇二年の改正では、とくに四号請求について、被告の負担が過重であることなどを理由として、重要な変更が加えられた[*1]。すなわち、これまでの代位請求の形態をあらため、自治体の機関に対して「当該職員又は当該行為若しくは怠る事実に係る相手方に損害賠償又は不当利得返還の請求をすること」を求める義務付け訴訟に変更したのである（新四号請求訴訟）[*2]。これは、①自治体を監視する道具としての住民訴訟の機能を抑制しないこと、②長などの公務の執行を萎縮させないこと、という二つの要求を調整することをねらったものだとされている[*3]。なお、二〇〇二年の改正では、後述のとおり、住民監査請求についても重要な改正が行われている。

＊1　自治体の長の意見に基づき住民訴訟制度の問題点を整理したものとして、地方自治協会「行政監視・救済制度のあり方に関する調査研究報告書——住民監査請求・住民訴訟制度に関する調査研究」（一九八九年）がある。

＊2　二〇〇〇年一〇月の第二六次地方制度調査会は、「住民訴訟における訴訟類型の再構成」について次のように答申している。すなわち、「……現在の四号訴訟においては、職員の個人責任を追及するという形をとりながら、財務会計行為の前提となっている地方公共団体の政策判断や意思決定が争われている実情にある。したがって、従来、住民が地方公共団体に代わって個人としての長や職員等を直接訴える四号訴訟の対象となっていた事例については、訴訟類型を地方公共団体が長

2 監査制度

住民訴訟の提起には、住民監査請求を経ることが条件となっている（地自二四二条の二第一項）。ところで、住民監査請求は監査制度の一環をなすものであるから、まず、監査制度全般について説明することにしよう。

◉監査委員による監査

自治体の財産の管理・財政支出の適正化を図るため、自治体には必置機関として監査委員が置かれている（地自一九五条一項）。監査委員は二名以上任命されることになっているが（同条二項）、合議制の機関ではなく、原則として各自独立して職務を遂行する（例外、地自二四二条八項など）。監査委員は、長が議会の同意を得て、任命する（地自一九六条一項）。

監査委員は、自治体の財務監査を主要な任務とし（地自一九九条一項）、必要があると認めるときは、財務以外の自治体の事務の執行についても監査（行政監査）をすることができる（同条二項）。また、監査のため必要があると認めるときは、関係人を調査し、あるいは出頭を求め、または帳簿書類などの提出を求めることができる（同条八項）。

監査委員は、監査の結果に関する報告を関係諸機関に提出し、かつ、これを公表し

や職員等に対して有する損害賠償請求権や不当利得の返還請求権について地方公共団体が適切な対応を行っていないと構成することにより、機関としての長等を住民訴訟の被告とし、敗訴した場合には、当該執行機関としての長等が個人としての長や職員等の責任を追及することとすべきであ」り、そうすることによって「長や職員個人にとっては、裁判で直接被告となることに伴う各種負担を回避できることから、従来の四号訴訟に対して指摘されていた問題の解消にもつながるものである」と。

＊3 今回の改正の基本的コンセプトは「［住民訴訟］制度を、……抑制・縮減するのではなく、その機能の充実を図りながら分権時代の住民参加・司法統制の有力なシステムとして再構築するという考

なければならない（地自一九九条九項）。また、必要があると認めるときは、監査結果報告に添えて意見を提出することができる（同条一〇項）。

監査委員が行う監査の種類として、①監査委員の職権で行われる一般監査、②他の機関などの請求により行われる特別監査、③その他の監査がある。一般監査には、毎会計年度少なくとも一回以上行う定例監査（地自一九九条四項）と必要があると認めるときに行う随時監査（同条五項）がある。特別監査には、当該自治体の長（同条六項）や議会（地自九八条二項）の請求による監査の他、事務監査請求による監査（同七五条）がある。その他の監査などには、決算の審査（同二三三条二項）などのほか、住民監査請求に基づく監査がある。このうち住民監査請求については、項目を改めて説明する。

◉外部監査

監査機能の専門性・独立性の強化や監査に対する住民の信頼を高める目的で、一九九七年五月の地方自治法の改正により、外部監査制度が導入された（一九九八年一〇月施行）。外部監査制度とは、自治体の組織に属していない外部監査人（弁護士、公認会計士など法で定める一定の者）が自治体と外部監査契約を締結して、自治体の監査を行う制度である。外部監査には、①包括外部監査契約に基づく監査、②個別外部監査契約に基づく監査がある（地自二五二条の二七第一項）。この制度は、監査委員を不要とする趣旨ではなく、監査委員と外部監査人によって、自治体の財務・経営に関する事務

え方にた［ちつつ］……、他方では、主として地方公共団体側から主張されている現行制度の弊害や制度上の不備にも配慮す［る］」というものであった（成田頼明「住民監査請求・住民訴訟制度の見直しについて（上）」自治研究七七巻五号（二〇〇一年）九頁）。

の執行につき、いわばダブルチェックをかけて監査に対する信頼を高めようというものである。

包括外部監査契約とは、地方自治法の定めるところにより、都道府県、政令で定める市、その他条例を制定した市町村が、毎会計年度、外部監査人（包括外部監査人）と締結する契約であって、当該自治体の監査と監査報告の提出を内容とするものである（地自二五二条の二七第二項）。包括外部監査人は、毎会計年度一回以上、みずから必要と認める特定の事件（案件）について監査を行う。監査結果は、外部監査人が長、議会および監査委員に報告し、監査委員が公表する。

個別外部監査契約とは、地方自治法が定める監査請求があった場合に、自治体が外部監査人（個別外部監査人）と締結する契約であって、監査委員の監査に代えて個別監査人が当該監査と監査報告を行うことを内容とするものである（地自二五二条の二七第三項）。個別外部監査の実施対象とすることができるのは、①事務監査請求（地自七五条一項）、②議会からの監査の請求（同九八条二項）、③長からの監査の要求（同一九九条六項）、④長からの要求による財政援助団体などの監査（同条七項）、または、⑤住民監査請求（同二四二条一項）であって、かつ、いずれの場合も、監査委員の監査に代えて外部監査によることができることを条例で定めているときに限る（同二五二条の三九〜四三）。監査の結果は、外部監査人が、長、議会および監査委員に報告し、監査委員が公表する。

現在の外部監査のあり方に関しては、次のような指摘がある。すなわち、包括外部監査については、①決算の財務書類の監査を必要的監査事項とすべきではないか、②包括的外部監査が義務づけられているのは、都道府県、指定都市、中核市だけであるが、この範囲を拡大すべきではないか、③そのために、現行の毎会計年度に監査を受ける方式に加えて、条例により複数年に一回監査を受ける方式も認めるべきではないか、などの指摘である。また、個別外部監査については、導入している自治体が少ないことから、現行法で導入の前提となっている条例の制定を不要にするなどして導入をしやすくすべきではないかなどの指摘である。[*4] 外部監査が導入された経緯に鑑みれば、外部監査の実効性を高めるとともに、少なくとも、個別外部監査については、たとえば監査費用の国庫補助を行うなど、すべての自治体が現実に導入可能となるような措置がとられるべきであろう。

*4 参照、第二九次地方制度調査会「今後の基礎自治体及び監査・議会制度のあり方に関する答申について」（二〇〇九年六月）一八頁以下。

◉住民監査請求

(1) 住民監査請求の意義　住民監査請求は、長などの自治体の執行機関や職員の違法な財務会計上の行為または不作為によって自治体が損害を受けた場合、あるいは、受けるおそれがある場合に、当該行為の防止・是正、不作為の解消、または損害を賠償させるために、住民が監査委員に対し監査を求め、必要な措置をとることを請求するものである。

(2) 住民監査請求の要件　①　住民監査請求の当事者　住民監査請求は、直接請求としての事務監査請求（地自七五条）と異なり、当該自治体の住民であれば一人でも行うことができる。住民たる資格は監査請求係属中存続していなければならないが、選挙権の有無や納税者か否かは住民監査請求の要件にはなっていない。

② 住民監査請求の対象　監査請求の対象となるのは、(1)「違法若しくは不当な公金の支出、財産の取得、管理若しくは処分、契約の締結若しくは履行若しくは債務その他の義務の負担」、(2)「違法若しくは不当に公金の賦課若しくは徴収若しくは財産の管理を怠る事実」である（地自二四二条一項）。すなわち、財務会計上、違法または不当な行為または不作為が監査請求の対象となるのである。判例は財務会計上の行為または不作為の範囲を拡大する傾向にあるが、この点については、住民訴訟の箇所（一六五頁）で取り扱うことにする。

③ 請求期間　請求は、「正当な理由」がある場合を除き、「当該行為のあった日又は終わった日から一年を経過したとき」は、行うことができない（地自二四二条第二項）。

「正当な理由」とは、大地震などの天災の場合や当該行為が秘密裏に行われた場合など請求期間内に監査請求ができなかったことがやむをえないと認められる事情をいう。「正当な理由」の有無は、判例によれば、「特段の事情のない限り、普通地方公共団体の住民が相当の注意力をもって調査したときに客観的にみて当該行為を知ることができたかどうか、また、当該行為を知ることができたと解される時から相当な期間内に監査請求をしたかどうかによって判断」されることになる（最判昭和六三・四・二二判タ六六九号一二二頁）。

料金受取人払郵便

京都北支店
承　認
6130

差出有効期限
2011年9月30日
まで〈切手不要〉

郵便はがき

6038789

414

京都市北区上賀茂岩ヶ垣内町71

法律文化社
読者カード係　行

ご購読ありがとうございます。今後の企画・読者ニーズの参考，および刊行物等のご案内に利用させていただきます。なお，ご記入いただいた情報のうち，個人情報に該当する項目は上記の目的以外には使用いたしません。

お名前（ふりがな）	年　齢
ご住所　〒	
ご職業または学校名	
ご購読の新聞・雑誌名	
関心のある分野（複数回答可） 法律　政治　経済　経営　社会　福祉　歴史　哲学　教育	

愛読者カード

◆書　名

◆お買上げの書店名と所在地

◆本書ご購読の動機

□広告をみて（媒体名：　　　　　　）□書評をみて（媒体紙誌：　　　　　　）
□小社のホームページをみて　　□書店のホームページをみて
□出版案内・チラシをみて　　□教科書として（学校名：　　　　　　）
□店頭でみて　□知人の紹介　□その他（　　　　　　）

◆本書についてのご感想

内容：□良い　□普通　□悪い　　価格：□高い　□普通　□安い

その他ご自由にお書きください。

◆今後どのような書籍をご希望ですか（著者・ジャンル・テーマなど）。

＊ご希望の方には図書目録送付や新刊・改訂情報などをお知らせするメールニュースの配信を行っています。

図書目録（希望する・希望しない）

メールニュース配信（希望する・希望しない）

〔メールアドレス：　　　　　　〕

なお、「怠る事実」、つまり、違法・不当な不作為の場合は、違法・不当な状態が継続している限り監査請求をすることができ、性質上請求期間の制限は受けない。

(3) 監査請求の手続　監査請求は、監査委員に対し文書（監査請求書）を提出してしなければならない（地自施行令一七二条）。監査請求書には、請求の趣旨（求める措置）と請求の原因（違法・不当な行為または怠る事実）を記載する必要がある。また、事実を証する書面の添付が必要であるが、これには特別の形式は要求されておらず、請求の原因たる事実が具体的に記載してあれば足りるというのが行政実例である。なお、請求人は、請求の対象となる違法・不当な行為または不作為を他の事項から区別し、特定して認識できるよう個別的、具体的に摘示することが必要とするのが、判例である（最判平成二・六・五民集四四巻四号七一九頁）。しかし、請求人たる住民の事実調査・証拠収集能力を考えると判例の要求は厳格すぎるように思われる。*5

(4) 監査の実施　① 監査の手続および審理　適法な監査請求がなされた場合、監査委員は監査を実施しなければならない。しかし、監査請求期間を徒過した場合のように監査請求が違法なときは、監査委員は監査を実施せずこれを却下することができる。監査請求が違法な場合、たとえ監査委員がこれを適法だと考えて監査を実施したとしても、住民訴訟の要件を満たすことにはならない（後述の住民訴訟の要件も参照）。

監査委員は、「監査を行うに当たっては、請求人に証拠の提出及び陳述の機会を与えなければならない」（地自二四二条第六項）。監査委員は陳述の聴取を行う場合に、「必要があると認めるときは、関係のある当該普通地方公共団体の長その他の執行機

*5　本判決（法廷意見）には、園部逸夫裁判官の反対意見をはじめ、批判的見解が多い。例えば、三辺夏雄「判批」ジュリスト九八〇号四九頁（一九九一年）、曾和俊文「判批」判例評論三九二号一九三頁（一九九一年）など。

関若しくは職員又は請求人を立ち会わせることができる」（同条七項）。監査の適正を図る趣旨と考えられる。

② 監査の結果　監査人は、監査の結果、①請求に理由がないと認めるときは、理由を付してその旨を請求人に通知するとともに、これを公表し、②請求に理由があると認めるときは、議会、長その他の執行機関または職員に対し、期間を示して必要な措置をとることを勧告するとともに、勧告内容を請求人に通知し、かつ、これを公表しなければならない（地自二四二条四項）。監査委員の勧告に対し、「当該勧告を受けた議会、長その他の執行機関又は職員は、当該勧告に示された期間内に必要な措置を講ずるとともに、その旨を監査委員に通知しなければならない。この場合においては、監査委員は、当該通知に係る事項を請求人に通知し、かつ、これを公表しなければならない」（同条九項）。

二〇〇二年の地方自治法の改正で、監査の結果が出る前でも、「当該行為が違法であると思料するに足りる相当な理由があり、当該行為により当該普通地方公共団体に生ずる回復の困難な損害を避けるため緊急の必要があり、かつ、当該行為を停止することによって人の生命又は身体に対する重大な危害の発生の防止その他公共の福祉を著しく阻害するおそれがないと認めるとき」は、監査委員は、長やその他の執行機関などに対し監査手続が終了するまでの間当該行為を停止するよう勧告することができるようになった（地自二四二条三項）。これは、できる限り違法行為を事前に防止する方が損害賠償などの事後的な措置よりも望ましいと考えられたためである。なお、この勧告についても請求人への通知および公表が監査委員に義務づけられている。

また、同じ改正で、監査委員は、監査のため必要があると認めるときは、「学識経験を有する者等から意見を聴く」ことができる旨の規定が追加された（地自一九九条八項）。これは、監査手続を充実し、監査に対する信頼性を高めることを目的とした改正である。

3　住民訴訟

◉住民訴訟の意義・性質

ある判決が、住民訴訟の意義を的確に述べているので、これを引用しておこう。「住民訴訟は、……地方自治の本旨に基づく住民参政の一環として、住民に対し……〔財務会計上の違法な行為又は怠る事実の〕防止又は是正を裁判所に請求する権能を与え、もって地方財務行政の適正な運営を確保することを目的とするものであって、執行機関又は職員の……財務会計上の行為又は怠る事実の適否ないしその是正の要否について地方公共団体の判断と住民の判断とが相反し対立する場合に、住民が自らの手により違法の防止又は是正を図ることができる点に、制度本来の意義がある」（最判昭和五三・三・三〇民集三二巻二号四八五頁）と。

住民訴訟は、住民たる資格で、つまり「自己の法律上の利益にかかわらない資格」で提起する訴訟であって、行政事件訴訟法五条の民衆訴訟にあたる。したがって、住民訴訟は、「法律に定める場合において、法律に定める者に限り、提起すること」(行訴四二条) が認められる。このような訴訟は、個別的な権利利益の保護を主たる目的とする一般の主観訴訟に対して、客観訴訟と呼ばれる。

◉住民訴訟の要件

(1) 住民訴訟の原告適格　住民監査請求を行った自治体の住民は、①監査委員の監査結果または勧告に不服があるとき、②勧告を受けた議会、長その他の執行機関または職員の措置に不服があるとき、③監査委員が、監査請求があった日から六〇日以内に、監査または勧告を行わないとき、④勧告を受けた議会、長その他の執行機関または職員が、当該勧告に示された期間内に必要な措置を講じないときに、住民訴訟を提起することができる(地自二四二条の二第一項)。すなわち、当該自治体の住民であること、住民監査請求をすること、および右に掲げた①から④までのいずれかの事項に該当することが住民訴訟提起の要件になっている。

住民たる資格は、訴訟係属中存続していなければならない。ところで、住民監査請求の場合も、住民たる資格は監査請求係属中存続していなければならないので、結局、住民たる資格は、住民監査請求、および住民訴訟を通じて存続していなければならないことになる。

また、住民監査請求は適法なものでなければならない。住民監査請求が違法であるとして、たとえば、請求期間が過ぎているなどの理由で却下された場合は、住民監査請求を経たことにはならない。この場合には、住民訴訟の提起は認められないので、かりに訴えを提起したとしても却下判決を受けることになる。ただし、監査請求の却下が違法である場合、適法な住民監査請求を経たものとして取扱われる（広島高判昭和六三・四・一八行集三九巻三・四号二六五頁）。なお、この場合、監査請求をした住民は再度の監査請求をすることも認められる（最判平成一〇・一二・一八民集五二巻九号二〇三九頁）。

(2) 訴訟の対象　住民訴訟の対象は、「〔地自二四二条〕第一項の請求に係る違法な行為又は怠る事実」（地自二四二条の二第一項）である。これは、「不当な」行為または不作為を除けば、当該住民監査請求の対象と一致する。すなわち、当該住民監査請求の対象のうち財務会計上の「違法な」行為または不作為が住民訴訟の対象である（請求の同一性）。「不当な」行為または不作為が訴訟の対象から除かれるのは、裁判所の審査権限が違法性の審査に限られるので、「違法」にまで至らない「不当な」行為または不作為は、その審査対象にならないからである。

一九六〇年代の半ばから、自治体の行政運営一般の問題を財務会計行為の違法と関連させつつ住民訴訟で争う事例が増えてきている。たとえば、憲法の政教分離原則違反が実質的争点である津地鎮祭事件（最判昭和五二・七・一三民集三一巻四号五三三頁）や愛媛玉串料訴訟（最判平成九・四・二民集五一巻四号一六七三頁）、県の公害行政への取組みが実質的争点である田子の浦ヘドロ事件（最判昭和五七・七・一三民集三六巻六号九七〇頁）などである。さらに、財務会計行為そのものは違法でないが、その前提となった行政活動の違法を理由として住民訴訟を提起する事例も出てきている。たとえば、汚職職員を懲戒免職処分ではなく分限免職処分にして退職金を支給した市長を相手に損害賠償を求めた川崎市役所汚職職員退職金支給事件（最判昭和六〇・九・一二判時一一七一号六二頁）、退職勧奨に応じた教頭を一日だけ校長に任命し退職手当を支給したことが違法だとして、知事を相手に損害賠償を求めた一日校長事件（最判平成四・一二・一五民集四六巻九号二七五三頁）などが、そうである。

住民訴訟が住民の自治体監視の道具であることを考えれば、住民訴訟のこのような利用を一概に否定することはできない。しかし、住民訴訟は、もともと「地方財務行政の適正な運営の確保」を目的としたものだから、訴訟の対象を無制限に非財務行為に拡大するのは住民訴訟の制度趣旨を逸脱するおそれがある。したがって、住民訴訟の対象を財政支出と関連した非財務行為の適否にまで拡大することを認めるとしても、それには一定の限界があると考えられ、判例も同様に解している。

判例では、実質的争点が自治体の行政活動一般の違法性である場合も、それが財務会計上の行為の違法性につながるときは、住民訴訟を認める傾向にある。たとえば、上述の愛媛玉串料訴訟で、最高裁は、靖国神社が挙行する秋の例大祭に県費から玉串料を支出することは憲法二〇条三項、同八九条に違反し違法である、として県知事に対する損害賠償請求（四号請求）を認めている。

財務会計行為そのものは違法でないが、その前提ないし原因となった行為の違法性を問題とする住民訴訟が認められるかについて、判例は、基本的には、原因行為の違法性は財務会計行為に承継されるという立場（違法性承継論）に立っているものと考えられる。たとえば、上述の川崎市役所汚職職員退職金支給事件で最高裁が、財務会計上の行為が「違法となるのは、単にそれ自体が直接法令に違反する場合だけではなく、その原因となる行為が法令に違反し許されない場合の財務会計上の行為もまた違法となる」と判示しているのがそうである。しかし、判例は、原因行為と財務会計行為が別の独立した機関によってなされる場合には、この考え方をとっていない。たとえば、最高裁は、上述の一日校長事件訴訟（四号請求）で、「原因行為に違法事由が存する場合であっても、……原因行為を前提としてなされた当該職員の行為」は当然に違法になるわけではなく、その行為「自体が財務会計法規上の義務に違反する違法なものである」場合に限り違法になると判示し、知事の退職手当支給は、教育委員会による校長の任命が「著しく合理性を欠きそのためこれに予算執行の適正確保の見地から看過し得ない瑕疵」が存するにもかかわらず、当該支給をする場合に限り違法になるとしている。

(3) 出訴期間　住民訴訟には三〇日の出訴期間が設けられている（地自二四二条の二第二項）。これは法律関係の早期安定を図る趣旨と考えられるが、このような短期の出訴期間を設ける合理性があるか、立法政策としても疑問が残る。

◉請求の種類

地方自治法二四二条の二第一項は、住民訴訟で請求できる裁判上の請求として、一号から四号までの四種の請求を規定している。**1**でふれたように、二〇〇二年の地方自治法の改正で、住民訴訟の規定に重要な変更が加えられた。改正の中心は、四号請求にかかるものであるが、一号請求についても重要な改正が行われている。以下、個別に検討することにしよう。

(1) 一号請求　補助金の交付差止め訴訟のように、違法な財務会計上の行為の全部または一部の差止めを求める訴訟である。ただし、「当該行為を差し止めることによって人の生命または身体に対する重大な危害の発生の防止その他公共の福祉を著しく阻害するおそれがあるとき」は、差止めは認められない（地自二四二条の二第六項）。公金支出の差止めが特定の法益の実現を目指す行政活動を阻止することになることから、差止めにより損なわれるおそれがある法益への配慮を要求したものである。

二〇〇二年改正前の一号請求は「回復の困難な損害を避けるため緊急の必要」があることを差止めの積極要件としていたが、同年の改正でこの要件が削除された。このことによって事前の差止めが認められやすくなったといってよいであろう。

一号請求訴訟の被告は、「当該執行機関又は職員」つまり、当該行為の主体である長など自治体の執行機関の地位にある者、およびその補助機関としての職員である。もっとも長などは機関としての立場で被告になるのであって個人として被告になるのではない。

(2) 二号請求　補助金の交付決定の取消しまたは無効確認訴訟のように、行政処分そのものの取消しまたは無効確認を求める訴訟である。二号請求は、原告適格や違法性の主張制限（行訴一〇条一項）などを除けば、実質的には行政事件訴訟法の取消訴訟、無効確認の訴えと異ならない。もちろん、行政処分であっても財務会計上の行為でなければ二号請求の対象にはならない。たとえば、営業許可処分は、行政処分ではあるが、財務会計上の行為とはいえないので、二号請求の対象にはならない。

二号請求は、二〇〇四年の行政事件訴訟法改正により、行政主体たる自治体を被告とすることになった（地自二四二条の二第一一項、行訴四三条・一一条一項）。

(3)　三号請求　執行機関または職員に対する違法に怠る事実の違法確認を求める請求で、たとえば、職員が住民税や固定資産税などの賦課徴収を怠っているなどの職務懈怠の違法確認訴訟である。不作為の違法状態の確認という意味では、行政事件訴訟法三条五項の「不作為の違法確認の訴え」と共通するところがある（もっとも両者の趣旨、訴訟の対象は異なっている）。

三号請求訴訟の被告も、一号請求訴訟の場合と同様、「当該執行機関又は職員」つまり、長など自治体の執行機関の地位にあるもの、およびその補助機関としての職員である。

(4)　四号請求　**1**で述べたように、従来の四号請求訴訟は、住民が違法な財務会計行為をした当該職員や第三者（相手方）に対して、直接、損害賠償や不当利得の返還などの個人責任を追及するものであった。しかし、二〇〇二年の地方自治法の改正により、直接、住民が職員や第三者に対する個人責任の追及をすることはできないことになり、その代わりに、「当該普通地方公共団体の執行機関又は職員」に職員や第三者に対する個人責任の追及を義務づけるという訴訟形態になった。したがって、この訴訟で住民側が勝訴した場合、長などの執行機関は、職員や第三者に対して損害賠償請求や不当利得の返還請求などの措置をとらなければならない[*6]（地自二四二条の三）。

四号請求の内容は、①「当該職員又は当該行為若しくは怠る事実にかかる相手方に損害賠償または不当利得返還の請求をすることを当該普通公共団体の執行機関または職員に対して求める請求[*7]」、②「当該職員又は当該行為若しくは怠る事実にかかる相手方が法二百四十三条の二第三項の規定による賠償命令の対象となる者である場合にあっては、当該賠償の命令をすることを求める請求[*8]」である。

四号請求で住民側が勝訴した場合、長は、判決確定後六〇日以内の日を期限として、当該職員や相手方に対し、損害賠償、不当利得の返還を求め（①の請求の場合）、あるいは、賠償命令を発しなければならない（②の請求の場合）。もし、判決確定後六〇日以内に支払いがなされないときは、①の請求の場合、自治体は、当該職員や相手方に対し損害賠償等の支払いを求める民事訴訟を提起しなければならない（地自二四二条の三第二項）。なお、この請求の相手方が自治体の長である場合は、代表監査委員が自治体を代表して訴訟を提起することになる（同条五項）。②の請求の場合も、判決確定後六〇日以内に支払いがなされないときは、自治体は賠償命令の対象者に対して損害賠償を求める訴訟を提起しなければならない（地自二四三条の二第五項）。この訴訟は、行政処分である賠償命令による損害賠償請求を目的とするものであるので民事訴訟ではなく公法上の当事者訴訟（行訴法四条）だと解されている。

＊6　新四号請求訴訟の立法理由として、「団体の執行機関などが当事者となることによって団体自らがその政策判断や意思決定の根拠・経緯などを裁判上明確にし、住民に対する説明責任を十分に果たすことが適当」であること、「長や職員個人にとっては、裁判で直接被告になることに伴う負担が回避され、現行四号訴訟で指摘されている問題」が解消されること、「長や職員個人の実体責任は変更されず、従来四号訴訟で訴えることのできた事案は、新四号訴訟で対応可能であること」などがあげられている（成田頼明「住民監査請求・住民訴訟制度の見直しについて（下）」自治研究七七巻六号（二〇〇一年）四―五頁）。

＊7　ここでの損害賠償や不当利得の返還請求は民法上のそれであるが、長とその他の

四号請求が提起された場合、「当該普通地方公共団体の執行機関又は職員」（四号請求の被告）は、「当該職員又は当該行為若しくは怠る事実の相手方」つまり、四号請求が認容された場合に自治体側から個人責任を追及されることになる者へ「その訴訟の告知をしなければならない」（地自二四二条の二第七項）。これは、当該職員や相手方に訴訟参加の機会を与えるとともに、これらの者に当該訴訟の効力を及ぼすためである。したがって、四号請求訴訟の被告である執行機関が敗訴したときは、訴訟告知を受けた当該職員や相手方は執行機関との間では裁判の効力を争えなくなるのである。もっとも、もし当該職員や相手方が執行機関からの請求に応じないときは、執行機関ではなく、自治体がこれらの者を相手どって民事訴訟を提起することになる。このため、地自二四二条の三第四項は、訴訟告知があれば、四号請求訴訟の効力は「当該普通地方公共団体と当該訴訟告知を受けた者との間においてもその効力を有する」ものとしている。

◉その他の規定

⑴ 別訴の禁止　四号請求訴訟が係属している場合、他の住民は同一請求の訴訟を提起することができない（地自二四二条の二第四項）。本項は、濫訴の防止や訴訟経済の観点から別訴の禁止を定めたものである。したがって、他の住民について訴訟参加は認められるべきであろう。

⑵ 仮処分の排除　住民訴訟については民事保全法の仮処分（二一三条〜二一五条の

職員、第三者（相手方）では責任発生の要件が異なっている。長以外の職員の場合は、法二四三条の二第一項との均衡から、賠償請求は「故意または重大な過失（現金については、故意または過失）」がある場合に限られるが、長の場合には軽過失についても責任を負うとされている（最判昭和六一・二・二七民集四〇巻一号八八頁）。当該行為または怠る事実の相手方については、民法の原則に従い、軽過失の場合も賠償請求をすることができる。

＊8　この賠償命令は、法二四三条の二第一項に規定する職員（出納長・収入役、これらの補助職員、資金前渡職員、占有動産保管職員、物品使用職員など）が、同条の規定する賠償責任を負う場合に、「簡便、かつ、迅速にその損害の補てんが図られるように、

二）が包括的に排除されている（地自二四二条の二第一〇項）。住民訴訟は客観訴訟であって自己の権利利益の救済を求める訴訟ではないので、原告の権利利益の保全を認める必要がないということであろうが、立法政策として妥当か疑問が残る。

(3) 裁判管轄と訴訟費用　住民訴訟の土地管轄は「当該普通地方公共団体の事務所の所在地を管轄する地方裁判所」に専属する（地自二四二条の第五項）。ここでいう「事務所」は、自治体の主たる事務所、すなわち、都道府県庁、市役所（本庁）、町村役場等のことを意味する。

訴訟費用は「訴訟の目的の価額（訴額）」によって決まることになるが、住民訴訟については住民の利益を主張するという特殊性があるので、判例は、算定困難な場合にあたるとして「民事訴訟費用等に関する法律」第四条二項を適用し、訴額は、三五万円（現在は一六〇万円）とした（最判昭和五三・三・三〇民集三二巻二号四八五頁）。

(4) 弁護士費用　住民訴訟を提起した原告住民側が勝訴した場合（一部勝訴を含む）には、弁護士報酬の範囲内で相当と認められる額の支払いを自治体に請求することができる（地自二四二条の二第一二項）。改正前の同条七項では、住民側勝訴の場合の弁護士費用の請求を四号請求訴訟に限定するかのような文言になっていたが、二〇〇二年の改正で改められた。

当該地方公共団体を統轄する長に対し、賠償命令の権限を付与したもの」（前掲・＊7最判昭和六一・二・二七）である。

★より理解を深めるために

碓井光明『要説　住民訴訟と自治体財務』学陽書房、二〇〇〇年

財政法学者による住民訴訟の詳細な体系書で、学生諸君にはもちろん、実務家、研究者にとっても有益である。住民訴訟、住民監査請求をめぐる判例・学説の検討のほか、随所に著者の見解が適切に述べられている。

成田頼明「住民監査請求・住民訴訟制度の見直しについて(上)(下)」自治研究七七巻五号（二〇〇一年）三頁以下、同六号（二〇〇一年）三頁以下

この論説の筆者は、二〇〇二年の住民訴訟改正の基礎になった報告書を提出した研究会の座長である。研究会で、何が論点になり、それについてどのような議論があったか、また、それが改正法案とどのように結びついているかなど、くわしく説明されている。

阿部泰隆「地方議会による地方公共団体の損害賠償請求権の放棄は首長のウルトラCか(上)(下)」自治研究八五巻八号（二〇〇九年）三頁以下、同九号（二〇〇九年）三頁以下

議会による賠償請求権の放棄（コラム参照）に否定的な立場の論説である。具体的な事例を取り上げ議会による賠償請求権の放棄が違法で無効であることを詳細に論じている。

津田和之「住民訴訟と議会による債権放棄」自治研究八五巻九号（二〇〇九年）九一頁以下

議会による賠償請求権の放棄（コラム参照）に肯定的な立場の論説である。判例や学説を詳細に検討して、議会による賠償請求権放棄が許容される基準について論じている。

◆コラム◆　住民訴訟に対する「禁じ手」？

住民訴訟の四号請求で住民側が勝訴した場合、自治体は、責任が認められた首長や第三者に対して損害賠償請求権を確定的に取得することになる。ところが、その自治体の議会が地方自治法九六条一項一〇号を根拠に、請求権放棄の議決をするケースが相次ぎ、このため、このような議決が有効か無効か裁判で争うという「想定外」の問題が生じている。学説は無効と解するものが多いようであるが、判例は有効と解するものが多い（もっとも、本コラム執筆直前の二〇〇九年一一月二七日の大阪高裁判決は請求権放棄を無効とした）。

この問題については、法解釈論上は、次のような論点がある。すなわち、①そもそも議会は、地方自治法九六条一項一〇号を根拠に、住民訴訟にかかる請求権（債権）を放棄する権限を有するといえるのか、②もし当該権限を有するとした場合、議会に裁量が認められるか、③もし裁量が認められるとした場合、それは政治・政策点判断を許す広範なものか、それとも極めて限定的なものにすぎないか、さらに、④議会の議決だけで請求権放棄の効力が生じるか、それとも議会の議決を経たうえで執行機関による相手方への請求権放棄の意思表示が必要か、などである。有効説は、①、②を肯定し、③について広範な裁量を認めるものが多い。これに対し、無効説は、①を否定し、あるいは、①、②を肯定しつつも、③について裁量を極めて限定するという理解だといってよい。また、④については、有効説は議会の議決で債権放棄の効果が生じると解し、無効説は、執行機関の意思表示によって当該効果が生じると解するものが多いようである。

しかし、有効説と無効説の対立は、法解釈理論上の争いにとどまらない。両説には、とくに、四号請求を通して追及される首長の責任をどう考えるかという点で、決定的な違いが存するといってよい。有効説は、四号請求は首長に対し過度に過酷な個人責任を追及するものであり、議会による債権放棄はこの弊害を緩和するものだとみている。これに対し、無効説は、首長は広範な法令上の権限とそれを実施できる人的物的資源があるのだから四号請求による責任追及を受けても当然であり、かえって、議会による債権放棄は住民訴訟の趣旨を没却するものであり、

「禁じ手」である、とみている。

さて、読者のみなさんはどのように判断されるであろうか?

【山下　義昭】

第9講 住民参加と住民投票

1 住民参加の意義

一般に住民が地方自治体の意思形成過程に参加するという意味で用いられる住民参加には、たとえば住民自身の権利保護の観点からの参加と地方自治体の民主主義実現の観点からの参加という二つの類型があるとされるなど、住民参加の概念は多義的に用いられているが、ここでは、住民が自分の住む地方自治体の行政にその意見や要望を反映させるための制度一般と広く理解することとする。このような意味における住民参加に関して、地方分権改革を推進する先駆けとして一九九五年に設置された地方分権推進委員会*1は、目指すべき分権型社会の姿を「身のまわりの課題に関する地域住民の自己決定権の拡充、すなわち性別・年齢・職業の違いを超えた、あらゆる階層の住民の共同参画による民主主義の実現」（中間報告「分権型社会の創造」）であるとの認識を示している。すなわち、地方分権は、究極的には、地方自治体の運営は住民の意思に基づいて行われなければならないという「住民自治」の実現を目指すものであり、そのためには、地方自治体の意思形成過程に住民の意見や要望ができるだけ反映され

*1 この地方分権推進委員会の後、二〇〇七年四月には地方分権改革推進委員会が発足して、地方分権の具体的な改革について検討・勧告を行っている。

家族と
法

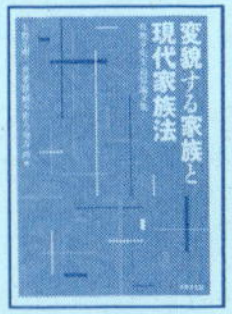

6825円

論文集

齢者をめぐる今日
家族の変容との関係
、「家族論」「子ども
続」に関する有地法
方向性をも示唆。

保険法改正の論点

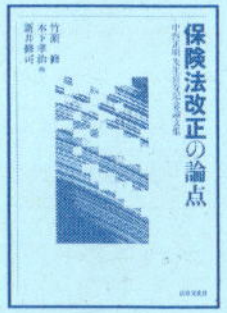

竹濵　修
木下孝治
新井修司 編

7560円

◉中西正明先生喜寿記念論文集

商法から保険法へ改正される際の問題と新法の解釈上の問題を理論的・実践的に考察。総論・共通規定から人保険契約まで全般にわたり重要論点をカバーし、新法の全体像を示す。

機と現代法　3780円

●現代資本市場法制の制度設計　証券化による過度な信用拡大に警鐘を鳴らし、安定的な市場確立のための法制度を提唱。

学講義1832/33
浩爾 ほか 訳　6615円

●自然法と普遍法史　ヘーゲル哲学の継承者として、その理論をマルクスへと結びつける役割をはたしたガンスの講義録。

処分されたか　3675円

●行政文書における体罰と処分の研究　処分の実態をふまえ、教員と生徒の２つのレベルの手続保障のあり方を提言。

制度の研究　6825円

比較法的・沿革史的検討を通じて、手形債務者の支払免責を規定した手形法40条３項の理論構造を明らかにする。

国際管理　6510円

●原子力商業利用の管理Regimes　管理制化の歴史的展開の考察を通して、その陥穽を条文解釈と実態から明らかにする。

時間法理　2940円
幸・淺野高宏 編

●《働くこと》を考える　判例・学説の理論面と実務面から総合的に検証。実態と新たな展開をふまえ全体像を示し、問題点を明示。

員代表制と法　10500円

法制、運用の実際と意義を総合的に解明。日本の集団的労働条件法理への示唆を与える著者の研究の集大成。

法律文化社
出版案内

法律分野

2010年版

●2009年 裁判員制度始まる

刑事事実認定の理想と現実

木谷　明 著
Ａ５判／258頁／3570円

元裁判官による「冤罪を生まない」刑事裁判実現への提言。実務の観点から刑事裁判の実情と適正化への方途を展開し、足利事件にも論及。

被告人の事情／弁護人の主張

村井敏邦・後藤貞人 編
Ａ５判／210頁／2520円

◉裁判員になるあなたへ

弁護人のケース報告に研究者・元裁判官がコメントを加え、裁判の現実を論じる。厳罰化傾向にある現状にまったをかける。

法律文化社
〒603-8053 京都市北区上賀茂岩ヶ垣内町71 TEL075(791)7131 FAX075(721)8400
URL:http://www.hou-bun.co.jp/
◎価格は定価(税込)

公法入門
小泉洋一・島田　茂 編　1890円
憲法や行政法を本格的に学ぶ前に必要とされる、法体系や基礎知識を修得するための導入の書。各講義末に自習問題を付す。

なるほど！法律学入門
村上英明・畠田公明 編　2520円
大学生の会話や物語を導入部に設け、事例と基礎知識を交えながら法律問題を解説。考える力を身につける教科書。

高校から大学への憲法／法学
君塚正臣 編　各2205円
高校で学ぶ知識・用語と関連させて法学・憲法を解説。各章冒頭に全体を示す概念図を、章末に修得確認の設問を付す。

法学・憲法講義録
竹内典夫 著　2310円
法律の解釈方法とその実際の運用を具体的に示す。児童虐待防止法や裁判員制度など今日的課題にも言及する。

新・いのちの法と倫理〔HBB+〕
葛生栄二郎・河見　誠・伊佐智子 共著　2730円
６つのテーマのもとに医療の実践や宗教論、文化論もふまえ、多元的・包括的に論述。自身で考える手がかりを提供する。

史料で読む日本法史〔HBB〕
村上一博・西村安博 編　3255円
「紛争処理の諸形態」「民刑事法の諸相」の２部19講にわたり、現代と結びついたトピック的テーマを史料を軸に解説。

リアル憲法学　2625円
石埼　学・笹沼弘志・押久保倫夫 編
抽象的で難解な憲法を具体的にイメージできる体系的入門書。リアルな世界に刺激され生成・展開する人権の理解を促す。

現代日本の憲法　2835円
元山　健・建石真公子 編
歴史と基本原理を踏まえ、わかりやすく概説。比較法の観点からの叙述や憲法訴訟を独立項で詳述するなど工夫をこらす。

現代社会の憲法
並河啓后 著　2730円
〈法･国家･憲法〉の基礎知識を概説する前論と、日本国憲法の規定や価値体系を理解するための本論の２部構成の入門書。

福祉に携わる人のための人権読本
山本克司 著　2415円
個人の尊厳を軸にした人権について、福祉現場の視点からポイントを整理。福祉労働従事者の目線に徹した事例演習付き。

レクチャー現代会社法
黒田清彦 ほか 著　〔αブックス〕2835円
会社法と関連法令の改正動向を反映した最新版。通説、判例をもとに解説し、各種ひな型や図表を使って理解を促す。

新会社法の基礎
加藤　徹・塚本和彦 編　2730円
初心者むけに、会社の多様な形態と組織に関する法の基本的枠組みを、条文と通説に基づき平易に解説する。

ベーシックマスター刑事訴訟法
福井　厚 編著　2940円
基本原理
判例から
礎的知識

刑事訴訟法講義案　2835円
中川孝博・葛野尋之・斎藤　司 著
基本的な
を整理し
図る短答

レクチャー会社保障法
河野正輝・江口隆裕 編〔αブックス〕2940円
法の基本
法制度の
も論及し

台湾法の歴史と思想
後藤武秀 著　2520円
日本統治
戦後の法
と抵抗の

コモンズと環境訴訟の再定位
小畑清剛 著　2835円
●法的人
つの環境
と人間の

☐改訂版

新・生活と法〔第２版〕
平野　武・平野鷹子 著　1995円

新現代憲法入門〔第２版〕
山内敏弘 編　3045円

新・どうなっている!?日本国憲法〔第２版〕
播磨信義・上脇弘之・木下智史
脇田吉隆・渡辺　洋 編著　2415円

現代税法講義〔五訂版〕
北野弘久 編　3675円

ファ
高田

情報
松本

刑事
福井

新現
角田

環境
勝田

学会誌　＊バックナンバーあります

租税理論研究叢書19 日本租税理論学会編
税制の新しい潮流と法人税　4410円

民事訴訟雑誌 55号
日本民事訴訟法学会編　3150円

日本国際経済法学会年報18号
日本国際経済法学会編　3675円

社会
社会

日本
113
114

変貌す
現代家
生野正剛
二宮孝富
緒方直人
南方　暁 編

◉有地亨先生
子どもや夫
的な法的問題
で論究。第４
関係」「夫婦と
学を総括、今

世界金融
大島和夫 著

ガンス法
M･リーデル編／

体罰はい
早﨑元彦 著

支払免
島田志帆 著

原子力の
魏　栢良 著

変貌する労
道幸哲也・開本

ドイツの従
藤内和公 著

るように住民参加の方策を拡大・多様化していく必要がある。[*2] このような住民参加の方策として法制度化されたものとしては、①直接請求制度（地自一二条・一三条・七四～八八条）、②住民監査請求および住民訴訟（同二四二条・二四二条の二・二四二条の三）、③個別法が規定する住民参加制度、④請願および陳情（同一二四条・一〇九条四項）、⑤パブリックコメント制度、⑥行政委員会および審議会、⑦住民投票制度などが一般にあげられるが、これらの主として執行機関の行政における住民参加とは別に、⑧議会の審議・決定過程における住民参加も住民自治の実現にとって大きな意義を有すると考えられる。以下、③～⑧を中心に住民参加の方策について検討することとする（①については第7講、②については第8講を参照）。なお、これらの住民参加制度を実質的なものとするためには、情報提供・情報公開制度（第10講を参照）の整備拡充が不可欠である。「情報なくして参加なし」といわれるように、執行機関および議会が住民に対してそれらの活動に関する説明責任を果たすとともに、それらが住民と情報を共有することにより地方自治体の政策形成過程に協働することが肝要であるといえよう。

*2 地方分権推進委員会の第二次勧告（一九九七年七月）は、①住民意思の把握・反映等、②民間活動等との連携・協力、③直接請求制度の見直し、④住民投票制度の検討、⑤町村総会への移行という措置を講じることにより住民参加を拡大・多様化すること、を提言する。

2　各種の住民参加制度

◉個別法に基づく公聴会の開催および意見書の提出

地方自治体の政策や計画の策定過程において、公聴会を開催して住民の意見を聴取したり、住民からの意見書の提出を認めることにより、住民の意見や要望を当該政策・計画に反映させることを目指す制度がみられる。たとえば、都市計画案を作成する場合には、公聴会の開催等住民の意見を反映させるために必要な措置を講じることとされ（都市計画法一六条）、公共事業の環境への影響を予測し評価するために行われる環境アセスメント手続においては、環境影響評価方法書・準備書についての意見書の提出が認められ（環境影響評価法八条・一八条）、また、廃棄物処理施設の設置においては、生活環境の保全上の見地から、その設置に関して利害関係を有する者に意見書の提出が認められている（廃棄物処理法八条六項・一五条六項）。

◉請願および陳情

請願は、住民のさまざまな意見や要望を地方自治体の諸機関に直接伝達することができる手段として極めて大きな参政権的役割を果たすものと考えられる。請願権は憲法上保障され（憲一六条）[*3]、これを受けて請願法は、氏名と住所を記載した文書により請願の事項を所管する官公署に（天皇に対する請願書は内閣を通じて）提出すべきことを規定する（請願法二条・三条）が、請願の方式についてとくに厳格な要件を課しているわけではない。したがって、地方自治体の住民は一定の請願書をもって簡便な方式により請願することができると解されるが、地方議会に請願する場合は、「議員の紹介」により請願書を提出しなければならないとされている（地自一二四条）。他方、請願権者および請願事項についてはとくに制約はなく、日本人たると外国人を問わず当該地方自治体以外の住民も、地方自治体のあらゆる事務に関して、また請願者の利害

＊3　憲法一六条「何人も、損害の救済、公務員の罷免、法律、命令又は規則の制定、廃止又は改正その他の事項に関し、平穏に請願する権利を有し、何人も、かかる請願をしたためにいかなる差別待遇も受けない。」

に関係なく請願することができる。

適法に提出された請願は官公署において受理されなければならないが、「誠実に処理」されなければならないと規定されるにとどまる（請願法五条）。したがって、議会に提出された請願を採択するか否かは議会の裁量に委ねられてはいるが、住民による直接の意見表明の手段としての請願の機能に鑑みて、議会は形式的な処理にとどまることなく請願内容に関する実質的な審議を尽くすべきであろう。また議会は請願を採択した場合、一定の措置が適当と認められる請願を長およびその他の執行機関に送付し処理の経過および結果の報告を請求することができるとされ（地自一二五条）、請願に対する措置を講じるか否か、いかなる措置を講じるかについては関係機関の裁量に委ねられてはいるが、住民の代表機関である議会が採択したことからすれば、関係機関は議会による採択を尊重し、当該請願に対して必要かつ合理的な措置を講じる政治的責任があると考えられる。

以上のような請願とは別に、地方自治法は、常任委員会および議会運営委員会の審査案件として「陳情」をあげている（地自一〇九条四項五項・一〇九条の二第四項）。陳情は、請願の場合と異なり、特定の様式および議員の紹介は求められておらず、議会に受理義務はないと一般に解されているが、陳情が果たす機能は請願のそれと同じであることから、議会は受理の適否を慎重に検討し、受理した陳情については請願と同様に誠実に処理することが望ましい。

◉パブリックコメント制度

パブリックコメント（以下、「PC」と略する）とは、地方自治体が一定の政策や条例等を策定する際に住民から意見の提出を求める手続のことである。国においては、すでに一九九九年の閣議決定による「規制の設定又は改廃に係る意見提出手続」に基づいてPC手続が開始され、地方自治体のなかにおいても、この手続を要綱等により導入するものが現れていた（一九九九年の鳥取県の「意思決定前の政策案の公表事業」、二〇〇〇年の「滋賀県民政策コメント制度に関する要綱」など）が、二〇〇一年九月には横須賀市が全国初の条例化を行った（「横須賀市市民パブリック・コメント手続条例」）。その後、二〇〇五年に行政手続法が改正され、命令等（政令、省令など）を制定するにあたって、事前に命令等の案を示し、その案について広く国民から意見や情報を募集する手続が法制度化された（行政手続法三八条以下）こともあり、地方自治体においては、たとえば行政手続条例の改正なども含めて、PC手続をなんらかの形で条例化することが求められていると考えられる。

この手続について、「川崎市パブリックコメント手続条例」（二〇〇六年一二月制定）は次のように規定する。まず、PC手続は、市民（市の区域内に住所を有する者、市の区域内で働きもしくは学ぶ者など）その他関係者から政策等の案についての意見を募るための手続と定義され（同条例二条一号・二号）、意見提出権者は住民に限定されることなく広く認められ、次に、PC手続にかける政策等としては、①行政計画（市の総合的な計画、市の部門別の基本計画など）、②条例（執行機関の規則・規程等を含む）、③審査

*4 PC手続の開始および結果の公表は、原則としてインターネットの利用により行うこととされている（同条例一一条）。

基準（行政庁が許認可をするか否かの判断基準）、④処分基準（行政庁が不利益処分をするか否かまたはどのような不利益処分をするかの判断基準）、および⑤行政指導指針があげられている（同条例二条）。PC手続は、市長その他の執行機関など政策等の策定機関が当該政策等の案、およびこれに関連する資料をあらかじめ公表し、意見の提出先、意見の提出のための期間、その他意見を求めるうえで必要な事項を定めて開始され（同五条一項）、策定機関はPC手続により提出された意見を十分考慮しなければならず（同八条）、政策等を定めた場合には提出意見の内容および提出意見を考慮した結果およびその理由、また政策等を定めないこととした場合にはその旨を、さらには適用除外規定（同五条四項）に該当することを理由としてPB手続を実施しないで政策等を定めた場合にはその旨および理由を、それぞれ公表しなければならない（同九条一項・四項・五項）とされている。

◉行政委員会および審議会

地方自治体の教育委員会、人事委員会、労働委員会、監査委員などのいわゆる行政委員会（地自一八〇条の五以下）は、自治体行政にとって極めて重要な役割を担っていることから、住民の意思を反映する形で委員会の運営が行われるように、その委員は住民から直接選任されることが望まれる（教育委員会の委員について、一九四八年の教育委員会法は公選制を採用したが、一九五六年の地方教育行政組織法により長が議会の同意を得て任命する制度に変わった）が、各々の分野の学識経験者や利益代表者に限定されているのが通例であり、広く住民の参加が認められているとは言い難い。また、多くの行政委員会の委員は長が議会の同意を得て任命することになっているが、[*5] 政治的中立性が要求される行政委員会の性質上、このような任命方式の適切性も問題であろう。これに対して、都市計画、環境、消費者保護、情報公開などの分野において執行機関の附属機関として設置される審議会や審査会など（地自一三八条の四第三項）は、住民の生活に直接関わる政策等を審議することから、その会議は原則公開されているほか、[*6] その委員に一般の住民が公募により加わることが認められ、さらに委員の男女比率に配慮したり、委員の氏名を公表することも一般的な傾向にある。審議会などは、たしかに、行政委員会のように行政の決定権はもたない諮問機関ではあるが、事実上執行機関はその答申をできるだけ尊重することから、自治体行政への住民参加を推進する方策として実効的なものということができる。

3　議会における住民参加

住民参加は、一般には、首長などの執行機関による政策立案・決定過程に住民が参加するという意味で考えられてきたが、他方、二元代表制の一翼を担う議会の審議・決定過程においても住民参加が重要な意義を有する。たしかに、議会（議員）は住民のさまざまな意見や要望を把握・集約して政策決定に反映させる住民代表機関であることから、議会の審議過程に住民参加を認めることは屋上屋を架すことであり無駄で

＊5　たとえば、教育委員会の委員について地方教育行政の組織及び運営に関する法律四条一項、都道府県公安委員会の委員について警察法三九条一項、人事委員会の委員について地方公務員法九条の二第二項など。

＊6　審議会や審査会等の公開については、「会議公開条例」を制定している地方自治体もみられる。たとえば、「川崎市審議会等の会議の公開に関する条例」参照。

あるという見解も存するが、議会による住民の意見の把握は日々不断に的確に行われなければ議会と住民の意思はいずれ乖離してしまうこととなり、また議会の政策立案機能および行政の監視機能をさらに実質的なものとするためにも、議会においても住民参加の方策を積極的に取り入れる必要がある。このような観点から、最近では、議会をより住民に開かれたものとし、議会の審議過程に住民の意見や要望を反映させる方策に積極的に取り組む議会がみられるようになったが、なかでも、その先頭に立って議会改革を推進している三重県議会は、議会の憲法と位置づける「議会基本条例」（二〇〇六年制定）において、「県民との関係」（県民の議会への参画の確保、広聴広報機能の充実、委員会等の公開および議会活動に関する資料の公開）を規定して具体的な施策に積極的に取り組んでいる。*7 以下、三重県議会の施策を参考としながら、議会における住民参加の方策について考察することとする。

◉開かれた議会のための方策

(1) 本会議、委員会の傍聴　議会の本会議は法律上原則公開とされている（地自一一五条）が、三重県議会においては、委員会条例を改正して委員会の傍聴についての許可制を廃止して公開制とし、常任・特別委員会（全員協議会や会派代表者会議など従来非公開とされてきた内部会議も含む）について報道関係者のみならず一般県民の傍聴をも認めており、傍聴希望者が定員を超過したときは、抽選により傍聴人を決定し抽選に漏れた傍聴希望者は別室のテレビモニターで傍聴できるようにしている。また、

*7　三重県議会の議会改革については、同議会のホームページ、および同議会編著『三重県議会――その改革の軌跡』（公人の友社、二〇〇九年）参照。

傍聴規則は傍聴人を取り締まるためではなく傍聴人の便宜を図ることを主眼とすべきであるとの観点から、傍聴人受付簿の住所、氏名等の記入を廃止し、これまで許可制としていた傍聴席での写真、ビデオ撮影、録音等を解禁し、乳幼児同伴者や児童の傍聴をも認めるなどの改正を行っている。また、より多くの住民が議会に足を運ぶことができるように、土日や夜間に開催する議会もみられる。

(2) 本会議、委員会における審議の中継　三重県議会においては、本会議における代表質問と一般質問について、リアルタイムでのテレビ中継、インターネットによる生中継と録画配信を実施しており、この措置は委員会においても同様に実施している。また本会議および委員会の会議録については、インターネットを通じて議会ホームページからの閲覧を可能にしている。さらに、議案等に対する議員別の賛否等の状況もホームページで公表している。

(3) 意見交換会、出前議会　議会活動に関する情報は一般には議会だより等の広報を通じて行われているが、議会が直接住民のもとへ出向いて議会の情報を積極的に報告し、また住民と自由に意見交換を行うことができる場として、議会報告会や意見交換会を開催する議会が増加している。こうした報告会や意見交換会の開催により、議会は住民の生の意見を聞いて地域の現状や問題点を的確に把握し、さらにその成果を政策提言などの議会活動に反映させることが促進されることになる。さらに地方自治および議会に対する親近感と意識を高めるために、議員が学校に出向いて説明や質疑応答を行う出前講座を実施する議会もみられる。

◉議会と住民の協働のための方策

⑴　公聴会および参考人制度　議会の委員会（常任委員会、議会運営委員会、特別委員会）は、予算その他重要な議案、陳情等について、真に利害関係を有する者、または学識経験者等から意見を聴くことができる公聴会を開催することができる（地自一〇九条五項・一〇九条の二第五項・一一〇条五項）。公聴会は、委員会が議長の承認を得て、日時、場所および意見を聴取する案件を公示し、応募者のなかから公述人を選定するなど開催するまでに多くの手続と時間を要するため、実際にはあまり活用されていない。他方、委員会が自治体の事務に関する調査または審査のため、利害関係者や学識経験者等の出頭を求めて意見を聴くことができる参考人制度（地自一〇九条六項・一〇九条の二第五項・一一〇条五項）は、手続が簡便であり、意見を聴く参考人を特定して出頭を求めることができるなどの点から、公聴会よりは比較的多く利用されている。

⑵　専門的知見制度　二〇〇六年の地方自治法改正により、議会は議案の審査または地方自治体の事務に関する調査のために必要な専門的事項に関する調査を学識経験者にさせることができる専門的知見制度（地自一〇〇条の二）が導入された。この制度における学識経験者等による審査・調査の方法に関しては、個別的な議案の審査や調査にとどまることなく、さらに審議会等の附属機関を議会に設置できるか否かという問題がある。執行機関については法律上明文の規定（同一三八条の四）があるが、議会については設置を認める規定がないことを理由に、附属機関の設置には消極的な意見が大勢を占めているが、三重県議会は、前記議会基本条例のなかで附属機関の設置

を規定し、実際に、議会改革の成果の評価、課題の調査および課題解決のための方策を検討することを目的として学識経験者等で構成する「議会改革諮問会議」を設置している。

4 住民投票制度

◉現行法上の住民投票制度

(1) 地方自治特別法の制定に関する住民投票　憲法九五条により、「一の地方公共団体のみに適用される特別法」(いわゆる地方自治特別法)を制定するためには、その自治体の住民投票において過半数の同意を得なければならない。この制度は、特定の自治体に関する国の立法を当該自治体の意思にかからしめ、しかもその意思表明を住民投票により行うという点で、「地方自治の本旨」(憲九二条)である住民自治および団体自治を具体化するものである。一九四九年の「広島平和記念都市建設法」および「長崎国際文化都市建設法」に始まり一五の特別法(旧軍港市転換法は佐世保市など四市に適用)について一八回の住民投票が当該自治体において実施され、これらの特別法が財政・税制上の優遇措置を付与するものであったがゆえにか、いずれも賛成多数により成立しているが、一九五一年の「軽井沢国際親善文化観光都市建設法」を最後に約五〇年間その実例はみられない。都道府県の名称を変更する法律(地自三条二項)および廃置分合・境界変更を定める法律(同六条一項)はこの特別法にあたると解されているが、どのような定めがこの特別法に該当するかは必ずしも明確ではなく、たとえば首都圏整備法など特定の地域に関する国の事業のみを定めたものは特別法として扱われていない。[*8] また住民投票の手続については地方自治法二六一条・二六二条が規定するが、成立した特別法の改廃についても住民投票が必要であるかについて明示的な規定がない[*9]など手続上不明な点もある。

(2) 議会の解散、議員または長の解職に関する住民投票　地方自治法が規定する住民の直接請求制度のうち、議会の解散請求(地自七六条)、議員および長の解職請求(同八〇条・八一条)については、その成否が住民投票により決定される。すなわち有権者の三分の一(ただし、四〇万を越える場合には、その越える数に六分の一を乗じて得た数と四〇万に三分の一を乗じて得た数とを合算した数)以上の連署があれば住民投票が実施され、過半数の同意により解散または解職が成立する。この制度は、公務員の選定罷免権が国民固有の権利であること(憲一五条一項)を具体化するものであり、その成否は本来は住民の代表者としての議会・議員・長の行動全般について総合的に判断されるべきであるが、時に特定の行政施策に対するそれらの姿勢を批判するためにやむなく「目的外利用」[*10]される場合がある。これは、地域行政に対する住民の意思表明の手段としては現行法上最も一般的かつ有効的と考えられる条例の制定改廃請求が極めて不完全な制度であることに起因する。すなわち、アメリカやヨーロッパ諸国におけるイニシアティブ(住民発議)は、その提案の採否を最終的には住民投票により決定するところに制度の核心があるが、わが国の条例制定改廃請求においては、住民の

＊8　東京都の特別区長の選任制を定める旧地方自治法二八一条の二の規定も一般法の性質をもつがゆえに特別法にはあたらないと判示された(東京地判昭和三九・五・二)。

＊9　伊東国際温泉文化都市建設法の改正に際しては住民投票が実施されたが、首都建設法の改正および廃止は住民投票なしに行われた。

＊10　手島孝教授はこの点を次のように比喩的に表現する。「主人(住民)が、ここは召使(代表機関)に任せてはおけぬと、自分で料理に乗り出したが、あいにくと台所には、召使用の包丁はあっても主人用のは備えつけがない。それでもどうしてもと、床の間の〝伝家の宝刀〟を包丁がわりに持ち出した……。そもそも、

意思表明は発議の段階までであり、その提案の採否は全く議会に委ねられている。議会における住民の意見聴取の機会は二〇〇二年三月の地方自治法改正によりようやく付与されたが（地自七四条四項）、発議にとどまるにもかかわらず地方税の賦課徴収ならびに分担金、使用料、および手数料の徴収に関する条例は除外され（地自七四条一項）、請求のための署名収集の手続にも行政主導でさまざまな法的制約が課されているなど、この制度は住民参加どころかむしろ住民不信の制度ではないかと思われる。

(3) 合併協議会の設置に関する住民投票　「市町村の合併の特例に関する法律」[11]（以下、「合併特例法」という）によれば、市町村合併をしようとする市町村は、合併市町村の基本的な計画の作成その他市町村の合併に関する協議を行う協議会（以下、「合併協議会」という）[12]を設置しなければならない（同三条一項）が、この合併協議会の設置は、住民の側からも有権者の五〇分の一以上の連署をもって請求することができるという住民発議制度が採用されている（同四条一項）。しかし当初は、議会がこの請求を否決すれば合併に関する住民の意思表示はその段階で潰えてしまっていたことから、この住民発議制度も条例の制定改廃請求と同様、住民参加の制度としては不完全であるとの批判を受けてきた。そこで第二六次地方制度調査会の答申（二〇〇〇年一〇月）を受ける形で、二〇〇二年三月に当時の合併特例法が改正され、議会が合併協議会の設置を否決した場合でも、その設置の是非を住民投票により決定するという制度が導入された。この住民投票は、合併協議会設置を求める住民の請求が議会により否決された場合、市町村長の請求に基づき、市町村長の請求がない場合は有権者総数の六分

くだんの宝刀、主命に背いたよくよくのとき泣いて召使の首を馘《き》るのはふさわしくとも、これでは全く〝鶏を割《さ》くに牛刀をもってする〟類である」（手島孝「現代リコール論」ジュリスト八七〇号（一九八六年）四二頁）。

＊11 現在の市町村の合併の特例等に関する法律は、二〇〇五年四月一日施行、五年間の時限立法である。

＊12 合併協議会は、合併に関係する市町村の議会の議員、長その他の職員、学識経験者により構成される（合併特例法三条二項以下）。

の一以上の者の連署による請求に基づいて実施され、有効投票総数の過半数の賛成があったときは当該議案を議会が可決したものとみなすとされる（合併特例法四条）[*13]。具体的には、A市の住民がB市との合併協議会設置を請求した場合、A市長はB市長に対して議会に付議するか否かの意見を求め、両市議会ともに可決した場合あるいはB市議会は可決しA市議会は否決したがA市の住民投票で決定された場合には合併協議会が設置されるが、B市長が議会に付議しない旨を回答した場合あるいはB市議会が否決した場合には設置されない。

(4)　特定の行政施策に関する住民投票　現行法上の住民投票制度は以上の三つだけであるため、特定の行政施策の是非に関する住民投票は、法的な根拠なしに任意的に実施するか、そのための個別条例（いわゆる住民投票条例）を制定して実施するほかはない。前者は、行政や議会の主導あるいは住民団体の自主的な取組みにより実施されているが、臨機応変的な対応が可能な反面、法的裏づけがないことから投票結果が及ぼす影響という点では実効性に欠ける。これに対して後者は、法的ルールに基づいて実施されることから、その投票の結果は住民の真の意思表明としてしかるべき影響力を有すると考えられるが、もし長や議会がその条例の制定に積極的でないため住民が直接請求により制定しようとする場合は、住民は署名の収集等において多大の労苦を強いられるとともに制定までにかなりの時間を要し、しかもようやく議会に付議されてもその可決率は極めて低いという現状にある。

*13　住民発議による合併協議会の設置について、合併特例法四条は一つの市町村から請求をする場合の手続、同法五条は複数の市町村で同時に請求する場合の手続を規定している。

◉住民投票の実践

(1) 巻町住民投票条例以前の住民投票　住民投票が実施された実例としては、まず昭和二〇年代には時限立法に基づく市町村の分離（一八件成立）や自治体警察の廃止（一二〇三件成立）、あるいは地方自治特別法制定の際の住民投票があり、さらに昭和三〇年〜四〇年代には市町村合併や原子力発電所建設などに関して法令の根拠なしに事実上実施された住民投票がみられる。*14

一九七〇年代後半から八〇年代にかけては、住民投票を法的根拠すなわち各自治体の条例に基づいて実施しようとする動きが徐々に現れ、住民の直接請求に基づいて制定された東京都中野区の「教育委員候補者選定に関する区民投票条例」*15（一九七九年）がその先駆といえよう。もっともこの種の条例の提案は年に三〜四件程度と少なく、成立したものも高知県窪川町の「原子力発電所設置についての町民投票に関する条例」（一九八二年）、鳥取県米子市の「中海淡水化賛否についての住民投票に関する条例」（一九八八年）の二つだけであった（窪川町の条例は首長提案、米子市の条例は住民の直接請求による）。ところが一九九〇年代に入ると、地方分権の推進をも背景として、住民投票条例の制定を求める動きは次第に増加し始め、条例に基づく住民投票が実施されることとなる。

(2) 巻町の住民投票　一九九六年八月四日、新潟県巻町において原子力発電所の設置について住民投票が実施されたが、これは特定の行政施策の是非を住民に問うために制定された住民投票条例に基づいて実施されたわが国最初の住民投票である。と

＊14　たとえば、東京都由木村の八王子市または日野市との合併に関する住民投票（一九六四年）は村民代表間の協定書に基づいて実施され、また新潟県柏崎市の原子力発電所設置に関する住民投票（一九七二年）は区長会の決議に基づいて実施された。

＊15　この条例は、長が議会の同意を得て任命する教育委員の選任過程において、候補者選定に関する区民投票を実施し、区長はその結果を参考にしなければならないとする。

りわけ原発建設予定地内に町有地が含まれていたことから、投票結果が町有地の売却の権限を有する町長にどのような影響を及ぼすかが焦点となった。[*16] 巻町では住民投票の実施を推進する住民団体の手で自主管理による住民投票も行われていたが、正式なルールに基づく投票が必要であるとして、住民投票条例が議員提案により僅差で可決され、その後原発推進派の直接請求に基づき住民投票の実施時期を町長の裁量に委ねる旨の改正が行われ投票は一旦は無期延期となったが、住民投票の早期実施を公約とする町長が就任することにより、実施が実現した。投票結果は、投票率八八・三％、建設反対票が投票総数の六〇・九％を占め、町長はこの結果は絶対に尊重されなければならないことを表明し、東北電力や県などに計画の白紙撤回を申し入れ、その後当該町有地を住民投票を推進した住民団体の人々に売却した。

(3)　吉野川可動堰の建設に関する住民投票　二〇〇〇年一月に徳島市で実施された吉野川可動堰の建設の是非を問う住民投票は、それまでの住民投票が産業廃棄物処理施設など、いわゆる迷惑施設の設置に関するものが多かったことに対して、国の大型公共事業に関する最初の住民投票として位置づけられる。洪水対策を理由に国の可動堰の改築改修計画に賛成する市議会側と自然環境悪化などを理由に反対する市民グループとが対立するなかで、市民から可動堰建設の是非を問う住民投票条例の制定を求める署名活動が開始され有権者の四九％の署名が集まったが、[*17] 議会はその条例案を否決した。しかしその後の市議選において住民投票賛成派の議員が多数を占め、議員提案による住民投票条例が可決されたが、会派間対立から投票率が五〇％未満の場合

＊16　条例は、「町長は、巻町原発予定敷地内町有地の売却その他巻原発の建設に関係する事務の執行に当たり、地方自治の本旨にもとづき住民投票における有効投票の賛否いずれか過半数の意思を尊重しなければならない」と規定する（三条二項）。

＊17　徳島市の当時の有権者総数は約二〇万八〇〇〇人であるが、一カ月の法定署名収集期間に一〇万一五三五人（選管認定）の署名が集まったとされる。

表9-1　条例に基づく住民投票

自治体名	実施日	テーマ	提案	投票率	投票結果
新潟県巻町	96．8．4	原子力発電所の設置	住民	88.29	反対60.86
沖縄県	96．9．8	米軍基地の整理縮小	住民	59.53	賛成89.09
岐阜県御嵩町	97．6．22	産業廃棄物処理施設の設置	住民	87.50	反対79.65
宮崎県小林市	97.11.16	産業廃棄物処理施設の設置	住民	75.86	反対58.69
沖縄県名護市	97.12.21	米軍ヘリポート基地の設置	住民	82.45	反対51.64
岡山県吉永町	98．2．8	産業廃棄物処理施設の設置	住民	91.65	反対97.95
宮城県白石市	98．6．14	産業廃棄物処理施設の設置	首長	70.99	反対94.44
千葉県海上町	99．7．4	産業廃棄物処理施設の設置	首長	87.31	反対97.58
長崎県小長井町	99．7．4	採石場の新設・拡張	首長	67.75	＊
徳島市	00．1．23	吉野川可動堰の設置	議会	55.00	反対90.14
新潟県刈羽村	01．5．27	原発プルサーマル計画	住民	88.14	反対53.40
埼玉県上尾市	01．7．29	さいたま市との合併	住民	64.48	反対58.43
三重県海山町	01.11.18	原子力発電所の誘致	首長	88.64	反対67.26
滋賀県米原町	02．3．31	町村合併	首長	69.60	＊

＊小長井町：新設賛成50.39，拡張賛成51.90

＊米原町：選択肢は３つの合併パターンおよび合併反対の４つ（投票結果は本文参照）

は投票不成立とする規定が追加された。このため住民投票は投票率が最大の焦点となり、建設賛成派は投票ボイコットを呼びかけるという事態も生じたが、投票率は約五五％に達して投票の成立要件を満たし、建設反対票は投票総数の九〇％を占めたことから、この結果を受けて市長は計画反対を表明した。

(4)　自治体合併に関する住民投票　市町村合併の是非に関する条例に基づく住民投票としては、すでに埼玉県上尾市がさいたま市との合併について二〇〇一年七月に実施した例がある[*18]

＊**18**　投票の結果は反対票が有効投票の過半数（五八・二六％）を占め、上尾市長は、合併問題に関しては住民投票の賛否いずれか過半数の意思を尊重して行う旨の条例の規定に則り、さいたま市長に対して合併協議の辞退を直ちに回答した。

が、二〇〇二年三月に滋賀県米原町で実施された合併に関する住民投票は[19]、次のような特徴を有する。まず、永住外国人も地域社会を構成する住民であるとの認識から「二〇歳以上の永住外国人で引き続き三ヶ月以上米原町に住所を有する者」にも投票資格を付与したことである。次に、投票に際しては三つの合併パターンおよび合併反対の四つの選択肢から一つを選んで投票する方式を採用したことである。吉野川の住民投票と同様五〇％以上の投票率を成立要件とするこの住民投票は、六九・六％の投票率で成立し、有効投票のうち合併反対が約一一％、三つの合併パターンについては約三九％、二八％、二一％という結果となり、町長はこの住民の判断を「天の声」として重視し議会と協議していきたいとの声明を出した（**表9－1**参照）。

その後、市町村合併の是非を問う住民投票は、「平成の大合併」といわれるように、二〇〇三年から当時の合併特例法が失効する二〇〇五年にかけて急増し、巻町の住民投票以降二〇〇六年末までに実施された住民投票の総数三七五件のうち三五八件が合併を争点としているが[20]、他方、二〇〇六年三月には、岩国市において米空母艦載機移駐案の受け入れの是非を問う住民投票が実施されている。

5　住民投票制度の課題

このように住民投票制度は、とくに市町村合併の問題において頻繁に利用されてきたが、一般的な住民投票制度の制度化への取組みについては、たとえば、第二六次地

＊**19**　住民投票までには、約一年前から全体会および小学区別で、さらに実施前三か月間に各地区別で合併問題に関するフォーラムが開催されて住民の意見が聴取されている。

＊**20**　上田道明「住民投票の一〇年」（大阪市立大学法学雑誌五四巻二号六五一頁以下）。なお、議会に提出された住民投票条例（一九七九年～二〇〇三年）について、森田朗・村上順編『住民投票が拓く自治』（公人社、二〇〇三年）参照。

方制度調査会が、「住民投票の対象とすべき事項、選挙で選ばれた長や議会の権限との関係、投票結果の拘束力のあり方等、種々の検討すべき論点があり、一般的な住民投票の制度化については、その成案を得るに至らなかった」（二〇〇〇年一〇月答申）と述べているように、国レベルでは必ずしも積極的な方向で検討されているとは言い難い。しかし自治体の現場においては、市町村合併の問題だけでなくさまざまな行政施策に関して住民投票を積極的に活用しようとする動きがますます強まっている。そもそも住民投票は地方分権社会が目指す自治体の自己決定権を効果的に実現する制度の一つであることから、その制度設計に関する検討は喫緊の課題と考えられるが、投票結果の拘束力や投票の対象事項などをめぐり、以下のようにさまざまな課題が存することも事実である。

◉間接民主制と直接民主制

憲法は、地方自治体に議事機関としての議会と執行機関としての長を、ともに住民の直接選挙により選出される機関として設置する二元代表制を採用している（九三条）。したがって国政レベルと同様、地方自治の基本的構造は代表（間接）民主制であるが、そもそも地方自治は住民自治をもってその「本旨」（九二条）とすることから、憲法上直接民主制が完全に否定されるわけではなく、たとえば代表民主制が機能不全に陥った場合に備えそれを補完する形で、地方自治に直接民主制を導入することは許されると解される。条例の制定改廃請求などの住民の直接請求権は、そうした地方自治における半直接民主制を具体化する制度であり、住民投票の制度化についても、それが議会や長の権限を全く無にしない限り問題はないと考えられる。

◉投票結果の拘束力――諮問型か決定型か

住民投票の制度化に際して極めて重要なポイントの一つは、投票結果に法的な拘束力をもたせる（決定型）か否か（諮問型）という点である。諮問型の住民投票は、その投票結果が長や議会の権限に法的に抵触することはないことから現行法上許容されることにほぼ異論はなく、また諮問型といえどもそれを一般的に法制度化することは、任意的あるいは個別的に実施される住民投票と異なり、住民投票の実施に際しての疑念や混乱を回避し、住民の意思を表明する公式のルートを確立する点で有意義であると思われる。他方、憲法は地方自治特別法の成否を当該地方自治体の意思にかからしめるにあたり、その意思を議会の議決ではなく住民の投票により表明させることとし、議会が議決権をもつ条例よりも国法上高次の法である法律の制定について住民にキャスティング・ボートを与えている（九五条）。さらに地方自治法は町村では議会の代わりに「選挙権を有する者の総会」（町村総会）[*21]を設置できることを認め（九四条）、この町村総会は議会よりも高い程度において住民の意思を代表し「地方自治の本旨」に適合する機関であり憲法九三条に違反しないと一般に解されていることも併せて考慮すれば、少なくとも議会の権限に属する対象事項については、拘束型の住民投票制度が認められる余地もあると考えられる。

＊21　かつて神奈川県足柄下郡芦之湯村と東京都八丈支庁管内宇津木村に存在したが、現在はない。

◉法形式——法律によるか条例（個別設置型か常設型）によるか

住民投票の法的根拠を法律あるいは条例に求めるかは、投票結果を決定型とするか諮問型とするかによって異なる。決定型をとる場合は、地方自治法上の長あるいは議会の権限および責任体制との関係から、住民投票は法律に根拠を有することが必要と解される。これに対して諮問型の場合は、両者の法的な抵触はなく、したがって条例で規定することも可能である。しかし各自治体の条例に委ねるとしても、現在のように投票対象に応じて個別に（いわゆる「個別設置型」）条例を制定する場合は、その都度議会の議決を経なければならず、条例の成否がその時々の政治状況に左右されるという難点がある。したがって住民投票を制度として認める一般条例（いわゆる「常設型」条例）[*22]を制定し、住民投票の対象となる事項や発議の方法などのルールをあらかじめ定めておくことが考えられる。もっともこの方式も各自治体の個性が発揮される反面、投票要件や手続などに関して自治体間の格差が大きくなれば問題であり、そうだとすれば住民投票の基本的枠組みは法律で規定する方式をとるほうがより適切といえよう。

◉投票の対象事項——一般概括的か制限列挙的か

住民投票における対象事項を限定すべきか否かという問題について、諮問型の場合は、投票結果に法的拘束力はないし、またそもそも地方自治体は「地域における行政を自主的かつ総合的に実施する役割を広く担う」（地自一条の二第一項）のであるから、

＊22　すでに一九九七年に「箕面市市民参加条例」が制定されているが、同条例は投票の実施については別に条例で定めることとしている。投票に関するルールをすべて盛り込んだ常設型条例の例としては、「高浜市住民投票条例」（二〇〇〇年）が最初である。

投票対象を制限する必要は全くなく、せいぜい当該自治体・住民に関わる事項など一般概括的に規定しておけば十分であろう。法的な権限や効果の有無とは関係なく、住民の意思を公の場に登場させることにこそ、諮問型の住民投票の趣旨があるからである。また条例の制定改廃をも住民投票の対象に含める場合は、条例という法形式上要求される限界（たとえば法律との関係や適用範囲など）は存するものの、条例化できるものであればその対象は広範にわたることになる。これに対して決定型の場合は、投票結果が自治体の最終的な意思決定として法的効果をもつことから、その対象事項は当該自治体の決定権限に属する事項でなければならず、したがって当該提案が自治体の決定権限に該当するか否かを審査・決定する手続（さらにはその決定に対する不服申立て等の手続）を整備することが必要となる。このため投票が認められる事項（ポジティブリスト）と投票から排除される事項（ネガティブリスト）をあらかじめ限定的に列挙することも考慮に入れるべきであろう。

◉住民投票を制度化する民主党の法律案

住民投票を法制度化する試案として、民主党は、二〇〇〇年五月に、「住民投票法案」[*23]を発表している。この法案（本文五か条、附則二か条）によれば、法律では住民投票の制度を設けることおよび制度の基本的事項を規定するにとどめ、詳細は条例に委ねる（三条）。住民投票の対象（四条一号）については、条例の制定改廃および「地方公共団体の住民の福祉に重大な影響がある事項」と一般概括的事項とし、条例の制定

＊23　民主党のホームページ（http://www.dpj.or.jp）参照。

改廃については地方税の賦課徴収などのネガティブリスト（地自一二条一項）を削除する（附則二条）。住民投票は、(一)一定数の投票権者（選挙権者に限定）の連署あるいは(二)議会の議決に基づいて実施され、前者の人数は投票権者が一〇万人以下の自治体においては投票権者総数の一五％、一〇万人を超え五〇万人以下の場合は一〇％、五〇万人を超える場合は二％とされている（同四条二号・三号）。投票結果の拘束力については諮問型を採る（同四条四号）が、条例の制定改廃の住民投票については、事前に議会の同意を得た場合は投票結果に拘束力を認めるものとし（同五条）、また投票権者の連署に基づく住民投票の場合、同一事項の請求については二年間の除斥期間が設けられている（同四条六号）。

★ さらに深めるために

室井力編『住民参加のシステム改革』日本評論社、二〇〇三年

住民参加制度に関する地方自治体や住民の活動の現状や具体的な政策を含めて、わが国の地方自治体の住民参加制度の現状の問題点を明らかにし、あるべき理念、具体的制度あるいは運用を示す。

兼子仁『新地方自治法』岩波新書、一九九九年

地方分権を推進すべく大幅に改正された新しい地方自治法のしくみと現実の行政の運営を住民の目線からわかりやすく説明する。住民参加制度についても、直接請求、住民訴訟、公の施設、審議会や議会などを素材に、その現状と問題点を指摘する。

三重県議会『三重県議会――その改革の軌跡』公人の友社、二〇〇九年

議会改革の先導的役割を果たしている三重県議会が、住民に開かれた議会運営の実現、住民本位の政策立案の強化など分権時代を切り開く住民との連携を目指して取り組んできた一連の改革を紹介し、分権時代にあるべき議会の姿を提言する。

今井一『住民投票――観客民主主義を超えて』岩波新書、二〇〇〇年

巻町から徳島市に至る各地の住民投票運動の実際の姿、とりわけ膨大な時間・お金・労力を費やして自ら住民投票運動を担った人々の生の声を、筆者自身の現地での徹底的な取材に基づいて丹念に伝える。

川崎市住民投票制度検討委員会「住民投票制度の創設に向けた検討報告書」二〇〇六年

川崎市の住民投票制度創設の検討に際して、学識経験者および公募市民により構成される検討委員会が、一七の論点についてわかりやすく整理し、他の自治体の住民投票状況等の資料をも含めて、住民投票制度の内容および課題を住民の目線で説明している。

◆コラム◆

国民投票による参議院の廃止

もしわが国の参議院を廃止しようとすると、参議院は憲法上の機関（憲四二条など）であることから、憲法の改正が必要であり、したがってその是非は最終的には国民投票により決定されることになる（憲九六条）。なるほど参議院の存在意義に対する疑問から、一部には参議院廃止論も唱えられてはきたが、わが憲法は施行以来一度も改正されたことがなかったこともあり、これまではせいぜい参議院の改革をめぐる議論が一般的であった。しかし、「日本国憲法の改正手続に関する法律」が二〇〇七年四月に可決され、二〇一〇年五月一八日から施行（同附則一条）されて国民投票により憲法を改正する手続が整ったことから、参議院の廃止の是非は、まさに現実の問題として考えられるようになったといえよう。

この法律によれば、憲法改正の国民投票は、国会の発議（国会議員による憲法改正原案の提案（衆議院においては一〇〇人以上、参議院においては五〇人以上の賛成を要する）→各議院の憲法審査会における審査→各議院の本会議において三分の二以上の賛成で可決）（国会法六八条の二～六八条の六・一〇二条の六・一〇二条の一〇参照）の後六〇日から一八〇日以内において国会の議決した期日に行われる（同二条）。投票権者は、成年被後見人を除く年齢満一八歳以上（公職選挙法、民法等の関連法令について必要な法令上の措置が講ぜられるまでは二〇歳以上）の日本国民とされ（同三条、附則三条）、憲法改正案に対する賛成の投票の数が投票総数の二分の一を超えた場合は憲法改正について国民の承認があったものとされる（同一二六条）。

他方、ドイツのバイエルン州においては、一九九八年二月、二院制の一方の議会である上院を廃止する憲法改正が州民投票で決定された。ドイツにおいては、住民投票制度について、連邦レベルでは極めて限られた範囲でしか認められていないのに対して、州レベルでは法律の制定改廃、州憲法の改正あるいは州議会の解散を対象として広範に認められている。バイエルン州憲法も、憲法改正を含む法律案の提出権（州民請願）を州民に認め、州議会がその提案を可決しなかった場合には州民投票によりその採否が決定されるという間接的イニシアティブの手続を採用している。

バイエルン州は、州民の直接選挙による議員から構成される州議会（Landtag）と、農林業・商工業・手工業・労働組合など州内一〇分野の団体の（職能代表）議員から構成される上院（Senat）という二院制を採用するドイツ唯一の州であったが、一九九七年四月、「上院のないスリムな州」をスローガンに上院の廃止に関する憲法改正案が州民請願として提出された。この州民請願は有権者一〇％以上の署名を集めて成立し州議会の審議にかけられたが、州議会はこれを否決するとともに上院を改革する法案を対案として州民投票にかけることを議決した。州民投票において、上院廃止法案への賛成票は有効投票の六九・二％（上院改革法案への賛成票は二三・六％、両案への反対票は七・一％）を占め、同一対象に関して内容の異なる複数の法律案がかけられた場合の州民投票の成立要件を満たして採択された。これにより州憲法は上院に関する規定をすべて削除する形で改正されることになり、その後上院はこの廃止法律の違憲性を主張して異議を申し立てたが州憲法裁判所はこれを退け、結局、州憲法の制定以来五二年間にわたり州憲法上の国家機関として存続した上院は、一九九九年一二月三一日限りでその活動に幕を下した。

【村上　英明】

第10講 情報公開制度

1 情報公開条例の意義

大阪府情報公開条例（一九九九年一〇月公布、翌年六月施行）は、前文で次のように述べている。

「情報の公開は、府民の府政への信頼を確保し、生活の向上をめざす基礎的な条件であり、民主主義の活性化のために不可欠なものである。

府が保有する情報は、本来は府民のものであり、これを共有することにより、府民の生活と人権を守り、豊かな地域社会の形成に役立てるべきものであって、府は、その諸活動を府民に説明する責務が全うされるようにすることを求められている。

このような精神のもとに、府の保有する情報は公開を原則とし、個人のプライバシーに関する情報は最大限に保護しつつ、行政文書の公開等を求める権利を明らかにし、併せて府が自ら進んで情報の公開を推進することにより、『知る権利』の保障と個人の尊厳の確保に資するとともに、地方自治の健全な発展に寄与するため、この条例を制定する。」

この大阪府情報公開条例の前文からもわかるように、各自治体で制定されている情報公開条例は、情報の公開によって、行政への住民の信頼を確保し、住民が自治体情報を共有することによって、住民の人権の保障と豊かな地域社会の形成を目指し、地方自治の本旨に基づく健全な地方政治を実現しようとするものである。そして、そのためには、国民の「知る権利」の保障と「住民参加」の考え方が、大切であることを指摘している。また、今日では、多くの地方自治体が、その諸活動を住民に「説明する責務」を負っていることを規定し、いわゆる「アカウンタビリティ」(accountability) は今や行政の透明性を示す重要なキーワードとなっている。[*1]

また、二〇〇一年四月には、国の情報公開法(行政機関の保有する情報の公開に関する法律、一九九九年五月制定)が施行されたが、国に先行する地方自治体の情報公開制度のこれまでの成果は、まさに「地方自治は民主政治の最良の学校」[*2]にふさわしく、今後においても、国の情報公開制度の充実に生かされ、わが国の民主主義のさらなる発展に寄与するものと思われる。

そもそも「情報公開」とは何か。これは、国や地方自治体などが有する行政情報を、国民や住民に開示することであり、日本国憲法の保障する国民主権の原理や同二一条の「表現の自由」に根拠を置く「知る権利」に基づくものである。上記大阪府情報公開条例の前文からもわかるように、それは、同時に、住民自治などの「地方自治の本旨」(憲九二条)にも深く関わっている。また、情報公開制度は、「行政文書に対し国民一人一人がその開示を請求することのできる制度(開示請求制度)を中核とする」

＊1　このアカウンタビリティについて、一七八〇年マサチューセッツ州憲法五条は、「すべての権力は、本来人民に存し人民に由来する。権力を与えられた政府の長官及び職員は、立法、執行、司法のいずれの者であれ、人民の代理人でありエージェントである。そして、常時、人民に説明責任を負う」と定めている。原文は、さしあたり、Francis Bowen, *Documents of the Constitution of England and America*, Fred B. Rothman & Co. 1993. at 119を参照。

＊2　ブライス著(松山武訳)『近代民主政治(第一巻)』(岩波文庫、二〇〇〇年)一六〇頁。

ものであり、「政府の諸活動の状況を国民の前にあるがままに明らかにし、国民一人一人がこれを吟味、評価できるようにするものである」[*3]。

このような情報公開制度は、スウェーデンの一七六六年の「出版自由令」に始まるが、その代表格はなんといっても、一九六六年のアメリカ合衆国の「情報自由法」（Freedom of Information Act）であろう。わが国の情報公開法の制定は、この「情報自由法」から遅れること三十数年ということになるが、すでに述べたように、これまでの地方自治体の実績を活かし、あくまでも国民本位の慎重な運用が期待される。

2　情報公開訴訟の動向と主な争点

◉首長交際費

情報公開条例に関する訴訟の数は、獨協大学教授右崎正博氏の調べ二〇〇二年四月二五日現在によると、地判二九三（国の情報公開法訴訟一件を含む）、高判一五九、最判三三、計四八五件となっている。また、国の情報公開法施行から二〇〇四年三月末までの三年間では、六二一件の情報公開訴訟が提起されている[*4]。年に約二〇〇件の訴えが行われていることになる。これらの訴訟で提起されている問題点は広範・多岐にわたっている。

首長交際費をめぐる訴訟については、大阪府および栃木県知事の交際費に関する一九九四（平成六）年一月の二つの最高裁判決[*5]があり、そこで示されている判断が現段

＊3　行政改革委員会「情報公開法制の確立に関する意見」（平成八年一二月一六日）、総務省行政管理局編『詳解情報公開法』（財務省印刷局、二〇〇一年）四三七頁。

＊4　総務省『情報公開訴訟についての検討資料』一頁。http://www.soumu.go.jp/main_sosiki/gyoukan/kanri/jyohokokai/pdf/041130_k_08.pdf

＊5　大阪府知事交際費訴訟第一次上告審判決・平成六・一・二七民集四八巻一号五三頁、栃木県知事交際費訴訟第一次上告審判決・平成六・一・二七判時一四八七号四八頁。

階での基準となっている。大阪府知事交際費に関する最高裁判決は、同交際費情報について、「相手方氏名等の公表、披露が当然予定されているような場合は別として」、「公開によって相手方の氏名等が明らかにされることになれば、懇談については、相手方に不快、不信の感情を抱かせ、今後府の行うこの種の会合への出席を避けるなどの事態が生ずることも考えられ、また、一般に、交際費の支出の要否、内容等は、府の相手方とのかかわり等をしん酌して個別に決定されるという性質を有するものであるところから、不満や不快の念を抱く者が出ることが容易に予想される」[6]とし、懇談に係る文書については大阪府条例八条四号（審議・検討・協議情報）または五号（事務事業情報）により、その余の慶弔等に係る文書については同条五号により、公開しないことができる文書に該当するというべきである、と判示している。栃木県知事交際費に関する最高裁判決も、これとほぼ同旨である。

しかし、この二つの最高裁判決の差戻審である大阪高裁一九九六（平成八）年六月二五日判決と東京高裁一九九八（平成一〇）年三月一六日判決では、共通する交際費情報の開示判断につき、一部異なった解釈が行われ、その後の下級審判決においても、意見は分かれてきた。[7]このような状況は、上記二つの最高裁判決の中で示された、相手方が識別される場合でも例外的開示となる、「相手方の名称等が外部に公表、披露されることがもともと予定されているもの」という部分の説明の「不明瞭さ」によるものであった。

二〇〇一（平成一三）年三月二七日の大阪府知事交際費訴訟の第二次上告審判決は、[8]

＊6　民集四八巻一号六〇頁。以下に出てくる大阪府公文書公開等条例は、一九九九年大阪府条例第三九号による全面改正以前のもの。

＊7　大阪高判平成八・六・二五行集四七巻六号四四九頁、東京高判平成一〇・三・一六判タ一〇〇三号一八六頁。

＊8　最判平成一三・三・二七判例自治二一四号一〇頁。

この点について、どのような場合が、そのような交際にあたるかを明確にすることになった。すなわち、そこでは、「『相手方の氏名等が外部に公表、披露されることがもともと予定されているもの』とは、交際の相手方及び内容が不特定の者に知られ得る状態でされる交際に関する情報を意味し」「当該交際が、その行われる場所、その内容、態様その他諸般の事情に照らして、その相手方および内容がそれを知られることがもともと予定されている特定の関係者以外の不特定の者に知られ得る性質のものであるか否かという観点から判断すべきである。」「そうであれば、知事と相手方との交際の事実そのものは不特定の者に知られ得るものであっても、支出金額等、交際の内容までは不特定の者に知られ得るものとは言えない情報は、上記の『相手方の氏名等が外部に公表、披露されることがもともと予定されているもの』に当るということはでき」ない、との見解を示している。[*9] この結果、本件上告審判決では、第二次控訴審判決で不開示情報該当性を否定されていた、「国会議員主催の会合に対する祝金」と「政界関係者の後援会主催の懇談会に対する祝金」に関する部分が、破棄されることになった。

この第二次上告審判決は、交際の相手方が不特定の者に知られうる状態にあった場合でも、交際の内容（交際費の金額）等が不特定の者に知られうる状態にない場合は、開示情報に該当しないとするものであり、問題の「相手方の氏名等が外部に公表、披露されることがもともと予定されているもの」という要件は、本件判決によってかなり限定されたものとなった。二〇〇一（平成一三）年五月二九日の京都府知事交際費

＊9　判例自治二一四号一九頁。

訴訟最高裁判決も、同旨となっている。

また、本件上告審判決は、大阪府情報公開条例の「部分開示義務規定」に関し新たな判断を示しているが、この問題については、**4**で取り上げる。

その後、二〇〇四（平成一六）年三月二日の東京都知事交際費訴訟最高裁判決においては、以上述べたこれまでの最高裁の考え方をふまえ、さらに、交際の相手方が公務員であり公務の遂行を伴う場合の交際については開示に該当するとし、知事交際費を「慶祝」「弔慰」「餞別」「見舞」「会費」「謝礼」「接遇」「雑」の支出項目に分類して、本件知事交際費に関する情報のうち、「慶祝」「餞別」「見舞」「謝礼」「雑」については「非開示情報」に該当するとしている。「弔慰」「会費」「接遇」に関しては、さらに具体的な内容によって、「開示」か「非開示」のどちらかに分かれることを指摘している。[*10]

なお、交際費に関する訴訟は、今日では、地方自治法上の「公金の支出」に関わる住民訴訟として、その「支出」の適法性を問うとともに、違法な支出については地方自治体の長に損害賠償を求める方向にあり、新たな動きをみせている。[*11] また、交際費支出の「合理性」が厳しく問われるようになってきている。[*12]

◉食 糧 費

食糧費訴訟については、一九九四（平成六）年二月八日の大阪府水道部懇談会費訴訟の最高裁判決[*13]がリーディング・ケースとなっている。これは、大阪府水道部が事業

＊**10** 最判平成一六・三・二判例自治二五四号一三頁。
＊**11** 最判平成一八・一二・一判例自治二九五号一〇頁。
＊**12** 山村恒年「財務行政過程の合理性と判例――住民訴訟における公金支出の合理性」判例自治三一五号九四頁・三一六号九三頁などを参照。
＊**13** 大阪府水道部懇談会費訴訟上告審判決・平成六・二・八判時一四八八号三頁。

の施行のために行ったとする懇談会等に係る情報、具体的には、懇談会等に際して作成された支出伝票、これに添付された債権者の請求書および経費支出伺が、当時の大阪府情報公開条例八条一号（法人情報）・四号（審議・検討・協議情報）・五号（事務事業情報）の不開示情報にあたるかどうか、が問題となった事件である。本判決の特徴は、知事交際費の場合とは異なり、水道部の懇談会等が「儀礼的な」交際事務の性格を有していることを認めず、同懇談会等は「事業の施行のために必要な事項についての関係者との内密の協議を目的として行われたもの」という前提に立ち、当該請求情報が、そのような内実を伴った交渉等事務に関わる秘匿すべき情報に該当するかどうか、を問題としているところにある。

同最高裁判決は、とくに、八条四号・五号該当性について、「上告人（大阪府水道企業管理者）の側で、当該懇談会等が企画調整等事務又は交渉等事務に当たり、しかも、それが事業の施行のために必要な事項についての関係者との内密の協議を目的として行われたものであり、かつ、本件文書に記録された情報について、その記録内容自体から、あるいは他の関連情報と照合することにより、懇談会等の相手方等が了知される可能性があることを主張、立証する必要があるのであって、上告人において、右に示した各点についての判断を可能とする程度に具体的な事実を主張、立証しない限り、本件文書の公開による前記のようなおそれがあると断ずることはできない。」「ところが、本件において、上告人は、右の各点について具体的に主張するところがない」[*14]と判示し、最終的に、すべての本件請求情報に関して、不開示情報該当性を否定してい

*14　判時一四八八号七頁。

る。

本件判決は、このように、大阪府側に、不開示情報該当性につき、具体的な主張・立証の責任を課しているが、この点は、上記大阪府知事交際費訴訟第一次上告審判決等が、同該当性に関し多様な支出情報を一くくりにして概括的に判断しているのとは異なる。[*15] また、同最高裁判決は、いわゆる官官接待における公務員名を開示すべきとした一九九六(平成八)年七月二九日の宮城県食糧費公開訴訟判決に大きな影響を与えることになった。[*16] この宮城県食糧費公開訴訟は、懇談会の相手方を公務員と私人の場合に分け、公務員は公務遂行のために懇談会に出席したものであり、また、私人についても、同懇談会は「公務に準ずる公的な事業」に関するもので、それらの役職・氏名は、原則としてまたは当然には「個人に関する情報」に該当しないとするものである。さらに、同判決は、公務員や民間企業の職員の氏名が開示されることによって、当該職員の「私生活の平穏が不当に侵害される」場合がありうることを認め、そのような特別の事情の存在については、具体的な立証が必要なことを説いている。[*17]

食糧費訴訟における「相手方の氏名」に関しては、上述の知事交際費の場合とは異なり、具体的な事例の中で個別的に検討する方法がとられている。このような傾向は、その後の下級審判決の中にもみられる。また、この食糧費関係では、カラ出張等不正支出問題について、自治体が独自に行った調査に関する文書の開示請求が行われ、公開を認容する判決が出ている。[*18]

食糧費訴訟における「個人に関する情報」の扱いについては、さらに、二〇〇三

＊15 大阪府知事交際費訴訟第一次上告審判決等と大阪府水道部懇談会費訴訟最高裁判決の共通点・相違点については、平松毅『情報公開条例の解釈』(信山社、一九九八年)一九九頁以下参照。

＊16 宮城県食糧費公開訴訟・仙台地判平成八・七・二九判時一五七五号三一頁。

＊17 判時同号四〇頁参照。

＊18 野村武司「情報公開訴訟の動向と到達点」法律時報七三巻二号四一頁。札幌地判平成一一・二・二六判タ一〇五〇号一一七頁。

（平成一五）年一一月一一日の大阪市食糧費公開請求訴訟の上告審判決[19]が、「個人に関する情報」については「個人にかかわりのある情報」であればよいと広くとらえ、「法人等の行為そのものと評価される行為に関する情報」と「公務員の職務の遂行に関する情報」の二つに分けて、整理を行っている。そこでは、法人等の代表者等の地位その他一定の権限を有する者等の、食糧費が支出された会議等への出席に関する情報については、法人等に関する情報（事業を営む個人の当該事業に関する情報を含む）（当時の大阪市公文書公開条例六条三号）に該当するものとして扱い、公務員の職務遂行に関する情報については、市政に関する情報の大部分が「同市の公務員の職務の遂行に関する情報」であるという理由で、公務員個人の私事に関する情報が含まれる場合を除き、「個人に関する情報」で特定の個人が識別される情報等（同条例六条二号）に該当する「非公開情報」にはあたらない、としている。これに対し、法人等に関する情報に該当しない法人等の代表者等の地位その他一定の権限を有する者以外の同会議等への出席情報については、大阪市公文書公開条例第六条二号該当の「個人に関する情報」として扱うこととし、同規定の「但し書き」に該当する事実がそこにない以上、同情報は非公開になるとしている。この上告審判決は、「個人に関する情報」の範囲について確認を行うとともに、食糧費が支出された会議等への出席につき、法人その他の団体の関係者や公務員の氏名等の公開に関して、一定の判断基準を示すものである。

＊19　大阪市食糧費公開請求訴訟上告審判決・平成一五・一一・一一判時一八四二号三一頁。本判決の考え方は、最小判平成一五・一一・二一判タ一一四三号二〇七頁、最小判平成一五・一二・一八判タ一一四三号二〇一頁においても踏襲されている。

◉指導要録・内申書など

指導要録・内申書の開示請求をめぐる訴訟については、東京地裁一九九六（平成八）年五月二三日判決と浦和地裁一九九七（平成九）年八月一八日判決[*20]をあげることができる。前者は自己の小学校在学当時の指導要録の開示を求めたものであり、後者は、高等学校入学志願者の内申書（調査書）につき、保護者が同調査書の開示請求を行ったものである。

一九九六年五月二三日のこの東京地裁判決では、児童指導要録が、東久留米市公文書公開条例第九条一項二号にいう「個人情報であり、公開されることにより、私生活の平穏が害されるおそれのあるもの」に該当するかどうか、が問題となっている。判決は、この点について、「同号は公文書に記載された個人情報が当該個人以外の者に公開されることによるプライバシーの侵害等を考慮して規定されたものと考えられ、ここにいう私生活の平穏とは、公文書に自らの個人情報を記載された者の私生活の平穏をいうものと解される。そうであるとすれば、公文書の作成者の私生活の平穏は、本来、同号の考慮外というべきであり」、「右のような趣旨からすれば、個人情報が記載され、公開されることにより本人の私生活の平穏が害されるおそれがある文書であっても、本人からの請求に対しては、特別の事情がない限り、原則として、同号を適用して公開を拒否することはできないというべきである[*21]」として、本件条例第九条一項二号による開示拒否処分を否定している。これは、プライバシーに関わる個人情報であっても、本人からの請求による場合は、開示しうるとするものであり、情報公開

*20 東京地判平成八・五・二三判時一五二三号五八頁、浦和地判平成九・八・一八判時一六六〇号四八頁。

*21 判時一五二三号六三頁。

条例による自己情報開示の可能性を示すものである。しかし、当該指導要録の具体的な不開示部分（「行動および性格の記録」など）については、結局、「市政執行に関する情報」にあたるとして、公開が認められなかった。高裁判決も控訴を棄却し、地裁判決と同旨となっている。

一九九七年八月一八日の浦和地裁判決は、子の個人情報を親が開示請求できるかを問う貴重な判例であり、埼玉県行政情報公開条例（改正前の条例、一九八二年条例六七号）が、その七条で自己情報の本人開示請求を認めていることを根拠に、中学校から高等学校に提出された内申書の開示を親が求めたものである。判決は、「具体的な情報開示請求権は、憲法や親の教育権から直接発生するものではなく、法律あるいは条例により」成立するものであり、「右六条一項一号に定める情報は通常他人に知られたくない個人に関する情報、すなわち個人のプライバシーに関するものとして非公開の保護を受ける情報であることに鑑みると、右七条にいう『本人』、すなわち同条に基づく情報公開請求権を有する者は、当該情報の対象である個人を意味するものと解される」。そうすると、「原告はこれに当らないことは明らかである」[*22]と判断し、親の開示請求権を否認している。

しかし、個人情報保護条例に基づき開示請求が問題となった東京地裁一九九七（平成九）年五月九日判決[*23]では、自殺した中学生の親が、同自殺に関する全校生徒の作文を開示請求し、その不開示決定を争うなかで、請求人としての原告適格が認められている。この判決は、一定の場合、「子の個人情報」を家族共同体構成員の固有情報と

＊22　判時一六六〇号五五頁。

＊23　東京地判平成九・五・九判時一六一三号九七頁。

みなし、親の個人情報と同視することができるとするもので、請求情報の内容によっては、親の請求権を認めるべき場合があることを示唆している。

指導要録や内申書の開示請求は、今日ではむしろ、情報公開条例ではなく、個人情報保護条例に基づいて行われるのが通例である。高槻市の個人情報保護条例の下で内申書開示が問題となった大阪地裁一九九四（平成六）年一二月二〇日判決[*24]では、「総合所見」欄のみを不開示とし、他の「各教科の学習の記録」「学習の総評」「身体の記録」の部分については、開示相当としている。また、大阪高裁一九九九（平成一一）年一一月二五日判決[*25]は、指導要録および調査書（内申書）に、「マイナス評価が記載されるのであれば、正確な資料に基づくのは勿論、日頃の指導等においても本人あるいは保護者に同趣旨のことが伝えられ、指導が施されていなければならないものというべきである」として、同指導要録等の全面開示を命じている。指導要録・内申書については、ここ数年、全面開示とする地方自治体も多く、この判決もそのような流れに沿ったものということができる。

東京都大田区の小学校指導要録の開示請求が問題となった二〇〇三（平成一五）年一一月一一日小法廷判決[*26]は、指導要録の開示につき最高裁の判断が示された最初のものである。原判決である東京高裁の一九九八（平成一〇）年一〇月二七日判決は、小学校児童指導要録の裏面の「各教科の学習の記録」「特別活動の記録」「行動及び性格の記録」および「標準検査の記録」の欄の全部について、非開示該当性を認めたが、これに対し、最高裁は、「各教科の学習の記録」欄の「I観点別学習状況」および

*24　大阪地判平成六・一二・二〇判時一五三四号三頁、大阪高判平成八・九・二七判タ九三五号八四頁。

*25　大阪高判平成一一・一一・二五判タ一〇五〇号一一一頁。

*26　最判平成一五・一一・一一判タ一一四三号二一四頁。

「Ⅱ評定」の部分と、「標準検査の記録」欄に係る部分は、非開示情報にはあたらないとして、東京高裁のこれらの部分に関する判断を破棄した。そこでは、学習目標達成の三段階または五段階評価につき主観的要素が入る余地が少ないことや、検査結果等の記載が客観的な事実のみであることなどが指摘されている。本件請求の根拠規定となった自己情報の開示請求を認める大田区公文書公開条例一〇条は、一九九八（平成一〇）年に「大田区個人情報の保護に関する条例」が制定されたことにより、同条例から削除されたが、本判決は、指導要録の開示に関する最高裁の見解を示すものとして注目に値する。[*27]

なお、教育情報に関しては、最近、学力テストの学校別成績の開示拒否が仙台高裁二〇〇七（平成一九）年一二月二〇日判決[*28]によって支持されたが、これまで、全体としては、公立高等学校の中途退学者数および原級留置者数や学校事故・体罰報告書、入試成績情報など多方面にわたる開示請求が行われ、かなりの部分において公開が実現されてきている。[*29]

◉公共事業用地等の取得価格、入札、訴訟記録、警察情報、議会情報など

最近では、公共事業用地・代替地の取得価格・買収単価、氏名競争入札に関する予定価格調書、係属中の民事訴訟事件や行政訴訟事件の訴訟記録などの請求事例が目立つようになってきている。また、警察や議会が新たに実施機関となったことにより、警察情報や議会情報の公開請求に関する訴訟も増加の傾向にある。まず、公共事業用

＊27　削除される前の大田区公文書公開条例一〇条は、「実施機関は、前条第一号本文の規定にかかわらず、請求権者（法人その他の団体を除く。）から、自己に係る情報について公文書の開示の請求があった場合は、当該情報を開示しなければならない。ただし、次に掲げる各号の一に該当するときは、この限りではない。」と定め、同条二号で、個人の指導、診断、判定又は評価等に関する情報であって、当該個人に開示しないことが正当と認められるもの」と規定している。判タ一一四三号二一七頁参照。

＊28　盛岡地判平成一九・八・一七の控訴審判決。同判決および地裁判決については、塩入みほも「小中学校学力テストに関する学校別明細情報」季報情報公開個人情報保護二八号二八頁を参照。

地・代替地の取得価格等については、最高裁二〇〇六（平成一八年）七月一三日判決[*30]が、これらの情報は「性質上公開に親しまないような個人情報であるとはいえない」し、その開示によって「当該法人の競争上その他正当な利益を害するとは認め難い」と述べて、同情報の非開示該当性を否定している。買収価格等および評価答申額等は、「公共用地の取得に伴う損失補償基準」等に基づく、また、代替地の取得価格および譲渡価格から推知される「一定の範囲内の客観的な価格である」というのが理由である。

入札については、地下鉄車両製造請負契約の指名競争入札に関する名古屋地裁二〇〇四（平成一六）年八月三〇日判決[*31]が、予定価格および設計金額等を公表しても「当該地方公共団体等の利益・地位を不当に害するおそれがあるとはいえない」として、同情報につき非公開とされた処分を取り消している。この入札情報に関しては、請負工事設計書の設計金額の開示を争った東京高裁一九九九（平成一一）年三月三一日判決[*32]があるが、国が時期を同じくして公共工事の予定価格の事後公表に踏み切り、その後、「公共工事の入札及び契約の適正化の促進に関する法律」（平成一二年一一月二七日法律一二七号）が制定されたことから、この予定価格等については、全国的にその公表が推進されてきた経緯がある。

訴訟記録の公開請求については、高松高裁二〇〇六（平成一八）年四月二四日判決[*33]によって、医療過誤訴訟に関わる場合、不開示情報に該当する旨の判断が行われている。控訴人（原告）は、県が当事者として所持する同訴訟記録につき、「法令等の規

＊29 教育情報の公開に関しては、原口政敏『開かれた教育行政を求めて』（自治体研究社、一九九三年）、坂本秀夫『教育情報公開の研究』（学陽書房、一九九七年）、大場裕一「横浜市立大学入試成績開示訴訟と自己情報開示請求権」法律時報七三巻三号八六頁などを参照。

＊30 最判平成一八・七・一三。同判決および解説については、石森久広「公共事業用地・代替地の取得価格等に関する文書」季報情報公開個人情報保護二四号一六頁を参照。同旨の先行判例としては、最判平成一七・七・一五、最判平成一七・一〇・一一がある。

＊31 名古屋地判平成一六・八・三〇判例自治二六六号一九頁。

＊32 東京高判平成一一・三・三一判時一六七八号六六頁。本件では、一九九八年以

定により何人も閲覧できるとされている情報」、または「公表を目的として作成し、又は取得した情報」にあたるとして争ったが、高裁は、訴訟記録に現れたプライバシー情報、個人の印影など財産等への保護に配慮し、非公開とした。第一審判決は不開示情報にはあたらないとしていたため、第一審と控訴審では判断が分かれている。上告が行われており、最高裁の今後の判断が注目される。

その他、監査情報については、逗子市情報公開条例に基づく請求に関する最高裁一九九九（平成一一）年一一月一九日判決[*34]がある。これは、逗子市池子弾薬庫跡地に関係する住民監査請求の一件記録に含まれる関係人の事情聴取書の開示を求めるものであるが、第一審および控訴審では、当該情報の不開示処分の違法性が認められたものの、最高裁判所では、破棄差戻しとなっている。同情報の開示は、監査事務執行の妨げになるというのがその理由である。

警察情報、議会情報については、次節の実施機関の拡大のところで取り上げる。

3 新たな情報公開条例時代の到来——実施機関の拡大と内容の改善など

◉国の情報公開法の施行

国の情報公開法である「行政機関の保有する情報の公開に関する法律」（以下、「情報公開法」という）が二〇〇一年四月より施行されたことは、国レベルの情報公開制度の整備・充実は当然であるとして、さらにこれまでの地方自治体の情報公開条例につ

降、予定価格の事後公表が一般化し、市は当該不開示部分を控訴審係属中に証書の形で公開することになったが、その場合でも、開示請求者の訴えの利益は消滅しないとした。本判決は、むしろこの点において、注目すべきものといわれる。

＊33 高松高判平成一八・四・二四判例自治二八八号一二頁。村田哲夫・岸本孝之「プライバシー保護に揺れる訴訟記録原則公開」判例自治二九四号四頁を参照。

＊34 最判平成一一・一一・一九民集五三巻八号一八六二頁。

いても、その内容を拡充・発展させることになった。

情報公開法は、その特徴として、一条の「目的」に、「国民主権」と「アカウンタビリティ」の考え方をうたいこんでいる。二条以下では、「請求権者」を「何人も」とし、「実施機関」や情報公開の対象となる「行政文書」の定義については、電磁的記録や組織共用文書を含めて広く設定するとともに、救済に関しては、情報公開・個人情報保護審査会の権限を強化するなど、注目すべき内容となっている。これまでの自治体条例のなかにも、かなり先進的なものがあったが、この情報公開法の制定は、それらの内容を全般的に標準装備的な程度にまで押しあげたところに、大きな意味がある。

また、情報公開法は、その二六条で、「地方公共団体は、この法律の趣旨にのっとり、その保有する情報の公開に関し必要な施策を策定し、及びこれを実施するよう努めなければならない」と定めているが、これによって、まだ情報公開条例を制定していない自治体は同条例の早期制定（二〇〇九年四月現在、条例（要綱等）の制定状況は九九・七%に達している）*35が、また、すでに制定している自治体は、その内容を情報公開法のレベルまで少なくとも引き上げる（一部については、国の情報公開法に従うことによって、内容的に後退を余儀なくされるところもあると思われるが、この点については後で取り上げる）努力をすることが、要請されることとなった。

＊35 総務省「情報公開条例（要綱等）の制定状況調査の結果」二〇〇九（平成二一）年八月七日。

◉説明責任と知る権利の明記

以下、国の情報公開法の内容と比較しながら、現段階における情報公開条例の到達点を明らかにし、さらに、同制度の新たな動き・展開について述べることにする。

本講の冒頭ですでに紹介したが、大阪府情報公開条例は、その前文で、大阪府の府民に対する「説明責任」を明記し、さらに「知る権利」の保障についても言及している。行政の諸活動を「説明する責務」、すなわち「アカウンタビリティ」は、情報公開法の制定に先立ち、一九九六年一月の「情報公開法についての検討方針」の中で取り上げられて以来、広く情報公開条例の中に書きこまれるようになった、情報公開制度の基本的な考え方である。国の情報公開法は、この「アカウンタビリティ」を目的規定の中にうたいこんだが、「知る権利」については、なお不明瞭な概念であるとして、明記することを差し控えた。地方自治体の情報公開条例の中には、この「知る権利」を「説明責任」とセットで定めるものが多くなっている。[*36] これは、地方自治体における情報公開制度を、憲法上の制度として位置づけるものであり、同制度に対する理解の深まりを示すものである。

◉警察機関と議会も実施機関に

次に、都道府県情報公開条例において、実施機関に「公安委員会」「警察本部長」を加える自治体が増えていることも、近年の特徴である。従来、これらの警察機関は、犯罪捜査や個人のプライバシーに関わる情報を大量に扱い、また、公安委員会には地

＊36 神奈川県情報公開条例（全部改正：二〇〇〇年三月二九日条例二六号）は、一条の目的規定の中に、この「知る権利」と「アカウンタビリティ」をうたいこんでいる。

方自治法（一三八条の四第三項）および同施行令（旧地自一二一条の四）上、情報公開審査会等の附属機関を設置することができないとする規定があったため、情報公開条例上の実施機関に加えられることはなかった。しかし、情報公開法がその二条一項二号および四号に基づき、国家公安委員会および警察庁を情報公開の対象機関とし、さらに地方自治法施行令の改正によって[*37]、同附属機関等の設置が可能になったことから、その後は、各都道府県において、「公安委員会」等を実施機関に入れることが加速化し、今日ではすべての都道府県の情報公開条例が警察機関を実施機関としている。

警察情報については、これまで、知事部局に保管されている警察の予算執行関係文書、たとえば、懇談会・旅費支出等に関する文書の公開が問題となってきたが、同開示請求に対しては、事実上の文書管理を情報公開の実施機関となっていない警察本部へ移すなどの方法によって、一部対抗的な措置がとられてきた。このような問題に対する裁判所の立場は、知事の予算執行権に着目し、警察の同文書を開示請求の対象とするものと、現実の保有関係を重視し、開示対象文書とは認めないものに分かれてきたが、最高裁判所は後者の立場を支持する方向にあった[*38]。しかし、上述のように、警察機関が情報公開条例上の実施機関となることによって、以後、この問題は争点ではなくなった。

この警察情報については、警察機関を実施機関としたことにより、各都道府県条例は同時に原則公開の例外として定める不開示情報の規定に、「犯罪の予防、鎮圧又は捜査、公訴の維持、刑の執行その他の公共の安全と秩序の維持に支障を及ぼすおそれ

＊**37**　地方自治法一三八条の四および同施行令一二一条の四参照。

＊**38**　福岡地判平成一一・四・二六判タ一〇〇一号一三〇頁、仙台高判平成一二・三・一七判例自治二〇四号一〇頁、最判平成一五・六・一〇判時一八三四号二一頁などを参照。

がある」と認められる情報、すなわち「公共の安全等に関する情報」を追加した。現在、この不開示情報規定との関連では、警察本部の「捜査報償費」、「食糧費」、「懇談会費」等の開示請求に関する訴訟が提起されている。とくに、最高裁二〇〇七（平成一九）年五月二九日判決[*39]は、捜査報償費の支払いに対して作成されたいわゆる「偽名領収書」の公開の是非を問うものであるが、最高裁判所は、これを開示した場合、情報提供者等から捜査協力を受けることが困難となり、知りうる情報等を総合することによって領収書の作成者が容易に特定されることになる、などの理由を掲げ、同情報の非開示該当性を容認している。食糧費については、鳥取地裁二〇〇四（平成一六）年六月一五日判決[*40]が、食糧費に関する支出負担行為書および支出仕訳書の警察職員の氏名および印影を開示すべきとしている。また、懇談会費に関する訴訟としては、警察機関が実施機関となる前に問題となった、知事部局から警察本部に移管された懇談会費支出書類の「管理」の性格、すなわち情報公開条例が定める「実施機関が管理している」ことの意味が問われた最高裁二〇〇三（平成一五）年六月一〇日判決が存する。これらの裁判の動きについては、すでに述べた[*41]。

議会情報についても、議会を情報公開条例上の実施機関として位置づけ、また、議会独自の情報公開条例を定めるなどして、情報公開を促進する地方自治体が増えている。この点に関しては、国会が依然として情報公開法の実施機関になっていないことを考えると、自治体が国に先行する状況となっている[*42]。二〇〇九年四月現在、議会を情報公開の対象とするものは一七八二団体である。そのうち、執行機関の条例で議会

＊39 最判平成一九・五・二九判時一九七九号五二頁。

＊40 鳥取地判平成一六・六・一五判例自治二六〇号一〇七頁。

＊41 前掲**＊38**を参照。

＊42 議会情報の公開については、右崎正博「議会の情報公開」杉原泰雄先生古稀記念論文集『現代憲法の歴史と課題』（勁草書房、二〇〇〇年）三四五頁を参照。

を対象としているものは一七五〇団体、議会独自の条例を定めているものは三一団体となっている。[*43]

議会情報の開示が争われた訴訟としては、最高裁二〇〇四(平成一六)年一一月一八日判決[*44]をあげることができる。これは、町議会の議事内容が収録された録音テープを議事録作成前に開示請求したものであるが、最高裁判所は、本件テープを「会議録作成のための基礎となる資料」と性格づけ、会議録がいまだ作成されていない段階において同テープだけを開示することはできない、と結論づけている。本件で問題となった条例は、開示対象の情報を「決裁又は閲覧の手続が終了」したものとする、いわゆる決裁・供覧文書に限定する旧来型のものであるが、今日、ほとんどの条例が「行政文書」を「組織共用文書」とし、また、同文書に「写真、スライド、電磁的記録」などを含めていることを考えた場合、本件のように録音テープの開示を議事録の決裁とセットでとらえる方法は、理解しにくい面があるといわなければならない。なお、下級審の判決には、本件のような録音テープにつき、メモ代わりに事実上作成されたものにすぎず、「実施機関の職員が職務上作成し」たものであっても、「決裁又は供覧の手続きが終了した」ものとはいえないとするもの、さらに、録音テープは正確性を担保するための補助手段にすぎず、そもそも「職員が組織的に用いるもの」ともいえない、としたものがある。[*45]

*43 総務省による平成二一年四月一日現在の調べ。前掲*35を参照。

*44 最判平成一六・一一・一八判例自治(一七―索引)二六頁。

*45 津地判平成一四・六・二〇判例自治二三三号八頁、岡山地判平成一五・九・一六判例自治二五三号二六頁を参照。

◉公開対象文書・請求権者の拡大、不開示情報の見直しなど

情報公開法は、その二条二項で、情報公開の対象となる行政文書の範囲を、行政機関の保有するすべての組織共用文書、すなわち、「当該行政機関の職員が組織的に用いるもの」とし、「電磁的記録」も対象としている。地方自治体の情報公開条例は、従来、その大半が、決裁と供覧の終わった行政文書に限定して、情報公開の対象文書としてきた。しかし、この考え方に対しては、決裁・供覧の手続を経ていない文書の中にも、情報開示を必要とする行政文書が含まれている可能性があることから、狭すぎるという批判が存在した。今日の改正条例は、国の情報公開法にならい、そのほとんどが、電磁的記録も含めて、開示対象文書の範囲を「組織共用文書」とするようになっている。また、ますます進展する社会の情報化は、行政情報の電子化をもたらし、同情報の電子的提供はもちろんのこと、かなりの自治体ですでに、オンラインによる情報請求の試みも行われている。*46

開示請求権者についても、今日では、「何人も」とする自治体が多い。請求権者をこのように広く定めることは、最近の「交通通信網の発達、行政施策・経済活動の広域化等の事情に照らして」、十分に意義があるといえる。*47

不開示情報に関する規定の見直しも、一つの大きなテーマである。個人情報については、地方自治体の多くが個人情報識別型を採用するが、公務員の氏名・職等の開示については、やはり、特別の規定を置いて対処する必要がある。情報公開法は、五条一号ハにおいて、当該個人が公務員である場合、「当該情報がその職務の遂行に係る

＊46　オンライン請求を認める自治体については、亀井光正「大阪府の情報公開制度」季報情報公開三号（二〇〇一年）二七頁、宇賀克也「電子化時代の行政と法」ジュリスト一二一五号（二〇〇二年）一三頁などを参照。

＊47　宇賀克也『情報公開法・情報公開条例』（有斐閣、二〇〇一年）三三頁。

情報であるときは、当該情報のうち、当該公務員の職および当該職務遂行の内容に係る部分」は開示しなければならない、と規定している。このような取扱いが自治体の情報公開条例の目安となる。公務員の氏名については、国の場合、同号イの「法令の規定により又は慣行として公にされ、又は公にすることが予定されている情報」に含めて処理されるようになっているが、たとえば、福岡県情報公開条例七条一号八のように、個人情報であっても開示できる場合として、「公務員等の職務の遂行に係る情報に含まれる当該公務員等の職及び氏名並びに当該職務遂行の内容に係る部分」と明記する方法も考えられる。*48

この個人情報のほか、法令秘情報、法人情報、審議・検討・協議情報、事務事業情報、犯罪予防・捜査等情報などについて定める不開示規定の運用に関しては、今後さらに判例の集積をまつ必要があるが、同規定に基づき開示を制限する場合は、情報公開の原則公開の理念に立ち戻り、厳格な条例解釈が要請される。情報公開法は、上記のような不開示情報にあたる場合でも、「公益上特に必要がある」と認めるときは開示できる、とする「裁量的開示」（七条）について定めている。このような工夫も、すでに地方自治体の情報公開条例の中では広がっている。

その他、情報公開法は、情報開示手続の中で、第三者に意見提出の機会を与え（一三条）、また、行政不服申立てによる情報公開・個人情報保護審査会の審議に際しては、同設置法によって審査会にイン・カメラ審査やヴォン・インデックスの方法による審査の権限を与える（九条）など、情報の開示・不開示に基づく不利益の発生に対

*48　福岡県情報公開条例（改正二〇〇一〔平成一三年〕年三月三〇日条例五号）。

し、十分な救済措置を講じる努力をしている。これらの点についても、地方自治体の反応ははやく、改正条例のほとんどが、同様の救済措置を取り入れている。従来の情報公開条例は、情報公開審査会のイン・カメラ審査とヴォン・インデックスによる審査については、条例本体に書きこまず、運用の中で認めるものが多かったが、最近では、同権限について、条例化する方法が一般化している。このような傾向は、請求権者の権利救済の観点から当然のことともいえる。[*49]

◉グローマー拒否など新たな問題

このような地方自治体におけるすばやい反応は、常にいい結果を生むとは限らない。国の情報公開法八条は、グローマー拒否、すなわち行政機関の「存否応答拒否」について定めているが、同規定は、その運用次第では、情報公開法の原則公開の理念をないがしろにする可能性をもっている。そして、同規定も、すでに多くの地方自治体で採用されている。このグローマー拒否とは、情報公開制度上、行政機関が行政文書の存否を明らかにするだけで、不開示規定によって保護しようとしている法益、たとえば、「国家の安全」や個人のプライバシーの利益等を侵害することになると考えられる場合、当該文書の存否そのものを明らかにしない回答を認めるものである。同規定を導入するにしても、その濫用を考えると、少なくとも不開示情報のすべての領域に、この規定の網をかぶせることは問題である。この点、北海道情報公開条例一一条は、「特定の個人の生命、身体若しくは名誉が侵害されると認められる場合又は犯罪の予

＊**49**　国の情報公開法や情報公開条例の運用状況や論点を扱ったものとして、宇賀克也・前掲＊**47**の文献のほか、第二東京弁護士会編『情報公開条例ハンドブック』（花伝社、二〇〇〇年）、宇賀克也『新・情報公開法の逐条解説〔第四版〕』（有斐閣、二〇〇八年）、季報情報公開個人情報保護一号〜三四号（二〇〇一〜二〇〇九年）を参照。

防、捜査等に支障が生ずると認められる場合」に限定して、同種の規定を導入している。グローマー拒否は、すでに指摘したように、原則公開という理念を不当に狭めるおそれがあり、可能な限り、このような規定を置かずに他の方法で対処するなどの工夫が求められる。*50

◉独立行政法人等の情報公開問題

最後に、国は二〇〇一（平成一三）年一一月に、「独立行政法人等の保有する情報の公開に関する法律」を制定したが、これは、政府の出資する特殊法人等が保有する情報の公開を目指すものである。*51 一方、地方自治体では、同様の問題として、同自治体の出資する外郭団体の情報公開が、これまで課題となってきた。この外郭団体の情報開示については、各自治体とも「責務規定」を有するにとどまり、同団体自らが情報公開を進めていく責務や自治体のほうで取り組むべき方策について定めるなどの方法で臨んできた。先進的なものとしては、「外郭団体の情報公開に関する要綱」などを定め、自治体の出資率を基準にして、同団体を情報公開の対象とするものが存在した。しかし、最近では、地方三公社（道路公社、土地開発公社、住宅供給公社）を条例上の実施機関とし、また、その他の外郭団体と積極的に協定を結び、情報公開をさらに促進する自治体も多くなっている。*52 さらに、二〇〇三年七月制定の地方独立行政法人法に基づいて設立された地方独立行政法人についても、すでに多くの自治体が同法人を実施機関としている。

＊50 北海道情報公開条例（一九九八〔平成一〇〕年三月三一日条例二八号）。このグローマー拒否については、拙著「情報公開制度上の『グローマー回答』の問題点——アメリカ合衆国CIA関係の判例を手がかりに」石村善治先生古稀記念論集『法と情報』（信山社、一九九七年）三四一頁、同「情報公開法の『存否応答拒否』の問題点と都道府県情報公開条例」県立長崎シーボルト大学国際情報学部紀要創刊号（二〇〇〇年）七九頁などを参照。

＊51 独立行政法人等の保有する情報の公開に関する法律（二〇〇一〔平成一三〕年一二月五日法律一四〇号）。同法の制定の経緯・内容については、溝口賢一「独立行政法人等の保有する情報の公開に関する法律について」季報情報公開四号（二〇〇二年）二

4　情報公開制度の新たな課題

ここでは、さらに、情報公開制度の新たな課題と思われるものを指摘しておきたい。

2で、二〇〇一（平成一三）年三月の大阪府知事交際費訴訟第二次上告審判決を紹介したが、同事件は、大阪府情報公開条例の「部分開示義務規定」についても、新たな見解を示すものであった。通常、情報公開条例は、行政文書の部分開示が可能な場合は、不開示情報に該当する部分を消去して開示が行われてきたが、同判決は、行政文書の内容が「独立した一体的な情報」である場合は、部分開示を義務づけるものではないとする判断を下した[*53]。そこでいう「独立した一体的な情報」とは何か。たとえば、最高裁は、問題となっている歳出額現金出納簿の支出を取り上げ、「年月日、摘要、金員の受払等の関係記載部分」を一体的情報としたうえで、同部分を細分化して公開する義務はないというが、見たい者が一部の公開でもいいというとき、一体的情報だからだめだということの意味がどれほどあろうか。「情報の有意性はあくまでも部分公開情報を開示請求者自身が解釈することで足りる[*54]」はずである。最高裁判所は、その後、食糧費支出に関する予算執行書等の開示を求める二〇〇七（平成一九）年四月一七日判決[*55]のなかで、この「独立した一体的な情報」についての考え方を変更しているように思われる。そこでは、公務員の懇談会への出席に関する情報と公務員以外の者の出席情報が細分化できないことを理由に、公務員の氏名のみを公開することは

頁を参照。

＊52　福岡市は協定等契約方式を導入し、他の外郭団体の情報公開にも積極的である。「情報公開法の運用と活用パネルディスカッション」季報情報公開一号二六—二七頁、西鳥羽和明「地方公社の情報公開」季報情報公開三号三〇頁、福岡市情報公開条例三九条（二〇〇二年〔平成一四〕年三月二八日条例三号）、同「出資法人等の情報公開協定に係る書式について」（二〇〇二〔平成一四〕年六月一一日付総務企画局長決裁）などを参照。

＊53　最判平成一三・三・二七判例自治二一四号二二—二三頁。

＊54　三宅弘「行政情報の公開——新たな課題」ジュリスト一二一五号（二〇〇二年）二二頁。

＊55　最判平成一九・四・一

許されないとする高裁の判断をくつがえし、非公開情報に該当しない公務員の出席に関する情報については当該文書中のいずれの個所にあるかを問わず、すべてを開示すべきとし、また、公務員と公務員以外の両者の情報に共通する記載部分がある場合も、非公開情報に該当する部分をのぞき、同記載部分は、公開すべき公務員の懇談会出席に関する情報として公開されるべきとしている。藤田宙靖裁判官は、この点について、「ある文書上に記載された有意な情報は、本来、最小単位の情報から、これらが集積して形成されるより包括的な情報に至るまで、重層構造を成すのであって……、行政機関が、そのいずれかの位相をもって開示に値する情報であるか否かを適宜決定する権限を有するなどということは、およそ我が国の現行情報公開法制の想定するところではないというべきである」と補足意見を述べている。極めて適切な見解といわなければならない。

次に、自己情報開示の問題を取り上げる。自己情報の開示は、基本的に個人情報保護条例によるべきとされるが、制度上は、情報公開条例でも可能と考えておくべきであろう。今日、ほとんどの情報公開条例は、個人情報識別型を採用することによって、個人情報を不開示情報としている。これはもともとプライバシー保護を目的として、定められたものである。このような規定の趣旨からすると、自己情報の開示を請求し、請求情報が個人情報にあてはまる場合でも、請求者が本人であり、プライバシー侵害の問題を惹起しない場合は、例外規定を設けて開示可能とすることもできるはずである。公務員の職務・氏名に関しては、すでにそのような措置がとられていることを指

七　http:/ww.courts.go.jp/saikosai/ 裁判例情報。

摘した。情報公開制度と個人情報保護制度の趣旨・目的のちがいを考えた場合、情報公開条例による自己情報の開示は、依然として、市民参加の契機を有するものとして重要といわなければならない。

最後に、情報公開制度の充実は、民主主義の要であり、それ自体は極めて重要なことであるが、一方で、政府や地方自治体による行政情報の任意的開示が強調され、情報公開制度の本来的な意味、すなわち情報開示請求制度としての存在価値がスポイルされかねない状況にあることも忘れてはならない。*56 行政機関による一方的な情報の提供は、情報操作につながる側面を有していることを、われわれは知るべきである。そのうえで、情報公開制度を主体的に利用しうる、いわゆる「情報リテラシー」を身につけた主権者となる必要がある。

＊56 阿部斉・新藤宗幸『概説日本の地方自治』（東京大学出版会、一九九七年）一五四頁を参照。

★ より理解を深めるために

宇賀克也『新・情報公開法の逐条解説〔第四版〕』有斐閣、二〇〇八年

情報公開の基本知識、行政機関情報公開法の逐条解説、独立行政法人等情報公開法の解説等を内容とし、地方自治体の情報公開条例の改正の動きや裁判例なども取り上げており参考となる。

宇賀克也『情報公開法・情報公開条例』有斐閣、二〇〇一年

地方自治体の情報公開条例の論点、情報公開法の比較法的検討、特殊法人等の情報公開が取り上げられており、情報公開制度の論点と全体像をつかむことができる。

松井茂記『情報公開法〔第二版〕』有斐閣、二〇〇三年

国の情報公開法の概説書であり、初めてのテキストブックである。情報公開法の考え方や個々の規定のくわしい解説があり、判例の動きもフォローできる。

第二東京弁護士会編『情報公開条例ハンドブック』花伝社、二〇〇〇年

東京都の情報公開条例の逐条解説を行ったものであるが、自治体における同条例改正の論点がわかる。また、資料篇の道府県情報公開条例（抄）は参考となる。

井手嘉憲ほか編『講座情報公開　構造と動態』ぎょうせい、一九九八年

情報公開の制度化、同制度の構造・動態の三編からなり、情報公開立法への政治力学、情報開示請求権と知る権利の問題など、原理論的な展開部分は、とくに興味深い。

◆コラム◆　自治体の外郭団体・独立行政法人・指定管理者の情報公開

自治体の出資する法人、すなわち外郭団体には、いわゆる法律に基づく地方三公社のほか、株式会社や財団法人などの形式をとるものがある。名称も、公社、協会、事業団などさまざまであり、出資率も、一〇〇%のものから、五〇%以上、二五%以上など、種々である。

これらの外郭団体（自治体出資法人）は、自治体から独立した人格を有する組織体ではあるが、実質的には、公共性・公益性の高い事業を引き受け、自治体行政の一翼を担っているものも多い。人的な面でも、職員派遣を行うなど、自治体とつながりの強いものがある。このためこれらの外郭団体の情報公開が問題となる。

外郭団体の情報公開は、公社・第三セクターの情報公開の問題としてもこれまで取り上げられてきた。第三セクターとは、さしあたり、自治体が出資して設立される法人と考えてよいが、最近では、これらの経営破綻がしばしば問題となってきた。

自治体の出資する法人が、行政の一翼を担い、また、経営的に破綻をきたすということになれば、住民は当然ながら、主権者としてまた納税者として、その管理あるいは経営に関心を示さざるをえなくなる。どのようなメンバーによってどのような運営が行われてきたのか、そもそもどの程度公的資金が投入されているのか、このような疑問は、情報公開でということになる。

しかし、これまでの情報公開条例は、このような外郭団体を正面から同条例上の実施機関とはしてこなかった。理由は、外郭団体が独立した法人格等を有すること、実施機関に入れた場合不開示に対して救済措置がとりにくいこと、などである。それでも、最近では、ほとんどの自治体が地方三公社を実施機関に入れ、さらに、他の外郭団体については、出資率を考慮し、同団体の文書提出を実施機関である知事部局等へ求めるなど、情報公開の充実を図るようになってきている。

また、すでに本文でも取り上げたように二〇〇三年七月には地方独立行政法人法が制定されたが、同法人についても、今日では多くの自治体が情報公開条例の実施機関としている。

さらに、二〇〇三年九月には、地方自治法（二四四条の二）の改正によって、「指定管理者制度」が導入された。この制度は、これまで地方自治体が管理してきた公の施設を民間の事業者に任せ、行政コストの削減を図ろうとするものである。今、この指定管理者の情報公開が新たな課題となってきている。このように民間の指定管理者に公の施設管理を委ねた結果、従来、情報公開条例によって公の施設の情報開示が可能であったものが、それができなくなるという問題である。この問題については、すでに一部の自治体で、指定管理者を情報公開条例の実施機関とする動きや、外郭団体の扱いと同様、自治体の実施機関に報告を求め、同実施機関を通じて情報公開を行うしくみを工夫するものがでてきている。今後の動きが注目される。

【松井　修視】

第11講 基礎自治体と道州制問題

1 基礎自治体と広域自治体の役割

◉法令における役割分担

地方公共団体は、住民に最も身近な政府として、地方自治法において「地域における行政を自主的かつ総合的に実施する役割を広く担う」ものと規定されている（一条の二第一項）。そして、それぞれが独立の法人として（二条一項）、「地域における事務及びその他の事務で法律又はこれに基づく政令により処理することとされるもの」を処理するとされる（同条二項）。

地方公共団体は都道府県と市町村の二層の形で設置されている。市町村は「基礎的な地方公共団体」として、普通地方公共団体の処理する事務（二条二項）のうち、都道府県が処理するとされている事務を除いたものを処理する（同条三項）。また、都道府県は、「市町村を包括する広域の地方公共団体」として、「広域にわたるもの、市町村に関する連絡調整に関するもの及びその規模又は性質において一般の市町村が処理することが適当でないと認められるもの」を処理するとされている（同条五項）。

以上のように、日本の地方自治制度において、基礎自治体としての市町村が地域自治の主体と位置づけられており、市町村には総合行政主体として、市町村の規模に関係なく一定の事務・事業が分担されている。また、広域自治体である都道府県には、広域行政、市町村間の連絡調整および市町村行政の垂直補完といった役割が期待されている。

◉役割分担に関する基本的な考え方

国と地方公共団体、都道府県と市町村の役割分担を検討するに際しては、次のような基本的な考え方が基準とされるべきである。

(1) 補完性の原理　補完性の原理とは、問題はより身近なところで解決されるべきであるという考え方である。つまり、個人でできることは個人で解決し、個人でできないことは家族で、家族でできないことは地域で解決する。さらに、地域で解決できないことは政府が解決するというものである。この考え方を地方行政にあてはめると、政府による問題解決では、まず、基礎自治体である市町村が解決にあたる。次に基礎自治体で解決できない問題については広域自治体である都道府県が、広域自治体でも解決できない問題について国が解決にあたるということになる。[*1]

(2) 民主主義と効率主義の緊張関係　市町村や都道府県の区域問題に関しては、憲法九二条の「地方自治の本旨」のうち、団体自治の観点から自治体間関係、国・自治体間関係を考察する視点に偏りがちである。しかしながら、地域の住民による民主

＊1　佐々木信夫『現代地方自治』（学陽書房、二〇〇九年）。なお、シャウプ勧告においても国、都道府県、市町村の関係に関して市町村優先の原則が示されている。勧告では、地方公共団体の事務に関して、責任明確化の原則、能率的な事務配分の原則、および市町村優先の原則の三つの基本原則が示された。このうち、市町村優先の原則とは、地方自治のため、それぞれの事務は適切な最低段階の行政機関に与えられるべきであるという考え方である。つまり、市町村が適切に遂行できる事務は、市町村に第一の優先権が与えられるべきであり、次に都道府県に優先権が与えられ、中央政府は地方において有効に処理できない事務だけを引き受けるべきであるというものである。

的な統治を実現する住民自治も同じように重要であることはいうまでもない。むしろ、地方分権の進展に伴い、決定権限に加えその責任も拡大しているからこそ、より民主的な自治体運営が求められている。

近時の自治体の区域問題の議論では、行政の効率的運用の観点からの主張が目立つ。ここには、効率主義に基づき自治体の規模拡大を志向するベクトルと地域民主主義の観点から小規模自治体の維持を志向するベクトルの緊張関係がみられる。しかしながら、憲法の「地方自治の本旨」（九二条）、および地方自治法の要請する基礎自治体としての市町村、広域自治体としての都道府県の位置づけを考えれば、市町村合併や道州制といった自治体の区域に関わる議論においても、当然のことながら、地域民主主義の観点が最優先されなければならない。

◉広域行政課題への対応

(1) 広域行政の意義と機能

自然環境問題や、廃棄物行政、福祉行政など、個々の自治体では対応が難しい行政課題や、連携による効率的なサービス提供が必要な行政需要など、地域行政では、常に広域的行政課題への対応が要請される。

広域的行政課題に対しては、複数の自治体が既存の行政区域を維持したまま相互に連携・協力して対応する広域行政と、市町村合併による対応が考えられる。

広域行政とは、二つ以上の自治体が協力・連携して広域的行政課題に対応することをいう。広域行政は、都道府県や市町村など既存の行政区画を超えて広域行政課題に対応するという意味で、自治体の機能を補完する役割を果たすものといえる。

(2) 広域行政制度

地方自治法に基づく広域連携の形としては、一部事務組合（二八六条）、広域連合（二九一条の二）、協議会（二五二条の二）、機関等の共同設置（二五二条の七）、および事務の委託（二五二条の一四）がある。

これまで自治体では、小中学校や病院等の設置、上下水道やごみ処理施設の設置・運営など、一部の事務を共同して処理するために設けられる一部事務組合が広く活用されてきた。しかし、従来の一部事務組合は、単独の事務事業しか扱えず、事務事業ごとに組合を設置する必要があった。これは非効率であるとのことから、現在では、複数の事務事業を扱うことができる複合的一部事務組合が制度化されている。

広域連合は、一九九四年の地方自治法改正によって新設された。広域連合は、複合的一部事務組合と同様に複数の事務を扱えるが、単なる共同処理組織ではなく、関係自治体が区域を越えて総合的かつ計画的に広域行政を進めるための組織として位置づけられている。広域連合が設立されると、国や都道府県から直接事務権限の委任を受けることができ（二九一条の二第一項）、また、広域連合の長は国や都道府県に対し、その権限に属する事務を委任するよう要請することもできる（同条四項・五項）。さらに、広域連合については、住民に、条例の制定・改廃、議会の解散、長および議員の解職請求等、普通地方公共団体と同様の直接請求を認めている。広域連合において、対象事務が拡大したことに加え、事務委任の要請や住民の直接請求手続が認められていることから、広域連合は、一部事務組合のもつ制度的課題に対する抜本的対策としてだけでなく、府県統合ないし道州制など、広域的な行政団体への発展を指向した制度であるとも考えられる。[*2]

(3) 市町村合併の進展と自治体間連携　広域連合は、一九九八年七月一日時点において一四であったが、二〇〇〇年四月に開始した公的介護保険制度に関わる事務のための広域連合が設けられたことから、同年七月一日時点で六六に増加した。その後、平成の大合併の影響により、二〇〇三年以降二〇〇六年まで連続して設置数が減少している。しかし、その後、広域連合が後期高齢者医療制度の運営主体となったこともあり、二〇〇九年四月一日時点では一一三に急増している。

広域連合については、市町村合併の進展によってその意義も薄れるという見方もあったが、新たな行政需要の発生に対応し、引き続き広域行政の有効な一方策として活用され定着しつつある。

こうしたことは広域連合に限ったことではない。つまり、基礎自治体の規模にかかわらず、社会情勢の変化に伴う行政需要の変容によって、今後もなんらかの形で広域行政の要請は生じてくると考えられる。したがって、広域行政のあり方は、市町村合併のみに問題を限定して考えるべきではなく、今後も多様な自治体間連携のあり方が検討されなければならない。

*2　原田尚彦『新版　地方自治の法としくみ』(学陽書房、二〇〇五年) 四六頁。

2 市町村合併の意義と課題

◉明治、昭和、平成の大合併

これまでわが国では明治以降、明治・昭和の大合併という二度の大きな自治体再編を経てきた。明治の大合併では、市町村制施行のため、一八八八年から翌一八八九年にかけて、当時約七万一三一四あった集落が一万五八二〇の町村にまで統合された。*3

一九五三年九月には、事務配分の市町村優先の原則と能率の確保の原則の調和を図るという神戸勧告をふまえ、「町村合併促進法」(以下、促進法という)が制定された。昭和の大合併は、この法に基づき、町村による新制中学校の設置が可能な規模として人口八千人を基準に行われ、促進法施行時(一九五三年)に九八六八あった市町村の数が同法の失効時(一九五六年)には三九七五へと大幅に減少した。その後、一九六二年には市の合併特例法が制定されたが、一九六五年に、両法に代わって、市町村合併特例法が制定され、同法の下で昭和の市町村合併が進められた。

平成の大合併は一九九九(平成一一)年地方分権一括法における市町村合併特例法(以下、合併特例法という)の改正を契機として始まった。その結果、一九九九年三月三一日時点で三二三二あった市町村数は、二〇一〇年三月現在、一七二七(第2講三七頁表2-1参照)となっている。

*3 内務大臣訓令(一八八八年六月)では、町村合併標準として、小学校を維持するのに必要な規模、およそ三〇〇戸から五〇〇戸程度の規模が示された。

◉平成の大合併の背景

平成の大合併はどのような背景の下で進展してきたのだろうか。平成の大合併が進展した背景については、広域行政課題への対応、地方分権改革の進展による事務権限の「受け皿」論、財政効率化といった点から説明されることが多い。

(1) 生活圏域と行政区画の乖離　平成の大合併の背景としては、第一に生活圏の広域化があげられる。時代の変遷とともに、交通手段の発達、情報通信網の整備が進み、居住地域と勤務地域が大きく離れることも一般的になるなど、人々の生活圏域が広域化している。それに伴い、人々が一体感を感じる地域が拡大し、行政需要も広域化し、既存の行政区域と合わなくなってきたとするものである。

(2) 地方分権改革に伴う事務権限の「受け皿」論　加えて、地方分権の観点から市町村合併の意義を論じるいわゆる事務権限の「受け皿」論も有力である。地方分権一括法の施行により機関委任事務が廃止され、自治事務は大幅に拡大された。今後、税財政の分権化が進めば、自治体の裁量権はさらに拡大すると考えられ、自治体にはいっそうの政策的、財政的自立が求められる。そのためには、専門性を確保しうる規模の行政機構を確保する必要があるとするものである。*4

(3) 財政効率化　現在、国・自治体とも厳しい財政状況の下にある。小規模多数の市町村において、重複した行政機構および公共施設を維持し、小規模ゆえの高コストの公共サービスを提供すれば、財政危機を深刻化させるおそれがある。市町村の行財政能力の向上、効率的な自治体の行政体制の整備という観点から市町村合併の意義

*4　地方分権推進委員会「市町村合併の推進についての意見」(二〇〇〇年一一月)では、市町村合併の意義について、「少子・高齢社会の到来に対応し、社会の活力を維持・向上させ、自己決定と自己責任の原則に基づく真の分権型社会を構築していくことが重要である。したがって、これまでの地方分権の推進の成果を十分に活かし、高度化、多様化する行政需要に対応するためには、市町村合併を通して基礎的自治体の自立性と行財政基盤の充実強化を図る必要がある」として、分権の担い手にふさわしい体制整備の方策として市町村合併を位置づけている。

が主張されている。

平成の大合併では、合併特例法に基づき、国が積極的に合併推進に向けた働きかけを行っている。

◉市町村合併を促進する法と政策

(1) 行政改革と市町村合併　国による合併促進政策では、基礎自治体である市町村の行政機能の向上を通じて行政の効率化を図る行政改革の一環として、市町村合併が位置づけられた。二〇〇〇年一二月に発表された政府の「行政改革大綱」では、「地方分権の推進や少子・高齢化の推進、国・地方を通じる財政の著しい悪化など市町村行政を取り巻く情勢が大きく変化する中にあって、基礎的公共団体である市町村の行政サービスを維持し、向上させ、また、行政としての規模の拡大や効率化を図る」という観点から、「自主的な市町村合併を積極的に推進し、行財政基盤を強化する」とある。

(2) 市町村合併特例法　国は、一九六五年以降一〇年ごとに延長されてきた「市町村の合併の特例に関する法律」に基づき、市町村の自主的合併を推進してきた。一九九五年の延長後、一九九九年には二〇〇五年までの時限立法として、合併特例債の創設、交付税算定替の期限延長など、合併を促進する改正がなされた。

① 住民発議制度　合併特例法では、合併を計画する市町村が合併協議会を設置することを規定している。合併協議会は合併の期日、合併の方式、合併後の市町村

の名称、庁舎の位置などを協議する。この法定合併協議会の委員は、関係市町村の議会の議員、首長、その他職員であり、必要な場合は学識経験者を加えることができる。法定合併協議会の設置は住民発議制度の対象となっており、有権者総数の五〇分の一以上の者の連署によって、市町村の首長に対し、法定合併協議会の設置を申請することができる。議会で合併協議会の設置が否決された場合でも、有権者の六分の一以上の連署により、住民投票の実施を求めることができ、その住民投票において過半数の賛成があれば合併協議会を設置しなければならない(同五条)。

② 議員の定数・在任特例　地方自治法は、人口規模に応じて市町村議会の議員定数を規定している。この議員定数は人口規模との単純な比例関係にはないため、合併すると議員定数は逓減する。このため、合併特例法では従来から過渡的な措置が講じられてきた。市町村の合併の特例等に関する法律(以下、新合併特例法という)でも、合併新設後の新市町村において最初に行われる選挙で選出される議員については、地方自治法に規定される数の二倍までの範囲で議員定数を規定できる(八条一項)とされた。その他、在任期間に関しても特例が設けられている。

③ 財政特例措置　地方交付税は人口の少ない自治体に有利な形に設計されているため、合併は交付税額の減少を伴う。そこで、合併特例法では、一定の期間は合併しなかった場合の交付税を全額保障し、さらにその後五年間は激変緩和措置として段階的に通常の算定を行うとしている(一九九七年の改正により、全額保障の期間は五年から一〇年に延長)。

合併特例債とは、合併年度後一〇か年間に限って、財源として借り入れ可能な地方債である。法定合併協議会が策定した市町村建設計画に基づく対象事業の九五％に充当でき、元利償還金の七〇％が後年度に交付税措置される。[*5]

④　地域審議会　　市町村合併の進展に対しては、行政区域が拡大することによって行政と住民との距離が拡大し、住民の声が行政に届きにくくなるのではないかという懸念が根強い。そこで、一九九七年の合併特例法改正により、旧市町村の区域ごとに市町村の諮問によって審議または意見を述べる地域審議会の設置を可能とする規定が置かれている。

(3)　新合併特例法の下での市町村合併　　合併特例法が二〇〇五年三月三一日失効したのち、「市町村の合併の特例等に関する法律」が合併特例法ときびすを接して五年の時限立法として施行された。新合併特例法は、法定合併協議会の設置に関する住民発議制度の強化――有権者の五〇分の一以上の連署により、合併協議会の設置を求め、これが議会で否決された場合、六分の一以上の連署により、有権者の投票に付することができる（同五条）――や議員の定数・在任の特例を継承しつつも、旧合併特例法下の合併推進の目玉であった合併特例債を廃止した。

◉市町村合併後の基礎自治体のあり方

(1)　自治体内分権　　市町村合併に伴う協議のなかで、地域民主主義や住民自治のあり方を再考する動きが顕著となった。とりわけ、合併により広域化した自治体にお

＊5　手厚い合併支援策の一方で、地方交付税制度の見直しも同時期に進められている。一九九八年から三年かけて段階補正が見直され（人口四〇〇〇未満の町村への交付税が減額）、また、二〇〇三年度からは人口一〇万人未満の市町村への交付税の減額（割増率の引き下げ）が実施された。

いて、地域行政に住民の声を反映させるための方策が課題とされ、[*6] 住民の生活に不可欠なサービスの提供や合意形成の場として、狭域の地域自治組織の整備が進められた。

① 地域審議会　合併特例法における地域の意見を反映させるしくみとしては、旧合併特例法において地域審議会が制度化された（合併特例法五条の四第一項）。地域審議会は法人格をもたない団体で、設置期間は合併後の一定期間とされている。

② 地域自治区と合併特例区　市町村合併後の自治体運営に関しては、自治体の広域化に伴って住民の声が自治体に届きにくくなることや、地域の個性・多様性が損なわれることが懸念された。そのため、広域化される自治体と住民とをつなぐ住民自治の拠点として地域自治区と合併特例区が制度化されている。

地域自治区は、一般制度と特例制度の二種類に分かれる。一般制度の地域自治区は、設置期間に限りはないが（地自二〇二条の四）、特例制度の地域自治区は、設置期間について、合併後の一定期間とされている（合併特例法五条の五第一項）。

合併特例区は、法人格をもつ特別地方公共団体である。設置期間は五年以内であり、組織として、長と合併特例区協議会をもつ。

③ 地域自治組織の運用実態　地域審議会、地域自治区、合併特例区はそれぞれ、二〇〇六年七月一日時点で地域審議会が二一六団体（七八〇審議会）、一般制度の地域自治区が一五団体（九一自治区）、合併特例の地域自治区が三八団体（一〇一自治区）、合併特例区が六団体（一四特例区）である。この状況をみる限り、地域審議会以外のしくみは、住民自治の拠点としての役割を十分に発揮しているとは言い難い。ま

＊6　二〇〇二年一一月一日第二七次地方制度調査会専門小委員会に提出された会議資料「今後の基礎自治体のあり方について（私案）」（西尾私案）では、基礎自治体には自治体経営の観点とならんで住民自治の観点が重要であり、基礎自治体内部において住民自治を確保する方策として内部団体としての性格をもつ自治組織のあり方が提案された。自治組織の意義について、制度の創設により、基礎自治体を自治体経営の単位と構成しつつ、当該地域の住民が自らの発意と負担で地域を主体的に運営しうることをあげている。さらに、こうした自治組織が、住民やさまざまなコミュニティ組織、ＮＰＯ等と協働していく必要性にも言及している。

た、地域審議会についても、平成の市町村合併の促進、あるいは旧市町村への配慮のためのしくみという色合いが強い。[*7]

これらの新しい地域自治組織については、既存の地縁組織や地域のＮＰＯとの連携も含め、住民自治を実現しうる制度・運用のあり方を引き続き検討する必要がある。

(2) 地域間連携の意義　合併を選択しなかった小規模市町村については、その事務権限に関して、市町村の「団体規模等に応じた事務や責任の配分」という枠組みでの議論がある。「経済財政運営と構造改革に関する基本方針二〇〇二」いわゆる「骨太の方針二〇〇二」では、これについて、たとえば、人口三〇万以上の自治体にはいっそうの仕事と責任を付与すること、小規模町村の場合は仕事と責任を小さくし都道府県などが肩代わりするといった方向性が示された。また、第二七次地方制度調査会（以下、地制調という）二〇〇七年七月「論点整理」では、「小規模市町村の区域における事務処理」として基礎自治体として期待される役割を担うことが財政事情などの事情から困難となる場合には、都道府県に配分する（垂直補完）、それ以外の団体に配分する（水平補完）という案が示されている。

小規模町村の事務権限の縮小と他自治体への配分が、国の方針によって一律に実施されることについては、地方自治の観点から受け入れ難い。しかしながら、それぞれの自治体が自身の事務権限を選択できることも自治権に含まれうるとする立場もある。基礎自治体の地域自治のあり方を考える場合の市町村の「総合性」と「地域自治」の関係については、なお検討の余地があるように思われる。

＊7　広域行政および狭域行政のしくみについて、石見豊「広域行政と狭域行政」土岐寛・平石正美・斎藤友之・石見豊『現代日本の地方自治』（北樹出版、二〇〇九年）八四頁以下。

基礎自治体の役割の項目で広域行政の意義に関連して述べたとおり、小規模自治体に限らず、社会情勢の変化に伴う行政需要の変容によって、今後もなんらかの形で広域行政の要請は生じてくると考えられる。したがって、今後も多様な自治体間連携のあり方が模索される必要があろう。

3　道州制論の進展と課題

◉道州制論の経緯

(1)　道州制論の経緯　　道州制とは何か、その内容は提案される案や論者によってさまざまだが、共通する要素から、「現行の都道府県制よりも、より広域の管轄区域の機関ないし団体を設置する」構想と説明することができる。

道州制論はこれまで度々浮上しては消え、消えては浮上してきた問題といえる。古くは一九二七年に田中義一内閣の行政審議会で「州庁設置案」が提案され、その後も、一九四五年には地方総監府設置案、第四次地制調答申のほか、国や自治体、経済界、シンクタンクなどから、中央集権を志向する議論や地方自治の確立を志向する議論など、道州制の目的や構想は異なるものの、さまざまな形で道州制案が提案されてきた。

(2)　道州制論の台頭　　二〇〇〇年以降、再び道州制論議が活発化しており、政党や経済界のほか、府県や全国知事会でも積極的な議論が展開されている。二〇〇三年一一月の第二七次地制調「今後の地方自治制度のあり方に関する答申」では道州制に対する基本的な考え方が示され、政府も、二〇〇四年六月の「骨太の方針二〇〇四」において、「地域の真の自立」を図るため、「地方の裁量権の拡大と地方行革の推進」の項目で、「地方分権の更なる推進に向けて将来の道州制の導入に関する検討を本格化させる」方針を示した。さらに、第二八次地制調では道州制の導入に関する審議が行われ、二〇〇六年二月に「道州制のあり方に関する答申」が出された。その後、総務大臣の下に「道州制ビジョン懇談会」が設置され、二〇〇八年三月には「中間報告」が提出された。中間報告では、現行の都道府県を廃止し、広域自治体として九から一三の道ないし州を置くこと、より道州制の位置づけを強めて「地域主権型道州制」としていることに加え、移行年を二〇一八年までとするなど、導入に向けて具体的な提案が示されている。

地方分権改革後の道州制論の特徴としては、その多くが地方分権推進の観点から地方自治拡充を実現するものとして道州制論を展開している点をあげることができる。

(3) 多様な道州制（連邦制）構想

①官治的道州制案と自治的道州制案　昭和初期（一九二七年）に提唱された「州庁設置案」は、既存の都道府県を維持したまま複数の県を包括する行政区域として州を設けようというものであった。「州庁設置案」は分権的な要素をもつ改革案であったが、州は国の出先機関としての位置づけをもつものであった。その後、一九五三年の「町村合併促進法」に始まる市町村合併（昭和の大合併）の進展などを受け、一九五七年に第四次地制調から一種の道州制案である「地方」案を含む答申が示された。地方案では、府県を廃止して新たに全国を

七～九に区分し、地方公共団体と国家的性格を併せ持つ中間団体として「地方」を置き、地方長は議会の同意を得て内閣総理大臣が任命し、「地方」の執行機関であると同時に国の総合出先機関である「地方府」の長とされた[*8]。この案に対しては、地方長が公選でないことなどから地方自治の拡充に逆行するものとして批判を浴び、実現には至っていない。

その後提案されてきた道州制案は、第二八次地制調答申の道州制案も含め、自治体としての道州を前提に構想されたものがほとんどである。このうち、地方自治拡充の立場から、府県を廃止して設置された道州に「主権」を置く連邦制を支持する立場もあるが、これには憲法の改正が不可欠であるため、現実的な構想というよりも将来的な構想論と位置づけられよう[*9]。

② 道州制構想の類型　なお、西尾勝教授は過去に浮上した道州制構想をふまえ、道州制の形態を以下の五つに類型化している[*10]。⑴連邦制を構成する単位国家として、州、邦、共和国等を想定する構想、⑵国の直下に位置する国の地方出先機関を想定する構想、⑶国の出先機関としての性格と広域自治体としての性格とを併せもつ中間団体を想定する構想、⑷都道府県と併存する、原則として都道府県より広域の広域自治体を想定する構想、⑸都道府県に代わる新しい広域自治体を想定する構想。

この類型に従うと、「州庁設置案」は⑵に該当するものであり、第四次地制調の「地方」案は⑶に、第二八次地制調を含む近年の道州制構想は⑸に該当する。

＊8　「地方」案とそれに対する反対論について、稲葉馨「道州制の考え方――地方自治法学の立場から」日本地方自治学会編『地方自治叢書18 道州制と地方自治』（敬文社、二〇〇五年）九二頁。

＊9　斎藤友之「市町村合併と道州制」『現代日本の地方自治』（北樹出版、二〇〇九年）九九頁。

＊10　西尾勝『地方分権改革』東京大学出版会、二〇〇七年一五二頁。

◉現在の道州制論

(1) 府県制の意義と道州制論　道州制はどのような背景の下に議論されているのだろうか。ここでは、道州制の必要性に関する議論を第二八次地制調の答申（以下、答申）に沿って整理する。

① 府県制改革の必要性　広域自治体である都道府県は、国と市町村、市町村間の連絡調整を行う中間機関としての役割、上位政府として市町村を補完する役割、大型事業の実施など県内全体に関わる広域行政、さらには、補助金や情報提供を通じた市町村支援の役割を果たしてきた。

答申では、道州制が必要とされる背景として、市町村合併の進展による影響*11、府県の区域を超える広域行政課題の増大、地方分権の確かな担い手の確保*12といった要請があることをあげ、府県制改革の必要性を指摘している。

② 第二八次地制調答申における道州制構想の基本方針　そのうえで、答申では道州制を導入する目的・意図として、以下の三点をあげている。

第一に、地方分権の推進および地方自治の充実強化を図ること。道州制の導入に際し、国、広域自治体、および基礎自治体の間の役割分担を体系的に見直し、都道府県から市町村へ、また国から都道府県への大幅な権限委譲を行う。その際、基礎自治体および広域自治体たる道州が総合的な行政を行えるしくみとすることで、地域における政策形成過程に住民が参加できる自己決定・自己責任を基本とした地域社会の実現が期待できる。

***11**　市町村合併の進捗は府県行政との関わりで以下のような問題を生じさせる。①県内の市町村数の激減により、少数の市町村を管轄する府県が必要かどうか、存在理由が問われる。とりわけ鳥取県や香川県といった小県の場合に該当する。②府県内の政令指定都市、中核市、特例市など都市制度適用の市の増加と、大幅な府県権限の移管による府県の空洞化。佐々木信夫「道州制に関する考察」経済学論纂（中央大学）四八巻一・二合併号一二四頁。

***12**　地方分権改革推進委員会は二〇〇八年八月「第二次勧告」において、「現在、政府・与党においては、道州制の導入に向けた議論が積極的に行われているが、当委員会としては、以上のような地方分権改革の取り組みを推進していくことが、将来の道州制

第二に、自立的で活力ある経済圏、広域圏域を実現すること。道州が圏域の主要な政治行政主体となるよう、国と地方の事務配分を抜本的に見直す。それにより、圏域の諸課題に対して主体的自立的に対応できるようになれば、圏域相互間、海外諸地域との競争・連携が強まり、東京一極集中が是正され、自立的で活力ある圏域の実現が期待できる。

第三に、国と地方を通じた効率的な行政システムの構築を実現すること。国から道州に対する権限委譲や法令による義務づけや枠づけを緩和することで、国の関与や国の地方部局との重複に関する諸課題が解決できる。また、道州が企画立案から管理執行まで一貫してその役割を果たせるようになることで、行政の効率化と責任の所在の明確化が期待できる。[*13]

(2)　第二八次地制調の道州制構想（案）　ここでは、二八次地制調の最終答申で示された道州制案を概観する。

第二八次地制調答申に示された道州制構想の要点は次のとおりである。[*14] ①都道府県を廃止し、地方自治体として新たに「道州」を置き、地方制度を道州と市町村との二層制とする。②東北、関西、九州などブロック広域圏を単位に、九から一三の道州に再編成する。③道州への移行は全国一律を原則とする。ただし、国との協議により条件の整った場合については先行することも可能とする。④都道府県の事務は大幅に市町村に移し、国の事務については、本省および出先機関の事務とも可能な限り道州に移譲する。⑤事務の移譲に伴い、国から道州へ大幅な税財源の移譲を行う。⑥地域の

の実現に向けて確かな道筋をつけることになるものと考えている」としている。分権改革の進展と道州制実現の関係が積極的にとらえられつつあることがわかる。

＊13　道州制の制度設計について、佐々木・前掲**＊11**一二八頁以下。

＊14　佐々木・前掲**＊1**三五三頁。

偏りが少ない税目の充実で分権型の地方税体系を実現する。⑦同州の執行機関として州知事を置き、直接公選とする。ただし多選は禁止する。⑧議決機関として州議会を置き、その議員は直接公選とする。

◉道州制の課題

(1) 道州と基礎自治体　道州制が導入されれば、道州に包括される基礎自治体の規模が問題となる。自由民主党道州制推進本部がまとめた「道州制に関する第三次中間報告」ではこの点について、「基礎自治体は移譲される事務・権限を適切に担いうる規模・能力を備えることが必要であり、現在の中核市程度の人口規模（人口三〇万以上）あるいは最低でも人口一〇万以上の規模を想定する。市町村には一層の行政体制の充実強化に向けての取り組みが求められる結果、七〇〇から一〇〇〇の基礎自治体に再編される」としている。これに対しては、平成の大合併から間もない時期に再び、小規模市町村の合併が強力に推進されるのではないかという懸念がある。[*15]

(2) 国民的論議の必要性　また、第二八次地制調答申も指摘するとおり、道州制の導入は都道府県制度の見直しにとどまらず、国と地方の双方の政府のあり方にも深く関わり再構築を図るものとなる。そのため、府県を廃止して道州を導入することは、国の政治行政のあり方や国と地方の行政組織のあり方、また、国と地方を通じた行政改革の推進との関連に加え、国民生活に大きな影響を及ぼす問題である。したがって、道州制の導入に関する判断は、国民的な論議の動向をふまえて行われるべきである。

＊15　大森彌「道州制の論点と導入論議の現状」地方自治職員研修四二巻四号（二〇〇九年）一四頁。

★より理解を深めるために

横道清孝『自治体改革1　地方制度改革』ぎょうせい、二〇〇四年

第一次地方分権改革の成果をふまえ、今後、地方制度はいかにあるべきか。地方制度の基本部分に関するこれまでの改革の経緯や論点に加え、市町村合併、大都市制度、道州制・連邦制論など、近時の動向をふまえた議論が展開されている。

金井利之『自治制度』東京大学出版会、二〇〇七年

自治制度改革をめぐる「自治制度官庁」「自治制度」「自治体」の相互関係の動態と、その背景にある理論を明らかにする。第3章では、自治体の区域に関わる制度問題の一つとして、市町村合併と道州制を取り上げる。ここでは、「区域問題へのアプローチ」として、コラムで紹介した諸説を含む、区域問題に関する理論が整理されている。

田村秀『道州制・連邦制』ぎょうせい、二〇〇四年

戦後の都道府県制度の変遷と、都道府県改革に関する地方制度調査会や経済団体等による提言が整理されている。道州制をめぐる議論と主要論点を把握することができる。

◆コラム◆　区域問題を考える視点

本講で扱った市町村合併と道州制は、どちらも地方公共団体の区域変更に関わる問題である。第二八次地制調は、道州制の導入について、「都道府県制度の見直しにとどまらず、国と地方の双方の政府のあり方を再構築するもの」であり、導入に関する検討事項は「国の政治行政のあり方や国と地方の行政組織のあり方」、「国と地方を通じた行政改革の推進との関連」など広範にわたるため、国民的な論議の動向をふまえることが重要であるとしている

（「道州制のあり方に関する答申」二〇〇六〔平成一八〕年二月二八日）。答申が指摘するように、道州制をはじめとする地方公共団体の区域改革は、社会のさまざまな側面において大きな影響力を有する。そのため、区域制度の課題や改革のあり方については、多角的な視点から検討がなされてきた。ここでは区域問題を考えるためのいくつかの視点を紹介したい。

最適規模論は、地方公共団体の区域について、なんらかの「適切な規模」を想定し、区域変更の必要性やあり方を考える。適切な規模の「規模」については、さまざまな対象が想定される。本文でも紹介したとおり、「昭和の大合併」では、新制中学校の設置が可能な規模として人口八千人を基準として市町村合併が進められた。つまり、「人口」規模を基準に区域問題を考えるという視点である。その他にも、財政力や組織規模のような「行政資源」の規模や、区域の「面積や空間」に一定の基準を想定して区域問題を考える場合もある。

また、何をもって「適切」とするか、という規模の「適切性」についても幾つかの考え方がある。行政サービスをいかに効率的に提供するかという経営的な視点はもちろん重要だが、地域住民の民意を地域行政にいかに反映しうるか、という政治的有効性の視点も重要である。「適切な人口規模」を有する行政区域を考えるとしても、行政サービスを効率的に提供できる人口規模と、一人ひとりの市民の意思が反映されやすい人口規模では異なってこよう。

その他、「人々の生活圏域の広域化や広域的行政課題に対応するべく、より広域的な行政区域が必要である」というように、行政サービスの提供に適した空間を想定し、それに合う区域を検討する考え方もある（圏域区域論）。また、「市町村合併の進捗により、県内の市町村数が減少すると、少数の市町村を管轄する府県が必要かどうか、存在理由が問われる」というように、他の区域との関係から行政区域を検討する視点もある（区域相関論）。

【畑田和佳奈】

第12講　地域計画と政策決定

1　はじめに

いわゆる第一期地方分権改革の結果、二〇〇〇年四月には「地方分権一括法」が施行された。その後、「三位一体改革」や「平成の大合併」を経て、二〇〇七年設置の地方分権改革推進委員会では四次にわたる勧告が行われ、二〇〇九年一一月には「地域主権」を掲げる民主党を中心とする連立政権の下で地域主権戦略会議が発足した。地方分権の行方が再び注目されている。この一〇年間、分権が進めば地方自治体の計画・政策能力がますます重要なものとなるとの認識の下、多くの自治体がそれを改善するさまざまな取組みを行ってきた。本章においてはこれらの動きをふまえ、自治体における計画と政策について考えてみることとしたい。

2　計画の重要性

まずはじめに、なぜ、今、地方自治体の計画活動や政策形成能力がますます重要になってきているのか、その理由を考えてみよう。

◉地方分権の進展

第一は、地方分権の進展である。中央集権は、権限や財源が中央政府に集中しているシステム、地方分権は、権限や財源が中央政府と地方政府に分散しているシステムである。中央集権型システムの下では、さまざまな事業の企画・立案は、権限や財源を一手に握っている中央府省が行い、地方自治体はそれを実施していくという役割である。一方、地方分権型システムの下では、権限をもつ地方政府が、自ら企画・立案し、それを実施していくことが基本となる。また、分権型システムの下では、どのレベルの地方政府がどのような権限をもつのかは、補足性の原理——できる限り住民に身近なレベルの政府が権限をもつべき——に拠ることになる。その結果、基礎的な自治体が住民の生活に関わる多くの事務を担い、これらに関するさまざまな課題を自ら解決していくことが求められるようになるのである。

このような分権型社会における行政の姿を的確に示すものとして、少し長くなるが、分権型システムにおける行政のあり方を示した地方分権推進委員会の中間報告を引用してみよう。この中間報告は、一九九六年の三月に提出された地方分権推進委員会の最初の報告で、地方分権改革の方向づけを理念的に示したものである。そこでは、分権型システムにおける行政は次のように描かれている。「国・都道府県・市町村の関係が上下・主従の関係から対等・協力の関係に変わり、中央省庁主導の縦割りの画一的行政システムから、住民主導の個性的で総合的な行政システムに転換することによって、それぞれの地方公共団体による行政サービスが、地域住民の多様なニーズに即応する迅速かつ総合的なものになるとともに、地域住民の自主的な選択に基づいた個性的なものとなる」。そして、「中央集権型行政システムから地方分権型行政システムに移行したときには、地方公共団体の『自ら治める』責任の範囲は飛躍的に拡大することになる。……地方議会と首長の責任は現在に比べて格段に重くなる。地方公共団体の職員も、その日々の事務の管理執行において国の省庁の指示を口実にして主体的な判断を回避することも、困難な事態に直面して安易に国の各省庁の指示を仰ぐことも、もはやゆるされない。……それぞれの地方公共団体が推進する政策にはこれまで以上に大きな差異が生じることがあり得るが、それは究極においては住民自らによる選択の帰結なのであって、これを不満とする地域住民は批判の矛先を自ら選出した地方議会と首長に向けなければならない」。

このように、分権型システムの下では、行政サービスが、住民の多様なニーズに応じて、迅速・総合的・個性的なものとなる一方で、首長、地方議会、職員、そして地域住民自身の責任も重くなってくる。そこにはもはや均質的で横並びの自治体の姿はなく、時には互いに競争し合う切磋琢磨のなかで、自ら未来を切り開いていく個性的で多様性に富む自治体の姿が浮かびあがってくる。

このようななかで、それぞれの自治体は、ローカル・オプティマムの実現を求められるようになる。「それぞれの地域にとっての最適の状態」を意味する「ローカル・

オプティマム」は、地域にとって望ましい状態は地域によって異なるのだという認識を前提にした概念である。異なる地理的特性、人口構成、文化、経済社会状況等をふまえたうえで、それぞれの地域がそれぞれの「ローカル・オプティマム」を目指す。ローカル・オプティマムはそれぞれの地域に特有のものであるから、一〇〇の地域があれば、一〇〇とおりのローカル・オプティマムがある。したがってその内容や実現方法を国や県が教えることはもはやできないし、またたどりつけなかったことについての責任を他の誰がとってくれるわけでもない。地方分権の時代には、自治体は、自らの創意と工夫によって、地域住民のニーズに応え、ローカル・オプティマムを実現していかなければならない。

ところで、このようなローカル・オプティマムを実現していくためには、一体何が必要だろうか。そこで最も重要なのは、それぞれの地域がしっかり将来を見すえて、ビジョンを描いていくことである。そして、そのビジョンを具体的に実現していくために政策を体系化し、それを現実に実行していく手腕も必要となる。これらは、まさに計画活動である。地方分権が進展すれば、地方自治体の計画活動が、ますます重要になってくるというのはこのような理由による。

◉地方自治体の財政事情

第二に、国・地方自治体双方の財政事情である。施策や事業を実施していくためには必ず財源が必要となる。財源が無尽蔵にあり、すべての課題に取り組むことができるならば、それほど計画性は求められないのかもしれない。しかし、現在、地方財政は、未曾有の危機状態にあるし、国の財政はこれに輪をかけて惨憺たるもので頼りにはできない。右肩上がりの時代のように、パイの増加分を新しい政策に次々と配分できた時代は終わったのであり、今は、縮小気味のパイを、「どのようにすれば最もおいしく食べられるか」、が問われている。このような状況のなかでは、限られた少ない資源をいかに効率よく使っていくか、がとりわけ重要となる。それぞれの地域にとって重要で優先度の高い課題を、最小の費用で解決していくことが求められている。そのためには、あらかじめ有効性や効率性を判断するとともに、事中、事後に評価を行いそれをフィードバックしていく計画活動が欠かせない。

◉アカウンタビリティ（説明責任）

第三に、住民に対するアカウンタビリティ（説明責任）である。前述のように、地方分権の進展に伴い、自治体の自己決定の原則が徹底されれば、それに対応して自己責任の局面も前面に出てくる。それぞれの地域は、ローカル・オプティマム実現のために日々努力していかなければならないが、その過程では、成功することもあれば、失敗することもあるだろう。このような政府の活動の効果は、良くも悪くも住民に及ばざるをえない。そしてそれは、前記地方分権推進委員会の中間報告が指摘したように、最終的には、首長や議員を投票で選出した住民自身の選択の帰結なのである。当然、そこでは、首長や地方議会、職員が、期待どおりの成果をあげているかどうかを厳しく見る目が必要になってくるし、首長や地方議会の側も、それに対して十分な「説明責任」を果たすことが求められる。そこでは、あらかじめ「地域の将来のビジョンはこうだ」、「そのために、このようなことをしていく」、「これが目標だ」と計画の上で示し、住民の信任を得たうえで、それを実際に実現していくこと、実現できなかった場合にもそれを住民の納得がえられるように十分に説明していくことが不可欠となるのである。

3　計画とは何か?

◉計画の定義

ところで、これまで、とくに、定義をせずに、「計画」や「政策」という言葉を使ってきたが、実は、「計画」も「政策」も定義の難しい言葉である。そのため、その定義を試みること自体を目的とした論文も多い[*1]。本講の場合は、厳密な定義には立ち入らず、「政府がその環境諸条件またはその行政サービスの対象集団の行動に何らかの変更を加えようとする意図のもとに、これに向けて働きかける活動の案[*2]」を「政策」と考え、そのうち目標や、目的と行動系列の連関性、目標達成までの期間などが比較的明細で具体的なものを「計画」と呼ぶこととし[*3]、本講の検討の対象を、地方自治体が主体となって策定する計画とすることとしたい。

＊1　政策については、参照、下村郁夫「政策概念の探求（上）」自治研究七二巻二号（一九九六年）。計画については、たとえば参照、Alexander, E.R., "If Planning isn't Everything, Maybe it's Something," Town Planning Review, 52(2) (1981).

＊2　西尾勝『行政学〔新版〕』（有斐閣、二〇〇一年）二四五頁。

＊3　参照、西尾勝『行政学の基礎概念』（東京大学出版会、一九九〇年）一九六頁。

◉計画の特徴

このような計画は、一体どのような特徴をもっているのだろうか。まず第一に、計画にはさまざまな性質のものが存在し、その性質ごとにある程度の類型化ができる。たとえば、計画期間によって長期計画・中期計画・短期計画に、計画内容によって経済計画、社会計画、教育計画などに、内容の包括性によって総合計画と個別部門別計画に、同じ目的をもつ計画間相互の関係によって基本計画と実施計画、上位計画と下位計画などに、計画内容の抽象性に応じて抽象的計画と具体的計画などに、制御の対象が組織内にとどまるかどうかで事業計画と誘導的計画に類型化することができる。[*4]当然、これらの計画のみせる様相も非常に多様なものとなる。

第二に、計画には、静態的側面と動態的側面がある。右の定義からもわかるように、「計画」という言葉は、しばしば所産としての計画（文書）とその作成に関わる過程の二つを指して使われてきた。前者は、いわば計画の静態的側面、後者は、計画の動態的側面といえる。ここでは、このうち、所産としての計画を「計画」、計画作成に関わる過程を「計画化」と呼ぶ。

第三に、計画の動態的側面――「計画化」――については、それが、狭い意味での計画策定にとどまらず、計画策定――問題が認識され、計画課題が設定され、計画の目的・目標が同定され、それを達成するための手段が考案・決定される過程――、実施および、評価・見直し――事後的に評価し、フィードバックする過程――から成る[*5]スパイラル状の循環過程であることが重要である。

＊**4**　参照、西谷剛「行政計画の分類と体系について」自治研究五五巻三号（一九七九年）、西谷剛『実定行政計画法』（有斐閣、二〇〇三年）、手島孝「国家計画の法理――憲法学的考察（2）」『法政研究』三八巻一号（一九七一年）など。

＊**5**　スパイラル状の意は、この循環過程が、単に循環し出発点に戻ってくるという輪ではなく、循環しつつ遷移していく過程であるということである（参照、森田朗『許認可行政と官僚制』〔岩波書店、一九八七年〕四二頁）。

第四に、計画化は、計画に関わるアクター間の計画事項に関するさまざまな合意と確認の過程である。*6 すなわち、計画化は、当初曖昧だった目的や目標が次第に明確になり、それにつれて、具体的に用いられる手段や対象者、実施の際の関係機関の役割等の計画の実質的内容が徐々に明確になっていく過程である。そしてそれは、同時に、計画の作成や実施にさまざまな形で関わり、また計画によって影響を受けるさまざまなアクター達が、計画の内容について合意・確認していく過程でもある。この認識を欠いた計画化は、しばしば「実行されない計画」・「死んだ計画」を生み出すことになる。典型的なのは、コンサルタントに丸投げした立派な体裁の計画書である。どんなに立派なものでも、それは、行政内部の関係各課の合意さえ得ていないのであるから、机上の空論、魂のない計画にすぎない。

かつて、西尾勝教授は、行政計画の機能を、組織体外の行為者の行動を誘導するための誘導計画と、組織体内の行為者の行動を制御するための事業計画に分けたうえで、他者の行動に依存する誘導計画の場合には、とくに、制御や誘導の対象となる当事者たちから自発的な協力を最大限調達するために、計画の過程に当事者を参与させ、その利益を反映させるのが一般的な方法であるとした。*7 中央集権的な融合型のシステムの下では、この誘導計画の、「国と地方自治体、業界団体の相互依存と利益の取引による計画の実効性の確保」という側面が顕著となる。一方、情報公開や説明責任、市民参加をベースにした市民自治型分権システムの下では、行政と市民が協働で公共問題に取り組むローカル・ガバナンス――共治――における協働、連携的計画という側

*6 具体的には、計画活動の開始、計画ドメイン、計画策定機関、計画期間、計画策定手続、計画間関係、操作的な目標、手段などが特定されていく(参照、木原佳奈子「協働的計画における計画の制度化と実効性」今里滋編『政府間計画関係をみる視点』行政管理研究センター、一九九八年)。

*7 西尾・前掲*3二〇二頁。

面が立ち現れる。計画化が合意の過程であるという認識は、そこでは、計画化の初期段階からの徹底的な情報公開やよりいっそうの市民参加を促すことになる。

第五に、計画は、多くの場合、目的と手段が連鎖的につながる階層構造を有している。この階層構造は、一つの計画の内部に収束することもあれば、上位計画と下位計画の関係に立つ複数の計画から成る「計画体系」の中に現れることもある。この場合、上位計画と下位計画は目的と手段の関係に立つ。

また、このような計画体系（政策体系）の階層構造に着目すると、計画には、①特定の行政課題に対応する基本的な方針の実現を目的とする政策レベルの計画、②これに基づく具体的な方針の実現を目的とし対策や方策を示す施策レベルの計画、③これらを具体化するための行政手段を示す事業レベルの計画があることがわかる。

◉地方公共団体における計画の実際

さてこのようにさまざまな特徴をもつ計画は、地方自治体においては一体どのような形で存在しているのだろうか。一言でいえば、実に多種多様な計画が、「計画のジャングル」といってもよいような状況で存在しているということである。地方自治体には、さまざまな内容、さまざまな階層の計画が存在し、それぞれの計画期間、計画の始期、終期はさまざまである。このなかには、地方自治体の事業部局が独自に作っている計画もあれば、法定の計画もある。また、法定計画の中には、地方自治体が単独で策定するよう規定されているものもあるが、国（府省）の計画―都道府県計画―

市町村計画と連なる計画体系をもつものも多々ある。

実際、多くの法定の計画について、法律は、例えば、男女共同参画社会基本法（平成一一法七八）などのように、国・都道府県・市町村が、上位計画・下位計画にあたる計画をそれぞれ策定することを規定しており、その結果、ある計画が、複数の政府間にまたがって存在する計画体系の中の一つの計画であるということがしばしばある。また、法律は、計画の策定にあたって、他の機関との協議や意見の聴取をしばしば求めているし、国が特定の施策を推進するために、補助金などのインセンティブで地方公共団体の施策（計画）の内容を誘導することもある。このようにして府省別の縦割りの計画・施策が、国、都道府県、市町村を貫く形で作られていく。さらに、前述のように複数の計画間で計画内容が、重なりをもってくることもしばしばある。そこで、地方自治体がローカル・オプティマムを実現していこうとすれば、必ず、これらの多種多様な計画の交通整理を行うことが必要となってくるのである。

4　地方自治体における総合計画

◉総合計画の歴史

さて、日本において垂直的・水平的調整を行いつつ、全体として地方自治体の総合的な行政を推進する役割を期待されてきたのが総合計画である。[*8]「計画」と同様「総合計画」の定義もまた難しいが、ここでの総合計画は、地方自治法二条四項の市町村

＊8　参照、松井望「自治体と総合計画」日本都市センター企画・編集『自治体と総合計画——現状と課題』（二〇〇二年）三頁。

における基本構想と基本計画・実施計画、都道府県における一〇年程度の長期的な総合的・包括的な計画を指すものとする。諸外国では例をみないともいわれる「総合計画」であるが、日本の自治体にとっては、すでに十分になじみ深いものであり、市町村においては九割以上、都道府県についてはすべてが、数次に及ぶなんらかの総合計画を策定している。ただし、その歴史は、都道府県と市町村では、異なっている。[*9]

総合計画は、まず都道府県で策定されるようになったが、その出発点は、国土復興五カ年計画（一九四六年）や、地方計画策定基本要綱（一九四七年）を受けて策定されたいくつかの都道府県の総合開発計画にあるとされる。その誕生の経緯からも推測できるように、当初の計画は、経済復興、開発、経済振興という側面が強いものであった。その後、都道府県の計画は、独自の発展を遂げ、カバーする領域を広げ、社会計画的側面を強めながら、より総合的な地域計画となっていく。

一方、市町村の総合計画の出発点は、一九五三年の「町村合併促進法」に基づく「新町村建設計画」や、一九五六年の「新市町村建設促進法」に基づく「新市町村建設計画」などに求められる。これらの計画は「昭和の大合併」の終熄とともに出番がなくなったが、各市町村における独自の取組みはその後も続き、とくに、一九六六年に「市町村計画策定方法研究報告」が基本構想、基本計画、実施計画から成る計画体系を提案したことから、現在多くの市町村にみられるような基本構想・基本計画・実施計画から成る総合計画を策定する動きが広がっていく。その後、一九六九年の地方自治法の改正では、旧二条五項（現四項）に「市町村は、その事務を処理するに当たって

＊9　計画の歴史については、参照、新川達郎「自治体計画の策定」西尾勝・村松岐夫編『講座行政学　第四巻　政策と管理』（有斐閣、一九九五年）二三五頁以下、遠藤文夫「地方自治体における基本的政策形成手続きの動向（1）」自治研究六六巻一二号（一九九〇年）四頁以下。

は、議会の議決を経てその地域における総合的かつ計画的な行政の運営をはかるための基本構想を定め、これに即して行うようにしなければならない」という条文が設けられ、経済重視から生活重視へという内容上の変化を伴いながら、一九七〇年代を中心に総合計画の策定が進んだ。現在、九割以上の市町村が「基本構想」「基本計画」を策定し、基本構想―基本計画―実施計画の三層構造をもつ市町村も全体の七割を超える。

◉総合計画の現況

このようにそれぞれ数十年にもわたる策定の経験を経た総合計画は、制度としてはほぼ定着している。二〇〇一年に行われた日本都市センター調査によれば[*10]、市区部でも、都道府県でも、総合計画は、「総合的な観点からの政策の体系化をはかり」、「将来的な見通しを明示する」ためのものだと強く認識されており[*11]、また、企画担当部門、財政部門、事業部門で、若干数字は異なってくるものの、総合計画は、日々の業務の際に、かなり意識され、活用されていることがわかる[*12]。

一方、同調査においては、総合計画の大きな問題点として、内容が総花的（市区部で該当とやや該当で六七・一%、都道府県で五八・六%）、事務事業の優先順位が不明確（市区部で七一・七%、都道府県で五一・三%）等が高い回答率で指摘されており、かつて、西尾勝が、府県の総合計画について、「県政の全部門についてその行政の必要量の総棚卸しをしている」だけで県政の行政目標を総合的に整序し、全事業間の重要度を評定し「順位付け」を行うような「真の意味の総合計画」ではない、と指摘したよ[*13]

＊**10**　日本都市センター企画・編集・前掲＊**8**。

＊**11**　総合計画策定の目的についての問いでは、市区の九八・九%が、都道府県の九二・三%が総合的な観点からの政策体系化のためのものだと答え、また、市区の九五・六%、都道府県の九二・七%が、将来的な方針・見通しを明らかにするためのもだと考えている（「該当する」と「やや該当する」を加えた率）。

＊**12**　市区については、基本計画について、「日々常に意識し、活用」が六二・一%、「必要に応じて意識、活用」が三〇・六%（総合計画担当部門）、財政部門で、それぞれ二七%、五二・八%、事業部門で、それぞれ一二・四%、四八%。

＊**13**　西尾・前掲＊**3**二三八頁。

うな問題状況をみてとることができるといえよう。

◉「政策評価」と総合計画

このようななかで、一九九〇年代後半以降登場した「自治体発」の改革は、総合計画や計画行政のあり方そのものをさまざまな形で具体的に変えていきつつある。

その第一にあげられるのが三重県の「事務事業評価」(一九九六年)から始まった自治体の「政策評価」である。約三三〇〇本の全事務事業を対象としたこの事後評価は、これまでとかくプラン偏重といわれてきた[*14]日本の行政文化に明らかに一石を投じるもので、それは、日本の行政史上「事後評価」に本格的に光があてられることになった最初の経験だといっても過言ではない。これに続き、静岡県の業務棚卸し等、独自の工夫をした事後評価のしくみが次々と現れ、一九九八年になると、自治体職員向けの各誌も次々と政策評価や行政評価の特集を組むようになった[*15]。そしてこれに呼応するように、次々と「評価システム」が導入されていく。あらかじめ指標を設定し、その指標の達成度合いをみながら事中や事後に効率性や有効性等を評価していこうという業績測定(performance measurement)型政策評価は瞬く間に全国に広がっていった。

実は、「政策評価」は、「手間がかかる割には事業の見直しにはあまり役に立たない」、「複雑すぎて仕事量が膨大になる」など、現場では必ずしも評判がよいとはいえない。たしかに、簡便な自己評価ではあるものの、「指標をどうとるか」、「事業の施策に対する寄与率をどのように評価するか」など難しい面はあるし、全事業を対象に

*14　増島俊之『行政管理の視点』(良書普及会、一九八一年)二〇頁以下。

*15　「特集事業評価・行政評価の可能性」地方自治職員研修一九九八年九月号、「特集　政策評価の可能性を問う」月刊自治研一九九八年一二月号、「特集　地方自治体における政策評価」月刊自治フォーラムVOL474(一九九九年)、「特集自治体行革・最前線」地方自治職員研修一九九八年一一月号など。

評価を行おうとすれば、事務作業量の負担はかなりのものになる。また、でてきた結果をみると「A評価」がほとんどで事業見直し率は少ない、といった指摘もうなずけないわけではない。しかし、実は、政策評価は日本の「計画文化」を少なくとも次の二点で大きく変えたという点で、重要である。

すなわち、まず第一に、計画策定の際に、目的を明らかにし、できる限り具体的な目標値を示していくことが要求されるようになったこと。計画は、定義のうえでは政策のなかでも比較的目標と手段の対応関係が明確なものだとされているが、現実の計画においては、目的が曖昧なままであったり、明らかに実現不可能な目標を掲げているものも多々みられた。とくに総合計画においてはどの自治体にでもあてはまるような抽象的なビジョンが掲げられることが多く、それぞれの自治体が目指す具体的な姿が明確にされているとは必ずしもいえなかったし、さまざまな課題の優先順位が明らかにされることも少なかった。しかし、業績測定方式の政策評価が導入されることにより、総合計画においても中長期的な目標を設定し、その進捗状況や効果の程度を一年ごとに評価していくことが行われるようになっていった。これは、これまでの計画行政の姿を大きく変えるものだったといってよい。

第二に政策を体系化して考えることが当たり前になっていったということである。前述のように政策は目的と手段の連鎖の階層構造を成しており、政策は複数の施策から、施策は複数の事業から構成されている。従来の行政にあたっては、個々の事業がどの施策に寄与するのか、最終的に何を目指しているかが明確にされないまま考案・

実施されていることがままあった。「政策評価」が導入されることにより、一般職員の間にも「政策」・「施策」・「事業」という言葉が定着し、事業や施策を計画する際に政策の体系性がよりいっそう意識されるようになってきた。また、それとともに日常業務において事業を実施する際にも以前より政策体系が意識されるようになっている。計画が目標と体系性を具えるようになることは、計画の内容やパフォーマンスが可視化され、アカウンタビリティと住民による統制可能性を高めることにつながる。

◉自治基本条例、参加・協働と総合計画

第二に計画過程への住民参加の進展である。

一九九〇年代後半には、大阪府の箕面市のように「市民参加条例」を制定する自治体が登場した。これに続き二〇〇〇年以降になると、いわゆる「自治基本条例」を制定し、情報共有や住民参加、協働など、自治の理念やあり方を「自治体の憲法」という形で示す自治体が登場してきた。その第一号となった北海道ニセコ町の「まちづくり基本条例」は、まちづくり（自治）に欠かせない情報共有と住民参加を二つの柱に自治のあり方を示している。それ以後、次々に制定されている「自治基本条例」のなかには、総合計画の基本構想や基本計画、その他自治体にとって重要な計画への市民の参画を保障するものがでてきた（多摩市自治基本条例、三鷹市自治基本条例、伊賀市自治基本条例など）。このように総合計画の策定場面への住民参加が次第に規範化されるようになるのと並行して、従来型の有識者・団体代表者中心の審議会・委員会方式を

超えた新しい住民参加の方式も模索されている。

このようなものとして注目を集めた三鷹市の例をあげてみよう。三鷹市では、二〇〇一年の基本構想見直しと第三次基本計画の策定の際に、素案作成前の段階から多くの市民が関わる参加方式を採用している。それは具体的には全員公募の市民から成る「みたか市民プラン21」（会議）が、三鷹市と、「互いに対等な立場で議論を行うこと」、「自主性を尊重すること」などを基本原則とするパートナーシップ協定を結んだうえで、分科会単位で議論を行い、市に対して提言書を提出するというものだ。パートナーシップ協定には、「みたか市民プラン21」が「しみんプラン21」を作成し市に提言することや、市がそのプランを最大限計画に反映させることなどが盛り込まれている。この協定に基づき、一〇の分科会は一年間で延べ三四〇回以上、七〇〇時間の議論を行い、市に対して二〇〇一年八月に最終提言書を提出し、市はこれをもとに一一月に第三次基本計画を策定している。行政からは独立した市民会議が市と協定を結んで自律的に市民サイドの「しみんプラン21」を作成し、行政はこれを最大限反映して行政の計画を策定するというもので、市民と行政の協働の新しい形を指向するものとして注目できる。

続いて三鷹市では二〇〇七年の第三次基本計画第二次改定の際に、ドイツで有名な市民参加の手法「プラーヌンクスツェレ」（市民討議会）を参考に、「まちづくりディスカッション」という新しい市民参加の手法を取り入れている。これは無作為抽出により選ばれた市民達[*16]が、公平・中立な立場の専門家から情報提供を受けたうえでテー

＊16 無作為抽出された一〇〇〇人の中から参加を募り、参加の意向を表明した七〇余名の中から公開抽選で五〇名を選抜。

マごとに話し合い、その結果を市に提言することで、市民の声を反映させようというものである。[*17]まだ始まったばかりの試みではあるが、市民参加の新しい方式として注目できる。

5　地方自治体における個別部門別計画

◉個別部門別の計画とタテ割行政

一方、地方自治体にはさまざまな個別部門別の計画が存在する。個別部門別計画は、個別分野ごとに作成される計画を総称したものであるが、これについては、国・都道府県・市町村を貫く府省別の縦割りの計画の存在が、自治体の自律的な総合的政策展開を妨げてきたと指摘されている。

その一つの現れが二層、三層の計画体系を法律で定める計画の存在であった。計画行政の進展とともに法律で定められる計画の数は増えていったが、[*18]これらの法定計画の相当数が、国・都道府県・市町村という三層の計画や国・都道府県、あるいは都道府県・市町村という二層の計画をもっている。そのなかで、省庁ごとに、国・都道府県・市町村と連なる縦割りの計画体系が作られていったのである。そしてこのような政府間を貫く個別分野別の計画の存在は、自治体の策定担当部局に、首長の政策方針や地域住民の意見反映よりもこれらの計画間の目標数値や手続の整合性の確保を優先させ、結果的に自治体の自律的で総合的な政策展開を阻害することになってきたので

＊17　みたか市民プラン21会議については、三鷹市ホームページ、http://www.city.mitaka.tokyo.jp/c_service/003/003032.html
まちづくりディスカッションについては、http://www.city.mitaka.tokyo.jp/c_service/003/003133.html

＊18　一九七一年に一一〇であった法定の計画は、二〇〇三年には五八六となっている。参照、西谷（二〇〇三年）前掲＊4二頁。

はないかと指摘されてきた。[*19]

これに加えて、法律で計画について規定する場合には、「都道府県は○○計画を策定しなければならない」、「市町村は××計画を策定するものとする」という形で都道府県や市町村に計画の策定を義務づけたり、国があらかじめ方針や構想などを示すことによって内容に一定の方向づけを行うこととなっていることが多い。さらに、計画の作成段階や最終段階で、意見、協議、勧告、助言、付議、同意、指示、指導、認可、承認、報告、送付、提出、届出、通知など強弱さまざまな国の関与が定められてきた。[*20]

本来、自治体の計画というのは、計画によって解決していかなければならないなんらかの課題が地域にあり、それを解決していくために作成されるものであるはずである。しかし、計画策定の義務づけや国による方針・要綱などの提示は、自治体が自らの課題を認識する前に特定の課題をあらかじめ設定するものであり、自治体の自律的な政策活動とは相反する側面をもつ。また、上に述べたようなさまざまな関与は時に、自治体が進もうという方向とは異なる方向に計画の内容を誘導することになるものであり、これも自治体の自律的な政策展開を妨げる側面をもつ。

◉個別政策分野の基本計画

このようななかで、一九八〇年代には、自治体が独自に課題を設定し、一定の政策分野について政策を体系化して分野ごとの基本計画を作成する事例がみられるようになっていく。国の法制度整備が遅れていた環境政策や女性政策、人権政策などの分野

*19 参照、打越綾子『自治体における企画と調整』(日本評論社、二〇〇四年)一九頁。

*20 一九九六年時点のさまざまな形態の国の関与については、参照、斎藤友之「もうひとつの改革視点〝計画分権〟」季刊行政管理研究七四号(一九九六年)一七頁以下。

で、先進的な自治体が独自の課題認識の下に政策を体系化し、自治体としての長期的な目標を掲げる基本計画を策定していったのである。[*21]このように「一定の政策分野の課題を体系化して整理し、長期的な活動目標を掲げる計画[*22]」のことを「政策分野別基本計画」と呼ぶが、これらは従来の所管体系も超えて新たな政策体系を構築しようという野心的な試みであったといえる。その嚆矢は一九八〇年代、九〇年代を通じて策定の動きが広まっていった「環境管理計画」、「環境基本計画」である。一九七八年の川崎市地域環境管理計画を皮切りに、二〇〇〇年までに六〇を超える都道府県・政令指定都市がこのような環境基本計画を策定しており、さらに、女性政策や住宅政策の分野でも、男女共同参画計画（女性プラン）や住宅基本計画などの基本計画の策定が進んでいった。[*23]

一方、国においても、一九八〇年代には、地域振興政策を中心に、特定の政策分野において比較的包括的な自治体の計画策定権限を法律で定める、いわゆる「プログラム次元の分権化」が進み、[*24]一九九〇年代になると、福祉分野などで中期的な政策分野別の基本計画が法定化されるようになっていく。その代表的なものは一九九〇年の社会福祉八法改正により法定化された市町村老人保健福祉計画である。同計画の策定は市町村に義務づけられ、その策定過程においては目標の算定基準や策定方法に関して厚生省からガイドラインが示されるとともに都道府県から市町村への行政指導も行われた。しかし老人保健福祉政策の考案自体がパッケージとして自治体に任されたということは当時としては画期的な変化だった。[*25]何の課題認識もたないままにコンサル

＊21　打越・前掲＊19二〇頁。
＊22　打越・前掲＊19一一頁。
＊23　参照、打越・前掲＊19二〇頁以下。
＊24　日高昭夫「分権型行政計画システムにおける都道府県の役割機能」辻山幸宣編著『分権化時代の行政計画』（行政管理研究センター、一九九五年）五五頁。
＊25　打越・前掲＊19二五頁。

タントに作成を丸投げしたり、ガイドラインを引き写しただけの計画も多かったが、独自な調査方法や課題設定を行う自治体が注目を集め、また回を重ねるごとに自治体にとっての政策分野別基本計画として実質的な内容を具えるようになった。*26

その後も、自治体においては生涯学習推進基本計画、少子化対策基本計画など政策分野別の基本計画が策定されていく。これらは縦割りの部門別計画と批判されてきた従来の計画と異なり、それぞれの自治体の課題状況や政策論議を反映し、自治体のオリジナリティを発揮することが可能な計画となっている。そしてこのようななかで、自治体の事業部局自らが地域の課題を検討し自治体内の関係部局との連携を図りながら政策を体系化する傾向がみられるようになってきている。*27

*26 打越・前掲*19二五頁。

*27 打越・前掲*19二六頁。

◉政府間関係の変化と計画間関係

国と自治体における計画間関係は、当然ながら地方自治制度や社会経済の変化に応じて変化していく。中央集権型システムから地方分権型システムへの変化に伴い、計画間関係も次のような段階を経て変化していく。*28 すなわち、まず第一の段階では、行政計画の立案や実施が中央政府を中心に展開され、そこでは国家的な平等性、公平性、整合性を図るため均一的、標準的なプログラムの執行が行われる。そこでの主要な関心は中央政府による政策形成、および地方自治体による基準行政の展開である。第二の段階では、中央政府は地域性にあわせてそのプログラムの有効性を高めるために、ある程度まとまったプログラムパッケージを自治体に任せる。地方自治体に計画の主

*28 平石正美「行政計画論の変容と調整——計画間関係の変化と調整の実態」辻山幸宣編著『分権化時代の行政計画』(行政管理研究センター、一九九五年)二六頁による。

体的作成を任せ、その計画の指導監督を国が行う。そして第三段階では、計画策定主体が自治体に移り、自治体が主体的に計画に関連する多様で、多元的なアクターの調整を図り、地域の政策やプログラムを計画・執行するようになる。そこでは、地域の公共的な問題はもはや行政の領域だけで解決できるものではなく、協働型政策分析を利用して住民と行政計画を結びつけるような開放型の政策形成が必要となる。この段階での計画における価値は、応答性、近接性、多様性などであり、それらの価値を追求することで計画の民主化を図り、計画への参加の促進を重視する。

6 おわりに

戦後まもなく新しい地方自治制度の下で歴史を刻み始めた計画は、さまざまな課題を抱えながらも、地方自治体が政策を展開していくための重要な装置として今日まで歩んできた。集権・融合的構造の下で、ともすれば、国の政策を実施する道具として使われる場面もみられたが、一方でさまざまな先進的な自治体の取組みは、地方自治体が住民の期待に応え、それぞれの地域らしさを実現していくために、計画が大きな力になることを示した。

地方分権が進むなか、現在、先進的自治体で進行しているのはいうまでもなく上述の第三段階の計画である。総合計画においても政策分野別基本計画においても自治体が自ら政策課題を設定し政策を体系化していくことが現場において行われるようになりつつある。自治体の計画活動をさまざまな場面で制約してきた計画の法定化についても、地方分権改革推進委員会は、二〇〇九年一〇月七日の第三次勧告において、計画の内容や手続等に関する法律一七九本について義務付けや事前・事後の関与の見直しを求める勧告を行った。地方自治法二条四項で義務づけられていた市町村の基本構想自体もその見直しの対象となっている。二〇一〇年三月二九日に国会に提出された地方自治法改正案では、旧二条四項は全面的に内容を改められ、そこにはもう「基本構想」の文字を見ることはできない。今後は、市町村がそれぞれ、総合計画の必要性そのものを検討した上で、それぞれの自治体の実態に即した計画体系を構築していくことになる。

ローカル・オプティマムの実現のために自治体自身が計画課題を発見し政策を体系化していくことを自治体の計画主体化と呼ぶならば、このような自治体の計画主体化は、平石正美教授が指摘したように、開放型の政策形成を要請する。ローカル・ガバナンスという言葉で呼ばれるようになった新しい潮流は、市民がいかにこの計画を使いこなすかに、具体的には、計画の策定、実施、評価の各段階で市民がいかに関わっていくかに、計画の成否、すなわちローカル・オプティマムの実現がかかっていることを示唆するものである。本章で紹介した政策評価や自治基本条例、計画過程への住民参加の新しい手法など、この一〇年余りの間に登場したさまざまな改革は、このような自治体の計画主体化を実のあるものにしていくことに寄与するものと評価できよう。

★ より理解を深めるために

新川達郎「自治体計画の策定」西尾勝・村松岐夫編『講座行政学　第四巻　政策と管理』有斐閣、一九九五年

少し古い本だが、地方自治体の総合計画の歴史や内容、策定過程についてわかりやすく説明している。

打越綾子『自治体における企画と行政』日本評論社、二〇〇四年

本章で紹介した、地方自治体における「政策分野別基本計画」の概念を提示し、総合計画や個別部門別計画との関係や位置づけについて、川崎市という自治体における計画行政を題材に論じた本である。

◆コラム◆　ローカルマニフェストと総合計画

本章では、政策評価や新しい形の住民参加が総合計画――自治体の針路設計――の形を変えつつあることを指摘した。これに加え、「マニフェスト型選挙」も総合計画の形を変えつつある。マニフェストは政権をとった際に実行する「政権公約」のことで、イギリスが発祥の地である。マニフェストには政権をとった際に実現することとなる「政策」の理念や方向性、体系、そして目標が明示されるが、それは選挙が終わったら忘れてしまうスローガンではなく「有権者との契約」であり、したがって政権を担当する際にはそれをいかに実現するかが問われ、次の選挙では、それをいかに実現したかが問われる。

国政においては政権交代を目指す民主党が二〇〇三年一一月の衆議院選挙でマニフェストを前面に打ち出し選挙を戦ったのが初めてで、以後、民主党は、二〇〇九年の衆議院選挙で政権交代を実現するまでマニフェストを前面に打ち出した選挙戦を行っている。政権交代後は毎日のように「マニフェスト」に関する報道が行われ、少し前まではほとんど知る人のいなかったこの言葉は今ではすっかりおなじみの言葉となった。

実は、マニフェスト型選挙は国政に先立ち地方選挙で登場したものだった。二〇〇三年の統一地方選挙では一一都道府県知事選で一四人がマニフェストを掲げて六人が当選し、その後もマニフェストを候補者が掲げる選挙は増え続けた。二〇〇九年一〇月現在、知事一二名、市区長一三四名、町村長四三名、合計一八九名を擁するローカル・マニフェスト推進首長連盟と全国九ブロックから成るローカル・マニフェスト推進ネットワークが推進役となり日本の地方選挙をマニフェスト型選挙へ変える運動を進めている。

このようななかで、総合計画にも変化が現れ始めている。マニフェストは上述のとおり、候補者が当選した場合に実現する「政策」の方向性や目標を示したものであるから、当選した首長の下では当然マニフェストで示された政策が追求されることになる。そしてそれは自治体政府の目指すべき方向を定めた「総合計画」と乖離したものであってはならないはずだ。従来は、総合計画の計画期間がおおむね一〇年となっており、さらに作成方法も各事業部局から積み上げていくボトムアップ型のものが多かったことから、選挙で首長が変わっても総合計画はそのままということも多かった。しかし、分権が進むとともに、マニフェストを通じて自治体の目指す方向が選挙で問われるようになると、その内容を総合計画の中に反映することも当然必要となってくる。

そこで近年、マニフェストと総合計画を接合していく試みが始まっている。たとえば、熊本県の場合、マニフェストを掲げて二〇〇八年四月に知事となった蒲島郁夫は、就任早々、マニフェストを反映すべく新総合計画の策定にとりかかった。策定にあたっては各部局において、施策や事業にマニフェストをどのように反映できるかが検討され、一二月には新総合計画「くまもと夢プラン」が議会において可決されている。同計画は、計画期間を知事の任期にあわせて四年としたことや県議会の議決を経るなど、従来の計画とはその策定方法が大きく異なっており、選挙で示された住民の意思を総合計画に反映する積極的試みの一つとして評価できる。

【今里佳奈子】

第13講

21世紀の地方自治の担い手
――「変革」のなかの地方公務員

1　地方公務員制度の意義と種類

◉新しい行政課題と地方公務員

かつて、地方公務員といえば、地味な仕事で、国の示した法令・基準に従って業務を忠実にこなせばすむというイメージが強かったであろう。しかし、地方分権の時代にあって、地方公務員は独自のアイデアをもって政策を立案し執行しなければならない。現代社会の変動のテンポは速く、地域社会の変貌や住民の価値観の多様化に伴って、新しい多くの行政課題が生じている。ところで、わが国の公務員制度は、近年、大きく揺らいでいる。NPM型[*1]の改革で示されるように、公的サービスを公務員でない者、すなわち民間に委ねていく方向があって、公務員でなければやれない仕事とは何かが問われてきた。さらに、国に関しては、国家公務員制度改革基本法（平成二〇年法律六八号。以下、改革基本法という）の制定や、国家公務員法の改正（平成一九年法律一〇八号）がなされ、採用試験の再編、キャリアの廃止、能力・実績主義の人事管理、

＊1　ニュー・パブリック・マネージメントの略。アングロサクソン系諸国において用いられてきた観念で、一言でいえば、民間企業の経営手法を公的部門に導入する理論である。くわしくは参照、紙野健二「NPMと行政法学の課題」法律時報二〇〇六年八月号二六頁。

労働基本権の拡大（協約締結権の範囲の拡大）などがそこに謳われており、地方公務員制度改革も日程表にのぼっている。また、ひとくちに地方公務員といっても、非常勤や臨時職の職員、すなわち「非正規公務員」がかなりのウェイトを占め、従来の年功序列で身分を保障された「正規公務員」との待遇格差も大きい。これからの地方公務員は、新しい行政課題にますます迅速かつ適切に対処しなければならず、優秀な人材はどんどん登用し、彼らが腕をふるえる行政組織への変革が求められている。

◉地方公務員法上の公務員

地方公務員法は、二条で「地方公務員（地方公共団体のすべての公務員をいう。以下同じ。）」と表現しているので、たとえば、首長、地方議会議員なども地方公務員法上の公務員（ただし特別職）である。しかし、同法は、一般職に属するすべての地方公務員に適用し、特別職に属する地方公務員には適用しない（四条）。そこで、ここでは、主として、地方公務員法の適用を受ける一般職の公務員について、考察していくことにする。

◉近代的公務員制度の諸原則

近代的公務員制度の特色として、わが国の地方公務員法のなかに次のような原則が確認される。

(1)　公務の公開・平等の原則　　近代民主主義においては、公務に従事する機会は、一般国民に対して平等に公開されていなければならない。このことは憲法一四条の平等原則からも明らかである。この原則は、地方公務員法では、「平等取扱いの原則（一三条）」、および「採用試験の公開・平等の原則（一九条一項）」として表れている。外国人の任命の問題については後述する（二八一頁）。

(2)　成績主義の原則　公務員の選定は、客観的に証明された能力に基づいて行われなければならない。これは成績主義またはメリット・システムといわれる。この原則は、地方公務員法では、「任用の根本基準（一五条）」、「勤務実績が良くない場合の分限降任・免職（二八条一項）」、「勤務成績の評定（四〇条一項）」として表れている。この原則からすると、昇任や昇給をすべて年功序列で行うことには、問題がある。

一足先に、国家公務員については、二〇〇八年に改革基本法が制定され、同法二条五号・六号は、「国民全体の奉仕者としての職業倫理を確立するとともに、能力及び実績に基づく適正な評価を行うこと」ならびに「能力及び実績に応じた処遇を徹底するとともに、仕事と生活の調和を図ることができる環境を整備し、及び男女共同参画社会の形成に資すること」、を基本理念に掲げている。さらに、国家公務員法が改正され（平成一九年法律一〇八号）、「職員の採用後の任用、給与その他の人事管理は、職員の採用年次及び合格した採用試験の種類にとらわれてはならない」ないこと（国公二七条の二）が明記され、従来の勤務成績の評定に代え、新たな人事評価制度が導入された。地方公務員に関しても、これと平仄を合わせる形での地方公務員法改正案が二〇〇七年の一六六国会に提出されたが、現時点では改正には至っていない。*2

*2　改革基本法は、その九条一号において「人事評価について、次に定めるところにより行うものとすること」として、「イ　国民の立場に立ち職務を遂行する態度その他の職業倫理を評価の基準として定めること。ロ　業績評価に係る目標の設定は、所属する組織の目標を踏まえて行わなければならないものとすること。ハ　職員に対する評価結果の開示その他の職員の職務に対する主体的な取組を促すための措置を講ずること」を掲げている。また、同法六条二項は「政府は、職員の職務能力の向上を図るため、研修その他の能力開発によって得られた成果を人事評価に確実に反映させるとともに、自発的な能力開発を支援するための措置を講ずるものとする」とし、一〇条一項では、政府は、「職員の超過勤務の

(3) 公務員の政治的中立の原則　公務員に政治的中立性が要求されることは、近代的公務員制度から生ずる原則である。政治が価値の選択に関わる作用であるのに対し、行政は選択した価値を忠実に実行する作用である。公務員は国民・住民を代表する立法機関の意思＝法律・条例を遂行すべきであり、一党一派に偏してはならない。この原則は、地方公務員法では、「政治的行為の制限」（三六条）として表れている。これについては後述する（二八五頁）。

(4) 身分保障の原則　国民全体に対する行政を運営するにあたって、行政が一党一派に偏してはならず、そのためには、職員が不当な政治的圧力によって罷免されたり懲戒されたりすることのないように、身分保障の原則が確立されなければならない。この原則は、地方公務員法では、「分限・懲戒の公正」（二七条一項）、および「その意に反する処分の処分事由の法定」（二七条二項・三項）として表れている。

(5) 人事行政独立の原則　高度に複雑な行政に対応するために高度に技術化された公務員制度を確立し維持するためには、人事行政についての専門的行政機関の設置が必要である。人事行政機関として、地方公務員の場合には人事委員会または公平委員会が置かれる。それぞれの権限は地方公務員法八条に定めがあり、措置要求の審査、不利益処分の不服審査、苦情処理は共通するが、給与勧告、競争試験事務などは人事委員会だけの権限となっている。

(6) 科学的・能率的人事行政の原則　職員に対する人事管理は科学的・能率的に行われなければならない。この原則は、地方公務員法では、「職階制」（二三条）、「給

状況を管理者の人事評価に反映させるための措置を講ずること」とされている。

＊3　二〇〇四年の地方公務員法改正（法律八五号）により、「地方公共団体は、研修の目標、研修に関する計画の指針となるべき事項その他研

与の根本基準」（二四条・二五条）、「給与勧告」（二六条）、および「研修」（三九条）[*3]に表れている。ただし、現実には職階制は運用されておらず、国家公務員については、前掲の改正法（平成一九年法律一〇八号）により、職階制は廃止された。[*4]

(7) 情勢適応の原則　地方公共団体は、勤務時間その他の公務員の勤務条件が、社会一般の情勢に適応するように、随時適当な措置を講じなければならない（一四条）。この原則は、公務員に労働基本権が制約されているという点と関連している。つまり、勤務条件法定主義や勤務条件条例決定主義が貫かれているために、勤務条件が労使交渉に委ねられておらず、使用者たる国や地方公共団体は、情勢に適応するよう措置を講じなければならないのである。

2　公務員関係

◉公務員の勤務関係の性質

公務員の勤務関係は、「公法上の勤務関係」であり、[*5]その任用行為は「行政行為」とするのが判例・通説である。学説の中には、公務員関係を基本的には労働契約関係とみる労働契約説があるが、この説によっても、公務員関係に存在する任命行為や免職行為などは、形式的行政処分として処理される。[*6]

修に関する基本的な方針を定めるものとする」との規定が盛り込まれた（三九条三項）。

＊4　職階制とは、職を一定の基準によって分類整理し、個々の職、すなわちこれに充てられる個々の職員に割り当てられる職務の内容と責任を明確にする制度で、アメリカの制度にならって法律上導入されたものである。大部屋主義で、各人の職務の内容にも明確な限界はなく、組織が一体となって目的を追求するわが国の労働慣行に合わないため、現実には実施されていない。

＊5　最判昭和四九・七・一九民集二八巻五号八九七頁は、「現業公務員は、一般職の国家公務員……として、国の行政機関に勤務するものであり、しかも、その勤務関係の根幹をなす任用、分限、懲戒、服務等については、国公法及び

◉公務員関係の成立と消滅

(1) 公務員の任用　特定の人を公務員の職につけることを、任用または任命という。任用には、採用、昇任、降任、転任の四つがある（地公一七条）。

任用の基準・要件については、法は能力本位の原則を定め（地公一五条）、能力要件として、成年被後見人または被保佐人、禁錮以上の刑に処せられ、その執行を終わるまでまたはその執行を受けることがなくなるまでの者など五つの消極的能力要件＝欠格条項を定める（地公一六条）。

ここで、外国人の公務への参加の問題を取り扱う。

地方公務員法は、「日本国籍を有しない者」を欠格事由にしていないが、「公権力の行使または国家意思の形成への参画にたずさわる公務員となるためには、日本国籍を必要とする」との見解が、いわゆる「当然の法理」とされてきた。その後、限られた職種への外国人採用を認めるため、採用試験での国籍条項の撤廃へと向かった。こうしたなかで、東京都保健婦管理職受験拒否事件で、最高裁は重要な判断を示した。すなわち、同判決は[*7]、「普通地方公共団体が、法による制限の下で、条例、人事委員会規則等の定めるところにより職員に在留外国人を任命することを禁止するものではない」としつつ、「地方公務員のうち、住民の権利義務を直接形成し、その範囲を確定するなどの公権力の行使に当たる行為を行い、若しくは普通地方公共団体の重要な施策に関する決定を行い、又はこれらに参画することを職務とするもの」を「公権力行使等地方公務員」と呼んだうえで、「公権力行使等地方公務員の職務の遂行は、住民

それに基づく人事院規則の詳細な規定がほぼ全面的に適用されている……などの点に鑑みると、その勤務関係は、基本的には、公法的規律に服する公法上の関係であるといわざるをえない」と述べる。

＊6　二〇〇三年に制定された地方独立行政法人法（法律一一八号）により、地方でも独立行政法人化が進んでいるが、特定地方独立行政法人の役員・職員は公務員であるが、その他の一般の地方独立行政法人の役員・職員は公務員ではない（四七条）。また、「地方公営企業又は特定地方独立行政法人に勤務する一般職に属する地方公務員」は、地方公営企業等の労働関係に関する法律の適用を受け、その勤務関係は契約的な色彩が強い。

＊7　最大判平成一七・一・二六民集五九巻一号一二八頁。

＊8　補助機関の地位は、そ

の権利義務や法的地位の内容を定め、あるいはこれらに事実上大きな影響を及ぼすなど、住民の生活に直接間接に重大なかかわりを有するものである」がゆえ、「国民主権の原理に基づき、国及び普通地方公共団体による統治の在り方については日本国の統治者としての国民が最終的な責任を負うべきものであること（憲法一条、一五条一項参照）に照らし、原則として日本の国籍を有する者が公権力行使等地方公務員に就任することが想定されている」とみるべきであり、「外国人が公権力行使等地方公務員に就任することは、本来我が国の法体系の想定するところではない」とする。*8

職員の採用は条件つきのものであり、その職員がその職において六月を勤務し、その間その職務を良好な成績で遂行したときに、正式のものとなる（地公二二条一項）。*9

(2) 公務員関係の変更　公務員関係の変更としては、昇任、降任、転任、休職、停職がある。昇任・降任・転任は、任用行為のカテゴリーに属し、また、降任・休職は、分限処分に属し、停職は、懲戒処分に属する。このほか、地方公共団体の規則の定めるところによる併任・兼任・配置換えがある。

(3) 公務員関係の消滅　公務員関係の消滅としては、離職の包括概念の下にさまざまな概念がある。

人事院規則の定義によれば、①失職とは職員が欠格条項に該当することによって当然離職すること、②退職とは失職および懲戒免職の場合を除いて離職すること、③免職とはその意に反して退職すること、④辞職とはその意により退職すること、である。

の関与する職務が重要なものであっても、執行機関たる長の地位とは質的に異なる。したがって、最高裁のいうように「公権力行使等地方公務員」の概念を認めるとしても、国民主権の原理に基づいて外国人というだけの理由で排除しなければならないと考えられる職は限られたものであり、また、相当数ある管理職の中には日本国民に限って就任を認めうるものがあるとしても、そのために管理職の選考にあたって、外国人を一律に排除しなければ一体的な任用管理ができないとはいえないというべきであろう（滝井繁男裁判官の反対意見参照）。

＊9 公務員の採用内定の法的性質について、最高裁は、採用内定の通知は事実上の行為にすぎず、採用内定が取り消されても内定を受けた者の

3　地方公務員の義務・責任

◉地方公務員の義務

(1)　職務専念義務　　職員は、法律または条例に特別の定めがある場合を除くほか、その勤務時間および職務上の注意力のすべてをその職責遂行のために用い、当該地方公共団体がなすべき責を有する職務にのみ従事しなければならない（地公三五条）。職員は、全体の奉仕者として公共の利益のために勤務し、職務の遂行にあたっては、全力をあげてこれに専念しなければならないのである。職務専念義務が免除される場合（いわゆる職免）については、法律および条例で、これを定める。勤務時間中に行われる「適法な交渉」（同五五条八項）のために在籍専従職員以外の者が出席する場合には、職務専念義務が免除されるが、これとの関係でいわゆる「ヤミ専従」が問題である。[*10]

(2)　法令・職務命令遵守義務　　職員は、その職務を遂行するにあたって、法令、条例、地方公共団体の規則および地方公共団体の機関の定める規程に従い、かつ上司の職務上の命令に忠実に従わなければならない（地公三二条）。この「職務命令」には、出張命令や業務命令のように職務の執行に直接関係する命令（職務上の命令）と、病気療養の命令や名札着用の命令のような職員たる身分に対してなされる命令（身分上の命令）とがある。公務員も一個人として思想良心の自由を有することはいうまでも

法律上の地位ないし権利関係に影響を及ぼすものではないから、内定取消は抗告訴訟の対象にあたらないとする（最判昭和五七・五・二七民集三六巻五号七七七頁）。

＊10　勤務時間内の職員団体の活動は、地方公務員法三五条に違反する。勤務時間中に正規の手続をとらずに、職場で勤務しているように装いながら給与を受給しつつ、実際は職場を離れて職員団体の活動に専従している状態を「ヤミ専従」という。地方公務員だけでなく国家公務員のヤミ専従問題も近年報じられている。

ないが、職務命令遵守義務と公務員個人の思想良心の自由との関係が問題となった特殊な事例としては、君が代ピアノ伴奏命令事件があり、最高裁は、音楽教諭に対する式典での君が代ピアノ伴奏の職務命令につき、公務員に対して、「特定の思想を持つことを強制したり、あるいはこれを禁止したりするものではなく、特定の思想の有無について告白することを強要するものでもなく、児童に対して一方的な思想や理念を教え込むことを強制するものとみることもできない」として、憲法一九条に反しないとした。[*11]

(3) 信用保持義務＝信用失墜行為の禁止　職員は、その職の信用を傷つけ、または職全体の不名誉となるような行為をしてはならない（地公三三条）。職の信用を傷つける行為とは、社会通念上非難されるような行為を指す。職務に関する罪（公務員の職権濫用や収賄など）に該当する事実や、職務の執行と関係のない罪（勤務時間外の犯罪行為）、飲酒運転による交通事故などは、信用失墜行為の典型例である。飲酒運転に関しては、二〇〇六年八月に福岡市で同市職員が起こした飲酒運転により三人の児童の命を奪った事故が社会に大きな衝撃を与え、その後懲戒処分の厳罰化が進んだが、比例原則との関係で問題をはらんでいる。[*12]

(4) 守秘義務　職員は、「職務上知ることのできた秘密」につき守秘義務を負い（地公三四条）、[*13] 違反に対しては刑事罰（一年以下の懲役または三万円以下の罰金）が科される（同六〇条）。また、そそのかし行為にも罰則がある（同六二条）。情報公開条例との関係では、実施機関の命令を受けて情報の開示にあたる職員は、守秘義務扱いを解

＊11　最判平成一九・二・二六民集六一巻一号二九一頁。

＊12　飲酒運転（酒酔い運転・酒気帯び運転＝道交法六五条・一一七条の二・一一七条の二の二）に対する「社会通念」の変化は、懲戒処分の処分基準にも変化を生じさせている。地方公共団体の処分基準も厳しくなり、交通事故を起こさない飲酒運転の場合であっても、懲戒免職とするようになってきている。人事院の「懲戒処分の指針について」（後掲）においても、同様の改定がなされている。

＊13　ここにいう秘密の意義については、形式秘説（機関が明示的に秘密と指定したものをいうとする）と実質秘説（当該事項の実質的内容からして秘密に値するものに限るとする）が対立するが、判例（最決昭和五二・一二・一九判時八七三号二二頁）は、地

除された情報を取り扱うので、守秘義務違反とならない。また、個人情報保護条例との関係では、「職務上知り得た個人情報」をみだりに他人に知らせ、または不当な目的に使用することが禁じられ、個人の秘密に属する事項を含んだ情報の不正な提供行為等が処罰の対象とされるのが普通である。

(5) 政治的行為の制限　行政の中立的な運営と公務の民主的・能率的な運営を確保するために、一般職に属する公務員は、一定の範囲で政治的行為を制限されている（地公三六条）。この政治的行為の制限は、大きく二つに分けられる。第一のカテゴリーは、政治目的の有無を問わず、また区域を問わず禁止されるもので、①政党等の結成に関与すること、②政党等の役員となること、③政党等の構成員となるように、またはならないように勧誘運動をすることである。第二のカテゴリーは、政治目的をもって行うもので、①公の選挙または投票において投票をするように、またはしないように勧誘運動をすること、②署名運動を企画、主宰する等これに積極的に関与すること、③寄附金その他の金品の募集に関与すること、④文書、図画を地方公共団体の庁舎、施設等に掲示し、または掲示させ、その他地方公共団体の庁舎、施設、資材または資金を利用し、または利用させること、⑤その他条例で定める政治的行為であり、これらは④を除けば、当該公務員の属する地方公共団体の区域外では自由に行うことができる[*14]。

ただし、公職選挙法および政治資金規正法は、公務員の選挙運動について一定の制限を加えている。また、教育公務員については、区域外においても政治的行為が制限

方公務員法と同様の規定をもつ国家公務員法の事例につき、秘密とは、非公知の事実であって、実質的にもそれを秘密として保護するに値すると認められるものをいい、その判定は司法判断に服するとして実質秘説に立つ。

＊14　ここで政治的行為の制限を条例に委任していることが一応問題となろう。国家公務員の場合、人事院規則へ委任されているが、法律自体での規律は乏しく、包括的委任に近いのに比べると、地方公務員の場合、条例で定める余地は少ない。また、条例の民主的性格も、中立性をもっとはいえ行政機関である人事院規則への委任と異なる点である。問題は、政治的行為の制限のような憲法上の自由に関わる問題につき、地域によって異なる取扱いを認める合理性があるかどうかである。現

される（教特法二一条の四）。企業職員（地方公共団体の長が定める職にある者を除く）、地方独立行政法人職員（特定地方独立行政法人の理事長が定める職にある者を除く）および単純労務職員については、政治的行為の制限はない。

(6) 労働基本権制限　公務員も憲法二八条にいう「勤労者」であるから、基本的には同条の保障する労働基本権を享受するが、民間企業の労働者とは異なり制限が加えられている。[*15]

労働基本権制限は大きく三つに分けられる。まず、一般の行政事務に従事する公務員および教育職員であるが、団結権については、労働組合法の適用はなく、地公法に基づく職員団体を結成することが認められている（地公五二条）。団体交渉権については、当局と交渉できるが労働協約締結権はない（同五五条）。争議権は否定されている（同三七条）。次に、警察および消防職員は、団結権・団体交渉権・争議権のいずれも認められていない（同五二条六項）。また、地方公営企業職員、特定地方独立行政法人職員および単純労務職員は、労働組合を組織すること、および労働協約締結権も認められるが、争議権については認められていない（地公労五条・七条・一一条、附則五）。

公務員の労働基本権制限については、近年大きな動きがみられる。二〇〇七年一〇月、行政改革推進本部専門調査会が、「公務員の労働基本権のあり方について」の報告をまとめ、その中では、一定の非現業公務員への協約締結権の付与が盛り込まれている。[*16] 改革基本法一二条は、「政府は、協約締結権を付与する職員の範囲の拡大に伴う便益及び費用を含む全体像を国民に提示し、その理解のもとに、国民に開かれた自

実には条例で付加されていないようである。

＊15　公務員の労働基本権制限の合憲性については、判例の考えは、全農林警職法事件（最判昭和四八・四・二五刑集二七巻四号五四七頁）を境に大きく変わっているが、これ以降の判例の考え方は、①公務員は、公共の利益のために勤務するものであるとする公務員の地位の特殊性論・職務の公共性論、②公務員の勤務条件は議会が決めるとする議会制民主主義・財政民主主義論、③市場抑制力の欠如論、および④基本権制限に見合う代償措置が講じられているとする代償措置論を根拠とする。

＊16　小幡純子「公務員の労働基本権のあり方――平成一九年専門調査会報告に関して」ジュリスト一三五五号（二〇〇八年）一一八頁。

律的労使関係制度を措置するものとする」と規定し、同法の付則二条は、「政府は、地方公務員の労働基本権の在り方について、第十二条に規定する国家公務員の労使関係制度に係る措置に併せ、これと整合性をもって、検討する」としている。

(7) 営利企業従事制限　職員は全体の奉仕者として、本来の職務遂行に全力をあげて専念するために、営利企業等に従事することを原則的に禁じられている（地公三八条）。すなわち、任命権者の許可を受けなければ、①営利を目的とする会社その他の団体の役員その他人事委員会規則（人事委員会を置かない地方公共団体においては、地方公共団体の規則）で定める地位をなどの地位を兼ねること、②自ら営利を目的とする私企業を営むこと、③報酬を得て事業または事務に従事すること、ができない。[*17]

◉地方公務員の責任

(1) 分限責任　分限責任とは、分限処分を受ける責任をいう。分限処分とは、公務員に対し、その意に反して不利益な影響を与える行為で、公務員の道義的責任を追求する懲戒処分を除いたものをいう。分限処分には、免職、降任、休職、降給がある（地公二八条）。

免職または降任することができるのは、①勤務成績が良くない場合[*18]、②心身の故障のため、職務の遂行に支障があり、またはこれに堪えない場合、③その他その職に必要な適格性を欠く場合、④いわゆる行政整理により廃職・過員を生じた場合である。行政改革のための職員数削減は、今日避けてとおれない課題であるが、新規採用の抑

＊17　いわゆる副業・アルバイトは原則として禁止されることになり、インターネットによるサイドビジネスも理論的には地方公務員法三八条に抵触する可能性があるが、実態の把握は困難であろう。

＊18　国家公務員については、国家公務員法の改正（平成一九年法律一〇八号）によって、「勤務実績がよくない場合」は「人事評価又は勤務の状況を示す事実に照らして、勤務実績がよくない場合」と改められた。

制や欠員不補充などの方法によって行われており、分限処分による職員数削減は現実には行われていないようである。

休職することができるのは、①心身の故障のため、長期の療養を要する場合（病気休職）、②刑事事件に関し起訴された場合（起訴休職）、および③条例で定める事由に該当する場合、である。降給は、懲戒処分としての減給が一定期間給料を減額するものであり、期間満了とともに元の額に復するものであるのに対して、給料の決定そのものを低くする処分であり、条例で定める事由に該当する場合になされるが、現実には、活用されていない。

(2) 懲戒責任　懲戒責任とは、懲戒処分を受ける責任をいう。懲戒処分とは、公務員に対し、その意に反して不利益な影響を与える行為で、公務員の道義的責任を追及するものである。懲戒処分には、免職、停職、減給、戒告がある（地公二九条）。懲戒処分がなされる事由は、①地公法もしくは同法五七条に規定する特例を定めた法律またはこれに基づく条例、規則、規程に違反した場合、②職務上の義務に違反し、または職務を怠った場合、③全体の奉仕者たるにふさわしくない非行のあった場合、の三つである。懲戒処分をするかしないか、どの懲戒処分を選ぶかは懲戒権者の裁量である（神戸税関事件判決・最判昭和五二・一二・二〇民集三一巻七号一一〇一頁）[*19]。しかしながら、裁量権の行使が踰越・濫用となり、事案に即して平等原則や比例原則などに違反する場合には違法とされる（行訴三〇条）。また、国の場合は、人事院が「懲戒処分の指針について」を設けているが[*20]、各自治体も、地方公務員について処分基準を設け

＊19　神戸税関事件で、最高裁は、裁判所が懲戒処分の適否を審査するにあたっては、懲戒権者と同一の立場に立って懲戒処分をすべきであったかどうか、またはいかなる処分を選択すべきであったかについて判断し、その結果と懲戒処分とを比較してその軽重を論ずべきものではないと述べた。

＊20　人事院は、二〇〇〇年三月、各省庁に対して「懲戒処分の指針について」を通知した。二〇〇八年の改正では、飲酒運転についての処分量定が厳しくなっている。

ている。

なお、国家公務員に関して、改革基本法九条は、政府は、「職員の倫理の確立及び信賞必罰の徹底のため、」「職務上知ることのできた秘密を漏らした場合その他の職務上の義務に違反した場合又は職務を怠った場合における懲戒処分について、適正かつ厳格な実施の徹底を図るための措置を講ずること」とされる。

懲戒免職と分限免職は本来全く別個の制度であるにもかかわらず、分限免職も制裁的に用いられることがある。しかし、両者はその目的が異なるものであるから、懲戒処分をすべき場合に、その制裁を軽減する意味で分限免職にするようなことは許されず、退職手当が支給されたときは、住民監査請求（地自二四二条）や住民訴訟（同二四二条の二）において、その適否が問題となりうる。また、地方公務員法上の懲戒処分にあたらないものとして、諭旨免職（諭旨退職）があり、懲戒免職をするには重すぎるが、停職にとどめておくには住民に対して説明責任が果たせない場合に用いられる。*21

(3) 弁償責任　弁償責任については、地方自治法に規定がある。会計管理者、その事務の補助職員、資金前渡を受けた職員、占有動産を保管している職員、物品を使用している職員が、故意・重過失（現金については故意・過失）により、その保管に係る現金・有価証券・物品等を亡失し、または損傷したときは、弁償責任を負う。支出負担行為その他一定の行為をする権限を有する職員についても、同様の責任が認められる（地自二四三条の二）。

(4) 刑事責任　公務員の行為が、その職務に関連して法益を害するときは、刑事

*21 法的には「辞職」であり、行政不服申立ての対象にならない。

責任が科せられる。公務員犯罪には、公務員職権濫用罪（刑一九三条）のように、職務執行においてその職権を濫用することにより法益を侵害するもの（職務犯罪）と、一連の収賄罪（刑一九七条以下）のように、公務員が職務に関連して行う犯罪であるが、正当な職務の範囲に属さないもの（準職務犯罪）がある。地方公務員の場合には、公共事業にからんで便宜を図り業者から賄賂を受け取るというケースが後を絶たない。地方公務員研修などにおいて、汚職防止のための徹底した職員教育を行う必要がある。

(5) 民事責任　国家賠償事件につき、地方公共団体が被害者に対して責任を負うとき、公務員個人は直接被害者に対して損害賠償責任を負わない（通説・判例）[*22]。公務員の行為が故意・重過失にあたる場合は、当該地方公共団体から求償権を行使される（国賠一条二項）が、求償権行使について、それが適切に運用されているかは不明である。この点、国家公務員について、改革基本法九条は、政府は、「職員の倫理の確立及び信賞必罰の徹底のため」、「国家賠償法……に基づく求償権について、適正かつ厳格な行使の徹底を図るための措置を講ずること」とされる。

*22　国家賠償法一条の「その職務を行うについて」に該当しないため地方公共団体が賠償責任を負わない場合、公務員個人が民法七〇九条に基づき責任を負うことがあるのは当然である。

4　公務員倫理と人事評価

◉公務員倫理

国家公務員の倫理に関しては国家公務員倫理法（以下、倫理法という）が一九九九年に制定された。この法律の三条には、三つの倫理原則が定められているが、この三つは、政令の「国家公務員倫理規程」で定める五つの倫理行動基準に盛り込まれている。すなわち、同倫理行動基準は、①職員は、国民全体の奉仕者であり、国民の一部に対してのみの奉仕者ではないことを自覚し、職務上知り得た情報について国民の一部に対してのみ有利な取扱いをする等国民に対し不当な差別的取扱いをしてはならず、常に公正な職務の執行にあたらなければならないこと、②職員は、常に公私の別を明らかにし、いやしくもその職務や地位を自らや自らの属する組織のための私的利益のために用いてはならないこと、③職員は、法律により与えられた権限の行使にあたっては、当該権限の行使の対象となる者からの贈与等を受けること等の国民の疑惑や不信を招くような行為をしてはならないこと、④職員は、職務の遂行にあたっては、公共の利益の増進を目指し、全力をあげてこれに取り組まなければならないこと、⑤職員は、勤務時間外においても、自らの行動が公務の信用に影響を与えることを常に認識して行動しなければならないこと、の五つである。

この倫理法は四三条で、地方公共団体においても、国に準じて必要な施策を講ずるよう努めることを求めているが、現実に各地の地方公共団体においても、職員倫理条例が定められている。[*23]

職務の公平性・公正性の観点との関連でいうと、自治体職員は議会議員から圧力を受けやすい立場にある。それが、法令や裁量基準等に照らして問題がないのであれば格別、そうではなくて「特別なはからい」をするのは、公務員倫理基準に反するであろう。自治体によっては、議員からの口利き・働きかけを市民に公開するシステムを

＊23　条例の中には、本文に示した五つの基準のほかに「公費の適正かつ効率的な執行を行い、最小の経費で最大の効果を上げるよう務め」ること（福岡県職員倫理条例四条）、「最大の能率を発揮しながら全力を挙げてこれに取り組」むこと（福岡市公務員倫理条例三条）のように、不適切な行動をしないという最小限の倫理だけでなく、納税者の視点に立った倫理基準を加えているところがある。

設けているところもあり、公務員倫理の観点からも評価できよう。*24

◉公務員採用試験と人事評価

改革基本法は、国家公務員試験の種類・内容を抜本的に見直すことにし、キャリアシステムの廃止を盛り込んだ。国家公務員法に、採用後の人事管理が職員の採用年次および合格した採用試験の種類にとらわれてはならないこと、人事評価に基づいて適切に行われなければならないことが明記された（国公二七条の二）。*25

地方公共団体でも採用試験に上級・中級・初級の区分をしているところがあるが、採用後の区分にとらわれることなく、能力本位の人事を行う必要性がある。もともと、地方公務員法も「任命権者は、職員の執務について定期的に勤務成績の評定を行い、その評定の結果に応じた措置を講じなければならない」（地公四〇条）と規定はしているのであるが、わが国の公務員の人事管理は、年功序列的な色彩が強かった。また、給与についても「職員の給与は、その職務と責任に応ずるものでなければならない」（同二四条）とする職務給の原則がうたわれているが、現実には、給与上は同一年齢・同一賃金の「平等主義」的な運用をし、いわゆる「わたり」の慣行などもみられた。公務員の職務は公共的事務事業であり、民間企業に比べて、評価基準の設定はたしかに困難であるが、*26 一足先に導入された国の人事評価のあり方をみきわめて、地方における適切な人事評価の手法が模索されるべきである。

*24　たとえば、佐賀市では、二〇〇二年二月、議員から口利きがあった場合に、報告書を作成することを決め、同年一一月には議員の実名入りで公開することを決めた（西日本新聞二〇〇三年六月一〇日）。

*25　人事評価とは「任用、給与、分限その他の人事管理の基礎とするために、職員がその職務を遂行するに当たり発揮した能力及び挙げた業績を把握した上で行われる勤務成績の評価」をいう（国公一八条の二）。

*26　たとえば、図書館の職員の人事評価の際に「借り手の多い本をどれだけ多く収集したか」を重視することは公立図書館の使命と相容れないし、営造物の安全配慮行政、違法状態を是正する行政指導や取締行政に「ノルマ」的発想はなじまない。

5　公的サービスと公務員

◉公的サービスの民間への開放

一九九〇年代以降、「官から民へ」、「民でできることはできるだけ民へ」のスローガンが示すように公務・公共部門の縮小と公務員の数の削減が、行政事務の民間委託や組織の民営化、民間経営手法の導入などを通して進められた。地方においても、民間委託、ＰＦＩ[*27]、地方独立行政法人化などが実現された。建築確認業務のように試験・検査等の業務を民間に委ねる指定法人制度（指定確認検査機関＝建築基準法七七条の一八以下）や地方自治法の「公の施設」についての指定管理者制度（二四四条の二）も、これらの一種である。これらは、①公的サービスを公務員以外の者に行わせるか、②公的組織に民間の手法を取り入れるかのいずれかの手法であるが、公的サービスの非効率性を排除するため、民間経営手法を公的サービスに導入するＮＰＭの考え方である。

公的サービスの民間への開放は、①「公権力の行使」であっても民間に開放できる、②裁量性のある行政権の行使も、裁量性を極力減少させて行政庁が監督権限を適切に行使することによって民間に開放できる、③公平性・中立性・継続・安定性、高度な守秘義務については、民間への授権の際に必要な措置を講じ、行政庁が監督権限を適切に行使することによって、民間へ開放できる、との考え方に立つ。

＊27　プライベート・ファイナンス・イニシアティブの略。従来行政組織によって行われてきた公共施設等の整備・運用等の分野に、民間組織の資金、経営ノウハウ等を導入し、民間主導で効率的・効果的な整備等を行おうとする手法である。参照、三橋良士明・榊原秀訓『行政民間化の公共性分析』（日本評論社、二〇〇六年）一七四頁。

このようにして、公的サービスは地方自治体が直営で行い、すべて公務員が担うという見方は「時代錯誤」になった。たしかに民間が安い賃金でマンパワーを確保し、民間に開放したほうが地方自治体は支出を削減できる。しかし、これは公的サービスの提供を、労働者の犠牲のうえに行うことを意味する。また、サービス利用者の個人情報保護や公共施設の安全性の確保など、問題がある。*28

◉行政と協働する市民・NPO

今日、市民は行政権の単なる客体ではない。市中には多くのNPO（NPO法上のものに限らず、非営利団体を広くNPOと呼んでおく）が存在し、さまざまな活動を展開している。

行政法規の中には、こうしたNPOの活動を正面から認知し、決定システムの中に導入しているものもある。たとえば、都市計画法二一条の二第二項は「まちづくりの推進を図る活動を行うことを目的とする特定非営利活動促進法……第二条第二項の特定非営利活動法人……は、……都道府県又は市町村に対し、都市計画の決定又は変更をすることを提案することができる」と規定し、計画提案制度を設けている。景観法一一条二項も同様に、「特定非営利活動法人」に景観計画の策定・変更の提案権を認めている。これらは、意思形成過程に参加するNPO活動の例である。

一方、「市民公益活動団体」を「行政パートナー」として位置づける「行政パートナー制度」を実施している自治体もあるが、対等な立場に立った「行政運営の協働

*28　たとえば、二〇〇六年、児童が排水口に吸い込まれて死亡した埼玉県ふじみ野市の市営プールでは、民間委託方式であったが、会社は市に無断で監視業務を別会社に再委託し、市はこれを把握していなかったし、アルバイトのプール監視員は安全教育を講じられていないことが判明した（ふじみ野市大井プール事故調査委員会の「ふじみ野市大井プール事故調査報告書」）。最終的に、自治体が国家賠償責任を負い、公務員が刑事責任を負うとしても、利用者からみて「安かろう・悪かろう」では困る。

者」との行政側の説明にもかかわらず、「生きがいから応募した高齢者に定型的な業務をこなしてもらうだけの実態」という指摘もある。*29

地方自治体とNPOは、法的に対等な関係であって、NPOは決して行政の下請け機関ではない。コスト削減のためだけに業務の委託先にNPOを選んで肩代わりをさせればすむというのは妥当でない。また、ほとんどのNPOは財政的に厳しい状況にあり、事業に対する補助金・助成金などを交付したり、活動場所として公共施設を優先的に使用させたり、使用料の減免措置を講じたりする支援も有効であるが、このことによってNPOの自主性が損なわれないようにする必要がある。NPO法人は、NPO法（特定非営利活動促進法）二八条によって一定の情報公開が求められている。また、各自治体の情報公開条例で補助金を受けた団体についての一定の情報公開が制度化されている。行政のNPOに対する関与や支援についても情報公開がきちんとなされることが必要である。

また、個人単位でも市民は能動的に地方行政への関与を深めている。自治体は、各種の審議会を置くが、現在では公募制委員の募集もあり、これに積極的に応募し、参加する市民が増えているように感じられる。審議会といえば、かつては、専門家と町内会等の自治組織の長、民生委員などの「あて職」から構成され、事務局が作成した案に沿って審議する機関というイメージがあるが、公募制委員制度や会議公開制度によって大きく変わりつつあり、審議会活動が地方自治において非常に面白い存在となってきている。

*29　二宮厚美・晴山一穂『公務員制度の変質と公務労働』（自治体研究社、二〇〇五年）二九九頁。

★より理解を深めるために

橋本勇『逐条解説地方公務員法』学陽書房、二〇〇九年

鹿児島重治氏の『逐条解説地方公務員法』を継承したもの。地方公務員法に関する権威あるバイブル。

米川謹一郎『地方公務員法の要点』学陽書房、二〇〇五年

地方公務員法およびその関連法の解釈と運用について、基本的あるいは重要な事項を解説したもの。

原田三朗『公務員倫理講義』ぎょうせい、二〇〇七年

著者は『公務員倫理』『新・公務員倫理』を過去に著しており、本書は大学院の講義用教科書である。

◆コラム◆　自治体のなかの「非正規雇用」問題

近年、わが国の民間労働者において、正規雇用労働者ではなく、派遣社員、契約社員、臨時職員など、非正規雇用の労働者が増えてきており、格差是正が問題となってきた。ところで、地方自治体の中にも「臨時」あるいは「非常勤」の職員は多い。ここではこの問題を扱おう。

地方公務員法三条三項三号は、特別職として、「臨時又は非常勤の顧問、参与、調査員、嘱託員及びこれらの者に準ずる者の職」と規定する。この三号職は、「非専務職」であるとされる。「非専務職」とは、「生活を維持するために公務に就くのではなくて、特定の場合に、一定の学識、知識、経験、技能などに基づいて、随時、地方公共団体の業務に参画する者の職」であり「その担当する職務が厳格な指揮命令系統の中で行われることが予定されておらず、当該公務の他に職務を有していたり、公務のために使用する時間が短時間であったり、その期間が短いのが通例であることから、地方公務員法を適用することが適当でないとされる」（橋本勇『逐条地方公務員法（第二次改訂版）』学陽書房、二〇〇九年、五一頁以下）ものである。しかし、「実態的に圧倒的多数を占めているのは、保育士・学童保育指導員・障害児介助員・司書・看護婦（看護士）や、給食調理・学校用務員など」であり、「常勤的非常勤職員」と呼ばれる（二宮厚美・晴山一穂前掲『公務員制度の変質と公務労働』二四八頁）。

次に、地方公務員法二二条二項・五項は、任命権者は、「緊急の場合」、「臨時の職に関する場合」は、六月を超えない期間で臨時的任用を行うことができ、六月を超えない期間で更新することができるが、再度更新することはできない旨定める。この職は「臨時職」であるが、「臨時職員の実態は、保育士・調理員・本庁事務員など短期間・季節的業務ではない恒常的な業務に配置して」おり「疑似臨職」と呼ばれる（二宮・晴山・前掲＊29二五三頁）。

地方公務員の雇用形態は、終身雇用の正規職員と、前述の非正規職員（非常勤特別職と臨時的任用職）に分かれるわけであるが、基本的にこの二つしかなく、しかも、両者の間の給与格差は、ボーナス（手当）の有無も含めると、極めて大きなものがある。しかも、「臨時的任用は、正式任用に際して、いかなる優先権をも与えるものではない」とされ（地公二二条六項）、非正規職員は「雇止め」に脅えながら生活をしている。同じ公共サービスの担い手に、格差の激しい二つのタイプしか置かないシステムは硬直化しすぎており、不平等感を生じさせる。

また、正規職員の採用試験には年齢制限があり、終身雇用を前提としたキャリア形成を図るために、上限年齢を定めることにはそれなりに合理性があったと思われるが、民間では終身雇用が崩れ、転職も一般的になっている日本社会の現状に鑑みれば、現在の年齢の上限は引き上げるとか、採用試験の種類を増やすとか、中途採用を拡大するなどして、多様な人材が公務員となる道を広げる必要があろう。そうすることによって、多様な人材を自治体は集めることができ、住民自治の観点に立った地方行政を進めていくことができると思われる。

【小原　清信】

エピローグ

国際化のなかの地方自治の課題

1 はじめに

二一世紀の地方自治が直面する諸課題については、第1講から第13講までの各講義のなかで詳細に展開されているので、これを読んでいただければ、その内容を把握することができるわけであるが、ここでは、「プロローグ」における地方自治の基本的考え方・歴史的展開をふまえ、「国際化のなかの地方自治の課題」と題して、国際社会のグローバル化がいっそう進展するなかで、地方自治に関する国際的なルール化の試みというマクロな視点から、これからの地方自治・分権の主な課題を整理し、今後の展望を試みたい。

2 地方自治の国際的なルール化

二一世紀初頭の今日、拡大し続けるＥＵ（現在二七か国）などの国際組織、ＷＴＯ、および国際人権規約などの多数の条約の成立・発効など、国際社会においては、国家主権、および各国の歴史的・社会的・文化的独自性を基礎としつつも、あらゆる分野において共通の国際的ルール・基準づくりが進行しつつあり、地方自治・分権の分野においても、その例外ではない。その出発点として、一九八五年、ヨーロッパ評議会の閣僚委員会が採択した、地方自治の原則を協定の形で保障する「ヨーロッパ地方自治憲章」(European Charter of Local Self-Government)[*1] をあげることができる。これは、二〇〇三年現在、ヨーロッパ評議会加盟国四四か国のうち、三八か国が批准している多国間の条約であり、実効性をもつ。同「地方自治憲章」は、その前文における「地方自治の擁護と強化が民主主義と分権の諸原則にもとづく一つのヨーロッパの建設に重要な貢献」をなすことを認識したうえで、「地方自治の概念」(三条)、「地方自治の範囲」(四条)、公的な責務の配分のルールとしての「補完性」・「住民近接性」の原則(四条三項)、「地方自治体の権限の包括性・排他性」(四条四項)、「地方自治体の境界の保護」(五条)、「地方自治体に対する、国等による行政監督の法定主義の原則」(八条)、「地方自治体の財源の保障」(九条)、および「地方自治体の連合権」の保障(一〇条)などを規定している。これらはいずれも、現代地方自治に関する重要な原則になりつつあるが、とくに、「地方自治の概念」について、「法律の範囲内で、自らの責任において、住民のために、公的事項の基本的部分を規制し処理する地方自治体の権利、および実質的な権能」(三条)であると規定し、この自治権が「直接・平等・普通選挙権に基づき秘密投票により自由に選ばれた者で構成される参事会、または議会によって行使され」(三条二項)ると規定している点が、注目される。また、元来カソ

＊1　杉原泰雄・大津浩・白藤博行・竹森正高・廣田全男編『資料現代地方自治』(勁草書房、二〇〇三年)六七頁以下、小滝敏之『地方自治の歴史と概念』(公人社、二〇〇五年)三二一頁以下、岡田彰・池田泰久編著『資料から読む地方自治』(法政大学出版局、二〇〇九年)二三五頁以下。

リックの社会連帯原則に由来する「補完性」の原則として、公的な責務・事務について、まず、「市民に最も身近な当局が優先的に遂行」し、他の当局への責務の配分は、「その任務の範囲と性質、および効率性と経済性」の要請を考慮するものとし（四条三項）、また、「この地方自治体に付与される権限は、通常、包括的、かつ排他的でなければならない」（同条四項）として、自治体の「全権限性」を保障している。

この「ヨーロッパ地方自治憲章」は、原則として基礎団体たる「市町村」（コンミューン＝仏、ゲマインデ＝独、タウン＝英ほか）だけでなく、広域団体（地域）にも適用されるが、後者については、その保障が極めて不十分であったので、これを補完するため、別途ヨーロッパ地方・地域自治体会議が一九九七年に採択したのが、「ヨーロッパ地域自治憲章草案」[*2]である。これは、「草案」という名称のごとく、目下、まだ閣僚委員会によっても採択されていない。

地方自治体の世界的組織である「国際自治体連合」は、前記ヨーロッパ評議会によって採択された「ヨーロッパ地方自治憲章」が多くの国において批准されていること、また、この「憲章」が、冷戦終結後のチェコ、ポーランド、スロバキアなどの中・東欧諸国において地方自治に関する新たな立法の指針として採用されていることを歓迎して、かつ、一九八五年の「世界地方自治宣言」（world charter of local self-government）をふまえ、二〇〇〇年四月に第二次「世界地方自治憲章草案」（以下、第二次草案という）[*3]を作成して、国連総会での採択を目指したが、大国の反対で、目下のところ採択されていない。この第二次草案は、その前文で確認しているように、前記

＊2　廣田全男・糠塚康江（訳・解説）「第6章　ヨーロッパ地方自治憲章・ヨーロッパ地方自治憲章草案」杉原泰雄ほか編・前掲＊1七二頁以下。

＊3　廣田全男・野口貴公美（訳・解説）「第8章　世界地方自治憲章草案」杉原泰雄ほか編・前掲＊1九一頁以下。

「ヨーロッパ地方自治憲章」をモデルとしており、地方自治の意義について、二つの共通認識をベースにしている。そのひとつは、地方自治が民主主義にとって不可欠の基礎であること、他は、地方自治の保障が、国家・社会の強化に役立つ、という認識である。この第二次草案には、内容的には、「ヨーロッパ地方自治憲章」によって保障された地方自治の諸原則、すなわち自治体の全権限性、補完性・住民近接性の原則、自治体の包括的・排他的権限、自主組織権、自主財政権、および自治体の連合権のほか、新たに発展途上国に対する行政能力の開発、および行政の応答性・透明性の向上のための支援規定などが付加されている点に、その特徴がある。

日本の場合、国連も含めて実効性のある地方自治の国際的なルールが確立しているわけではないが、ヨーロッパ地方自治憲章などのこれまでの成果を参考にして、政治体制を超えて東アジア諸国を中心に共通の内容を「協定」・「条約」などの形で、地方自治の実効性ある取り決めを目指すべきであろう。

3　地方自治・分権改革の到達点と残された諸課題

二〇〇〇年四月一日施行の地方自治法の改正を中心とする地方分権一括法（第一期分権改革）により、戦後の国と地方団体の「上下・主従」関係を象徴する機関委任事務、主務大臣の指揮監督権、および通達行政が廃止され、両者は「対等・協力」関係へ向けて大きく前進したが、その方向づけを行った地方分権推進委員会の「分権型社会の創造」と題する「最終報告」は、これまでの第一期分権改革を回顧して、「未完の分権改革」＝「ベースキャンプ」の設営にとどまり、今後の課題として、補助金の一括化、地方交付税の改革、主な地方税の改革などの「地方税財源充実確保方策」、地方に対する「法令による義務付け・枠づけ等の緩和」、および住民自治などの「地方自治の本旨」（憲九二条）の具体化をあげていた。

この後、地方分権推進委員会の後継組織として、内閣総理大臣の諮問機関として設置されたのは、地方分権改革推進会議である。これは、「会議」という名称のとおり、第一期分権改革の成果と課題を承継し、今後の改革の基本方針・工程表を明示するというより、むしろその課題を行財政システム、すなわちソフト面の改革という方向で解釈・整理するという点に、その主たる関心があった。すなわち、同「会議」は、その中間報告[*4]において、地方団体の基本的任務、国と地方の役割分担の原則、および基礎団体優先の「補完性の原則」にもかかわらず、個別法・個別行政レベルでは依然として国が包括的にその任務を担い、地方自治体は、「抽象的」に事務・事業を執行するにとどまり、国が「裁量的」にこれに関与するシステムが支配している現状に鑑み、次の三点を中心とする改革の方向を提示した。第一に、地域のニーズに答える効率的・効果的な行政を実現する「地域性」の視点、第二に、総合的な政策選択システムが可能な「総合性」の視点、第三に、情報公開と住民参加をベースとする「住民自治」の視点が、それである。同「会議」は、これらの基本的方向づけをもとに、①社会保障、②教育・文化、③公共事業、④産業振興、および⑤治安・その他、という五

＊4　地方分権改革推進会議編「中間論点整理」自治研究七八巻五号（二〇〇二年）一三六頁以下、同七八巻六号（二〇〇二年）一四六頁以下。

行政分野ごとに検証し、その課題・改革の方向を指摘したが、結果として、国の各種法令による地方の事務・事業に対する「しばり」、地方財政力の不足、および行政組織的・人的パワーの不備などのため、かえってこれら課題の多様性・困難性を印象づけることになり、結局、改革の実現には至らなかった。

4 「三位一体改革」の失敗と「夕張ショック」

そこで、これらの諸改革の理念・目的を引き継いだのが、①国庫補助負担金の削減、②地方交付税の見直し、および③国税から地方税への移譲、という「国と地方の税財政制度」の一体的改革を目指した小泉内閣の下での「三位一体改革」（平成一六〜一八年度）[*5]であった。この三か年では、約三兆円の税源移譲に対して、四・七兆円の補助金と約五兆円の地方交付税がそれぞれ削減されたが、その削減分が地方税の充実に反映しなかったため、地方の一般財源の拡大には結びつかず、また、地方税改革では、各地域の経済状況を反映してそれが充実した地域と、そうでない地域との格差が逆に拡大し、地域間の財政力の不平等をもたらしたのみで、地方の財政の自治、とくに「歳入の自治」という面では、不十分さが目立った「失敗」の改革であった、といえよう（参照第6講）。

この間、二〇〇七年三月、二五〇億円の実質赤字を生じさせた北海道夕張市のいわゆる「赤字団体」への転落、すなわち旧地方財政再建特別措置法（昭和三〇年法一九

*5　参照、片木淳編集代表『最新地方行政キーワード』（ぎょうせい、二〇〇五年）五一頁以下。

五）に基づく、総務大臣による「財政再建団体」の指定・承認が、多くの自治体・住民にショックを与えた。すなわち、同指定により、夕張市は「財政再建計画」（平成一八～三六年度）の策定の下、国（総務省）の管理下に置かれ、厳しい行財政統制、職員数・給与の削減などの合理化の徹底により自治体の自己決定権・自己責任という存在基盤そのものが喪失しているといっても過言ではないからである。

「夕張ショック」は、市民・地域社会にとっては、大きなダメージを与えたが、もちろんマイナスばかりではなく、重要な教訓も残した。それは、「自治体財政の赤字」という場合に、自治体本庁予算の実質収支比率、赤字比率、および公債比率のみならず、公立病院・交通事業などの地方公営企業、公益法人、および第三セクターなど関連団体のそれらを含めた総体としての地方財政構造が問題とされること、すなわち、地方財政権の問題を検討するにあたっては、これらの連結実質赤字比率、連結公債比率が重要であり、しかもこれら財政状況が十分住民に情報公開されていることが必要不可欠である。最近でも、依然として後を絶たない都道府県レベルのいわゆる「裏金づくり」（〇九年九月千葉県）や首長らの汚職（最近でも、福島県、和歌山県、宮崎県の各知事）にみられるように、県民不在の財政・公企業情報の「秘匿」体質・意識の改革こそ緊要の課題であって、当事者職員の法的責任の追及はもとより、自治体の組織・職員全体として、いかにこれを克服するかが、「透明性」・「説明責任」の保障に基づく、今後の自治体の「信頼・安心」行政構築のための要石である。

また、「夕張ショック」は、立法面では、「地方分権21世紀ビジョン懇談会」の答申を受けて、旧地方財政再建特別措置法に代わる自治体財政健全化法（平成一九・法九四）[*6]制定の大きな動因になった（第6講参照）。この新法は、①実質収支比率、②連結赤字比率、③実質公債比率、および④将来負担比率の「健全化判断比率」という基準を示して、それぞれ一定の比率を超える自治体について、「健全段階」（指標の開示と情報開示）、「財政の早期健全化」（自主的な改善努力）、および「財政の再生」（国等の関与による確実な再生）の段階を示して、自治体の早期の自己決定を求めることにしている。

このように、広く地方自治行政全般の連結財政状況の早期の情報開示システム、すなわち「健全化判断比率」という指標による自己診断、および的確な判断の下での地方財政の運営が、今日の深刻な「三割自治」の自治体財政を改善する重要なステップであることは間違いないが、地方自治体の「歳入の自治」を回復し、財政に関する自己決定権を実現するには、いうまでもなく、歳入・歳出構造に関する国・地方の、いわゆる「逆転現象」の解消を目指す平等な財政的関係の構築、および住民の受益と負担との関係の根本的な見直しが必要不可欠の課題である。

5　第二期分権改革とその課題

一九九五年の地方分権推進法（法九六）に基づく同委員会（第一期分権改革）の諸「勧告」・「地方分権推進計画」が戦後の地方自治史において、機関委任事務の廃止など画期的改革を実現させたことは間違いないが、他方で、上述のように、分権改革

＊6　自治体財政健全化法（地方公共団体の財政の健全化に関する法律）の概要・特色については、参照、小西左千夫『自治体財政健全化法』（学陽書房、二〇〇八年）八頁以下、小早川光郎「地方分権と地方財政健全化法」日本財政法学会編『自治体財政の健全化』（全国会計職員協会、二〇〇九年）九頁以下、金子佳史「『自治体財政健全化法』の意義と問題点、自治体の対応・課題」同『自治体財政の健全化』所収、二〇頁以下。

「完成」のための多くの課題を残していたため、前記の地方分権改革推進会議を経て、二〇〇七年四月、地方分権改革推進法下での改革が三年の時限立法としてスタートすることになった。したがって、この第二期地方分権改革は、同法にもとづく地方分権改革推進委員会（七人の委員）による第一次～第四次勧告を経て、同法によれば、内閣による「地方分権改革推進計画」の策定（四条）、および同計画に基づく関連法律・命令などの制定・改廃、という手順で進められる。

地方分権改革推進委員会がその分権改革の対象としているのは、①国から地方への権限移譲、②効率的行政の推進・二重行政の解消、および住民「近接性」の原則から、国の地方支分部局（地方出先機関）の見直し、③国の法令・基準によって地方をしばる基準の見直し（義務づけ・枠づけ）、ならびに④国から地方への財源移譲、である。[*7]

このうち、①について、直轄国道や一級河川の整備・管理権の地方への移譲などが、②については、国土交通省の地方整備局、農林水産省の地方農政局などの出先機関における国家公務員の削減が問題とされ、③について、「中間報告」では、たとえば、(ア)保育所などの施設の設置・管理基準、(イ)国との協議や、同意、認可、許可の義務づけ、(ウ)自治体による計画策定の義務付け、の三分野を主な対象として、法令による「義務付けや枠づけ」（同第一次勧告では四〇七六項目）を原則廃止して、自治体による条例に委任するよう求めていた。すなわち、このうち③は、国の法令による画一的な「しばり」によって、自治体の自己決定権・自己責任が大きく制限されていることに鑑み、それを撤廃することにより、自治体が地方の実態に合った決定ができる法的し

＊7　地方分権改革推進委員会の第一次から第四次勧告の内容については、内閣府のホームページ参照、その他その最近の動向については、参照、人羅格「分権をめぐる攻防は「選挙待ち——再び『劇場』にのぼった分権論議」」地方自治職員研修五九二号（二〇〇九年）一七頁以下。

くみを創設することである。

わが国の法秩序体系は、周知のごとく、最高法規である憲法を頂点に、相互の授権・制限関係として、法律、政令（○○施行令）、府・省令（○○施行規則）、外局規則、および告示と続く。地方公共団体の自主法たる条例は、現行法では、自治体の（自治・法定受託）事務について「法令に違反しない限り」（地自一四条一項）という制約の下、国の府・省令と同格に位置づけられているため、伝統的先占理論の下、個別法（大気汚染防止法四条、水質汚濁防止法三条三項、高齢者・障害者等の移動円滑化促進法一四条三項、都市計画法三三条三〜五項など）において、個別委任がある場合に限り、「政令の定めるところにより」、あるいは「政令で定める基準に従い」、国の基準・規制に代わる自治体独自の規制＝委任条例を設けることができる、としている。したがって、このしくみを変えるためには、一般法で、自治体の自己決定権の行使が可能なしくみを、個別法全体を「串刺し」する形でつくるか、あるいは、個別法ごとに自治体による規制許容という形で認めるか、といういずれかの方法によるほかはない。いずれにしても、地方自治体が国、または都道府県＝広域団体と文字どおり「対等・協力」関係になるためには、このような地方全体に張りめぐらされた、大綱的なものから技術的・細目的な基準に至る国の法令による「しばり」を全国的基準として必要なものを除いて撤廃して、もって地方自治体の自己決定権の尊重を図ることが必要不可欠である。

6　市民自治充実のための課題
――「自治憲章」あるいは「自治基本条例」の制定に向けて

これまでの地方自治充実のための諸改革は、周知のごとく、地方分権推進委員会、地方分権改革推進会議、および地方分権改革推進委員会の諸勧告による、国・地方の関係の見直し、国から地方への行財政権限の移譲・分権化、および地方自治体間の関係のあり方など、どちらかといえば、「地方自治の本旨」（憲九二条）のうち、そのほとんどが「団体自治」の充実を目指すものであった。逆にいえば、市町村合併における住民投票の保護・強化策（市町村合併等特例法五条）を除いて、自治体における「住民自治」充実のための改革については、ほとんど手つかずの状態であったといってよい。

そこで、第一期分権改革における「一定」の成果を受けて、法律による全国一律的改革ではなく、住民自治に関する各自治体における独自の取組みが重要であり、この意味で、一部の先行自治体による「自治基本条例」・「市民参加条例」、「まちづくり条例」、あるいは「自治憲章」などの制定が、とくに注目される。この種の条例は、その名称や内容もさまざまであり、国の「基本法」のように、その法的位置づけが必ずしも明確ではないが、北海道旭川市、ニセコ町、東京都杉並区などを嚆矢として、全国的に拡大し続けている。二〇〇八年一〇月一日現在では、全国で一三〇の自治体が

*8　国の基本法と通常の法律との効力関係をめぐる議論が、「自治基本条例」と通常の条例との関係についても、基本的に妥当するが、前者の「準憲法的」位置づけから、後者に対する、解釈上の優越的効力を導き出しうるか、逆に、あくまで同位の条例として、後法優先の原則に従うべきか、という問題がある。くわしくは参照、塩野宏『行政法Ⅲ〔第三版〕』（有斐閣、二〇〇六年）一二六頁以下、木村琢磨「自治基本条例（自治憲章）の制定に向けての一考察」千葉大法学論集一七巻一号（二〇〇二年）二一頁以下。

この種の条例を制定している。

これらの条例は、一般に①理念条例タイプ（箕面市の「まちづくり理念条例」や兵庫県「まちづくり基本条例」など）、②総合型条例タイプ（ニセコ町「まちづくり基本条例」や杉並区「自治基本条例」など）、および③個別協働・参加型条例（箕面市「市民参加条例」、狛江市「市民参加と市民協働の推進に関する条例」など）に分類されうるが、[*9] このうち、②の総合自治条例タイプが、市民主権の確立にとってもっとも望ましい条例タイプといえよう。ただ、制定するにあたっては、一時的な「流行」や地方への「風」に依存することなく、また、長、議会、および市民の協働・参加が不可欠であることから、いきなり理想的な条例の制定を模索するのも、さまざまな困難が伴うことはいうまでもない。したがって、今なぜ、自治体にとって、この種の「自治基本条例」が必要か、条例にはどのような理念・内容を盛り込むべきか、また、どのような「市民参加」手続でこれを制定すべきか、などの基本的・手続的問題について、まず自治体・市民間の共通認識が形成されねばならない。

周知のように、憲法の「地方自治の本旨」の（九二条）規定を受けて、かつ、分権改革による成果の下、地方自治法において自治体の任務としての「地域住民の福祉の増進」、および基礎的団体である市町村中心の「国と地方団体の役割分担」（二条）原則が規定された。これらをふまえて、自治体の長・議会、もしくは市民自らの発案――直接請求としての条例制定の住民発案――で、「地域住民の福祉の増進」の内容を自治体・地域にそくして具体化する自治体の目的、自治体内部での市民主権、市民

＊9　参照、松下啓一『協働社会をつくる条例――自治基本条例・市民参加条例・協働支援条例の考え方』（ぎょうせい、二〇〇四年）、兼子仁・北村喜宣・出石稔編『政策法務事典』（ぎょうせい、二〇〇八年）九六頁以下、石平春彦『「自治体憲法」の創出の地平と課題』（公人の友社、二〇〇八年）九頁以下。

の信託による自治行政、長・執行機関の役割、議会の役割、市民の権利と義務、市民参加・市民投票制度、行政運営、都市内分権、情報公開制度、プライバシーの保護、パブリック・コメント、およびまちづくり行政の「計画的・総合的」推進、などを主な内容とする「自治基本条例」の制定・拡大が、全国レベルで期待されている。

条例の制定にあたっては、先行自治体の体験的事例が、大変参考になるだろう。[*10] たとえば、新潟県上越市の「自治体憲法」としての「自治基本条例」（〇八年四月一日施行）は、公募市民四三人と職員二九人で「みんなで創る自治基本条例市民会議」を組織して、市民フォーラム・市民学習会などの開催を重ねて、制定までに六年を要した。これは、首長提案ではあるが、文字どおり市民主体の基本条例である。上越市の条例は、内容的にも、②総合条例のタイプとして、上述の諸項目をほとんど網羅しており、後続の自治体にとって、その内容・制定経過とも大変参考になるものである。この種の条例を制定した全国一三〇の自治体のうち、ほとんどが東日本の自治体であり、西日本の自治体では、まだこの種の条例に手つかずの状態にあるところが多い。

そこで、自治体のこの種の「自治基本条例」の制定を促進する目的を含めて、国が「地方自治基本法」（仮称）を制定し、自治の目的・理念、住民参加、自治推進のための施策、組織の構成などの「標準・枠組み法」を定めるべき、との意見がある。ただ、問題は、現在地方自治の「基本法」的位置を占めている地方自治法との兼ね合い、二重規律の可能性、および全国共通の枠組み設定の困難性のほか、自治体に対する国の「後見的・保護的政策」が、「住民自治」の真の成長・発展に資するか否か、とい

10** 「上越市における自治基本条例の制定過程」についての詳細な体験的報告については、石平・前掲9**四九頁以下参照。その他、ニセコ町をはじめとする自治基本条例・議会基本条例については、参照、神原勝『自治・議会基本条例論』（公人社・二〇〇八年）。

う点にある。地方財政の構造的危機における自治体の「親方日の丸」依存の議論と同様、自己決定権・自己責任を貫徹すれば、住民自治充実のためとはいえ、国の「法律」の力を借りるのは、いささか「安直すぎる」との議論には説得力があるようにも思えるが、しかしながら、自治体における住民自治の成長・発達を待つのみでは、遅遅としてその歩みがみられないことも、また事実であろう。分権改革により、「地方自治に関する基本的な準則に関する事務」（地自一条の二第二項）は、国の役割＝法律に割り当てられているが、はたしてこの種の「地方自治基本法」が、これにあてはまるかどうか疑問ではあるが、少なくとも、その内容・制定過程において住民主体・住民参加によるものでなければならない。

7　これからの地方自治の展望的課題

21世紀の最初の一〇年を経過しようとしつつある今日、わが国の地方自治・地方分権のあゆみは、憲法九二条の「地方自治の本旨」の下、明治憲法下の旧制度・システムの転換を図りつつ、いかに「住民自治」・「団体自治」を確立するか、そのため一九四九年、「市町村優先主義」を打ち出したシャウプ勧告、およびこの勧告を引き継いだ神戸委員会勧告を嚆矢として、直近の第二期分権改革、すなわち地方分権改革推進委員会の最終の四次勧告に至るまで、「団体自治」確立のための苦闘の歴史であったといってよい。換言すれば、これら初期の改革理念が十分実現されないまま、一九九三年の「地方分権の両院決議」に至るまで新旧の中央集権主義がこの国を支配し続けていたため、この「国のかたち」を分権の方向で改革することが、ようやく国民共通の課題として認識されるようになるまで、「地方自治の本旨」、とくに「団体自治」のビジョンが明示されないままであった、といってよい。

このようななか、一九八七年に、旧自治大臣官房企画室の下「地方自治政策研究会」(代表・成田頼明教授)が、『21世紀の地方自治』と題する研究報告書[*11]のなかで、次のように結んでいたのが、今日、改めて注目される。

「21世紀の来るべき社会においては、国は、中央政府としての立場に立った企画・立案等に徹し、地域的事務や事業は、地方公共団体が国の関与、監督なしに、その自主的な判断に基づいて実施するようになることが望まれる。地方公共団体に対する関与はほとんど姿を消し、国の地方出先機関も廃止され、二重行政・二重監督の弊害、地域総合行政の遂行に対する阻害、地域的事務・事業に対する民意の欠如といって積年の問題も消滅することになること、さらに、国の地方に対する補助金も、整理統合化が進み、補助金獲得のための陳情合戦も、補助金申請の複雑な事務手続きもなくなり、このための莫大な経費の支出も不要になっていることが理想である。地方税財政の面では、地方税が財源の太宗を占めるようになるとともに、日本全国の均衡ある発展の結果、経済の地域間格差が縮小し、各地方公共団体の税源が充実するようになることも、我々の理想である」。

ここに当時の、否、今日における地方自治、とくに「団体自治」の「理想」が見事

*11 地方自治政策研究会編『21世紀の地方自治』(ぎょうせい、一九八七年)五七頁。

に集約されている、といってよい。換言すれば、このなかに、「21世紀の地方自治」、とくに団体自治の実現を阻害しているさまざまな組織・制度・しくみが的確に指摘され、その克服のための課題があげられている。それゆえ、第一期分権改革から第二期改革の諸課題に対する解決の方向性が、ほとんどここに「理想」として取り上げられており、今なお、その実現に向けて「改革」が続いているのである。

このようななか、この「21世紀の地方自治」の「理想」は、それまでの中央集権的構造の「克服」に重点があったので、将来においては、むしろ「地方自治の本旨」（九二条）について、これを拡大的に充足する新たなビジョン・理論が必要ではないか、という議論がある。[*12] すなわち、これを法政策的視点からとらえると、当初白紙概念として出発した、憲法の「地方自治の本旨」が、次に「住民自治」と「団体自治」によって構成され、その実現のためさまざまな改革が行われ、かつ、それに基づいて各政策を点検・評価する基準の役割を果たしているが、さらに将来の改革を導く教導的概念としては、「団体自治」・「住民自治」のレベルを超えて、新たなビジョン＝内容の充填が必要ではないか、というのである。

この「地方自治の本旨」の再定義＝新ビジョンの構成の手がかりは、かつて、それが英米流の草の根の民主主義に根差す「住民自治」、および大陸法系の「団体自治」という、欧米の自治思想に求められたように、今日では、国際的により普遍化した「地方自治憲章」などのグローバルな原則・基準に求められるべきであろう。ちなみに、これらを列記すれば、次のような諸点が考えられる。

＊12　参照、今井照編著『市民自治のこれまで・これから』（公職研、二〇〇八年）、今井照「自治体・国関係をどう打開するか」地方自治職員研修五九二号（二〇〇九年）一四頁以下。

第一に、地域社会の主権者としての住民が「地方政府」を構成し、住民の信託を受けた長・議会など代表機関が地域的政策・施策・事務について自主的に決定・運営できるシステムであること。具体的決定方法としては、普通・平等・直接選挙に基づく代表民主制を基本としつつ、補完的に住民投票などの直接民主制によること。

第二に、国と地方自治体とは、それぞれ政府＝ガバンメントとして「対等・協力」の関係・地位にあること。国などの地方団体への「関与」・「監督」は、必要最小限にとどめるべきであって、かつ、法律に基づくものであること。

第三に、国・地域（広域団体）・基礎団体との権限・事務の配分にあたっては、「住民近接性」を優先する「補完性」の原則によること。

第四に、地方団体は、地域の自己完結的団体として、排他的性格を有し、かつ、全権限性をもつ統治団体であること。

第五に、地方団体は、「住民の福祉の増進を図る」ことを目的として、そのための事務・事業遂行に必要な財源保障について国などに対して請求権をもつこと。

これらは、いうまでもなく、「地方自治の本旨」の再構成についての、ごく基本的なグランド・ビジョンであり、しかも「試論」の域にすぎず、体系的な概念・理論の構築は、今後の課題であるが、それは、一般的にいえば、憲法の理念をふまえ、かつ、これを具体化しつつ、国際的なグローバルな基準に適合し、そのうえで今日の地域社会・自治体の諸課題の解決に役立つものでなければならない、といえよう。

★より理解を深めるために

これまでの地方自治・分権の問題に対する基礎的理解を深め、その諸課題解決のため役立つであろう基本的文献のみあげておく。

トクヴィル（松本礼二訳）『アメリカのデモクラシー　第一巻（下）』岩波書店、二〇〇五年

「地方自治は民主主義の小学校」という名文句に代表される、現代民主主義のバイブル的古典的の名著のひとつである。フランスの政治学者・トクヴィルが、一八三五年から、アメリカ・ニューイングランド地方を中心にして旅行し、見聞した紀行書でもある。彼は、そこに、母国フランスとは異なる「タウン」を中心とする地方自治・人民主権の基礎をみてまとめあげたものであり、今日でも、アメリカの政治・憲法・地方自治を知るうえでの基礎的文献。

村上順『日本の地方分権』弘文堂、二〇〇三年

「昭和の地方分権」から、市町村合併をはさんで第一期地方分権改革までの「地方分権」について、その背景をなす国際的・経済的情勢、国内の行財政改革をからめて、詳細な資料を綿密に分析し、そのうえでわかりやすく解説した研究書であり、今日の地方分権改革の意義・課題を把握するのに、大変役立つ。「地方分権」自体を取り上げた数少ない研究書のひとつである。

杉原泰雄『地方自治の憲法論——「充実した地方自治」を求めて〔補訂版〕』勁草書房、二〇〇八年

「充実した地方自治を求めて」という副題が示すとおり、地方自治は、単に地方公共団体・住民の「自己統治」を意味するだけでなく、民主主義・人民主権の原理実現のためにも必要不可欠であり、これまで、近代国家ではアメリカなどごく一部を除くと中央集権的体制であったことをふまえ、最近の国際的な動き・最新の憲法などの比較研究を参考にしつつ、日本国憲法の地方自治の意義を、「住民自治」の基礎・人民主権の立場から、とらえようとする体系的研究書。

【中川　義朗】

事項索引

あ 行

か 行

さ　行

た　行

な　行

は　行

ま　行

や　行

ら　行

HBB+

法律文化ベーシック・ブックス〔HBB⁺〕

2010年5月30日　初版第1刷発行

これからの地方自治を考える
—法と政策の視点から—

編　者　中《なか》川《がわ》義《よし》朗《ろう》
発行者　秋山　泰

発行所　株式会社　法律文化社
〒603-8053 京都市北区上賀茂岩ヶ垣内町71
電話 075(791)7131　FAX 075(721)8400
URL:http://www.hou-bun.co.jp/

印刷：中村印刷㈱／製本：㈱藤沢製本
装幀　白沢 正
ISBN 978-4-589-03259-1